FLENSBURGER HEFTE

Gegen das Elend der Welt

Eine Reise nach Afghanistan

Aus dem Inhalt

Liebe Leserinnen und Leser!

Ein Graben tut sich auf, eine Kluft, die von Jahr zu Jahr größer wird. Es ist der Graben, der die Bewohner und Konzerne der reichen westlichen Länder von denen der armen Länder des Südens trennt.

Einerseits sind die Staaten, der weltweite Wirtschaftskreislauf, der Informationsfluß und die Menschheit zusammengewachsen; zum Segen vieler. Andererseits hat sich aber auch unter dem Mantel der Globalisierung fast schleichend eine neue Kolonisierung der Südländer durch die Regierungen und Konzerne der Nordländer breitgemacht, die schon längst nicht mehr tragbar ist. Das Elend der Menschen in den armen Staaten schreit zum Himmel und droht, die Weltgemeinschaft zu sprengen.

Afghanistan ist eines dieser Länder. Es gehört nicht nur zu den ärmsten Ländern der Welt, sondern Afghanistan steht beispielhaft für ein Land, auf dessen Rücken durch Großkonzerne, Weltmächte, Nationalstaaten, Finanziers, Fanatiker und internationale Terroristen über Jahrzehnte Interessenpolitik betrieben worden ist. Das Ergebnis: Millionen Tote, Verletzte und Flüchtlinge, ein total zertrümmertes Land und eine zerstörte Kultur.

Neben Beiträgen über die Globalisierung und das Netzwerk Attac schildert dieses Buch eine Reise nach Afghanistan. Wir zeigen in Interviews die politische Geschichte und aktuelle Lage dieses Landes. Gleichzeitig beschreiben wir den Versuch einer humanitären Organisation – Kufa e.V. –, einen Beitrag zur Hilfe in Afghanistan zu leisten.

Es grüßt Sie
Ihre
FLENSBURGER HEFTE-Redaktion

Attac – Gegen das Elend der Welt

Interview mit Mathias Greffrath

von Klaus-Dieter Neumann

Mathias Greffrath, *geb. 1945. Studium der Soziologie. Seit 1975 Journalist und Autor, Redakteur beim* Sender Freies Berlin, *dann bei der* Zeit, *Chefredakteur des ost-westdeutschen Versuchs* Wochenpost, *seit 1995 freischaffender Journalist. Schreibt für* Zeit, taz, Geo *u.a.*

Letzte Buchveröffentlichungen: „Montaigne – Über das Leben in Zwischenzeiten" (Zürich 1999), und, mit Christiane Grefe und Harald Schumann: „Attac – Was wollen die Globalisierungskritiker?" (Berlin 2002).

Was für ein Sommer 2002! Vom Himmel schüttet es wie aus Kübeln. Die Steuerquellen versiegen. Das Börsenbarometer fällt und fällt. Über vier Millionen Arbeitslose allein in Deutschland. Rezessionsängste und Depression machen sich breit. Und der deutsche Wahlkampf bringt nichts als

Hohlformeln und vage Versprechungen, die doch niemand halten kann. Der Politik geht der Handlungsspielraum dramatisch verloren, viele Kommunen und Bundesländer stehen de facto vor dem finanziellen Kollaps. Sind das Entwicklungen, denen wir ohnmächtig ausgeliefert sind?

Bei den Vorboten der Klimakatastrophe scheint es den Leuten deutlicher zu sein, daß sie menschengemacht sind, als bei den negativen Auswirkungen der einseitig wirtschaftlich dominierten Globalisierung. Die wird uns gern als Naturereignis dargestellt, das notwendigerweise über uns kommt. Zum Nutzen aller, wie es heißt, wobei die katastrophalen Auswirkungen auf die Steuereinnahmen, die Sozialsysteme und insbesondere auf die Länder des Südens gerne ausgeblendet werden.

Doch immer mehr Menschen sind nicht länger bereit, die weltweiten Entwicklungen als naturgegeben hinzunehmen. Es wird Zeit, daß international durchgreifende Veränderungen in Angriff genommen werden, sowohl im Klimaschutz als auch in bezug auf die Wirtschaft und die Finanzmärkte. Letzteres hat sich das Netzwerk Attac zum Ziel gesetzt. Attac – das sind Menschen und Organisationen, die nicht bereit sind, das Elend der Welt nur ohnmächtig zu konstatieren, sondern auch die Ursachen und notwendige Maßnahmen aufzuzeigen. – Ich sprach mit Mathias Greffrath, freischaffender Journalist und Autor, über Entstehung und Ziele von Attac.

Die Gründung Attacs

Klaus-Dieter Neumann: Vor dem Hintergrund des weitgehenden Zusammenbruchs der asiatischen Finanzmärkte schrieb Ignacio Ramonet, Chefredakteur von *Le Monde Diplomatique,* Ende 1997 einen Leitartikel mit dem Titel „Entwaffnet die Märkte!“. Inwiefern war dieser Artikel Ausgangspunkt für die Gründung von Attac?

Mathias Greffrath: Im Grunde war das einer der wenigen Fälle, in dem der Traum eines Journalisten in Erfüllung ging, nämlich mit Leitartikeln soziale Bewegungen zu erzeugen. *Le Monde Diplomatique* wird in Frankreich in einer Auflage von 400.000 Stück verbreitet, woran man schon sieht, daß es dort eine ganz andere Öffentlichkeit für globale politische Fragen und auch für eine theoretische linke Diskussion gibt als bei uns. Auf diesen Leitartikel hin gingen mehr als 5.000 Leserbriefe in der Redaktion ein.

Am Ende des Artikels hatte Ramonet geschrieben, daß es die Pflicht jedes Bürgers im 21. Jahrhundert sei, sich der Diktatur der Finanzmärkte zu widersetzen. Das war ein Aufruf an die „Demokraten aller Länder" zur Verteidigung des Gemeinwesens. Und der Artikel endete mit der Frage: „Warum nicht eine neue Nichtregierungsorganisation gründen, eine Aktion für eine ‚Tobin-Steuer zum Nutzen der Bürger' [Association pour la Taxe Tobin pour l'Aide aux Citoyens = Attac]? Zusammen mit den Gewerkschaften und der Vielzahl sozialer, kultureller und ökologischer Organisationen könnte sie vortrefflich Druck auf die Regierungen ausüben, diese Steuer endlich einzuführen. Im Namen universeller Solidarität."

Aufgrund der Reaktion von seiten der Leserschaft sah sich die Redaktion von *Le Monde Diplomatique* gewissermaßen moralisch-politisch genötigt, etwas in Gang zu setzen, und hat schließlich im Juni 1998 die Gründungsversammlung von Attac einberufen. An dieser Versammlung in Paris haben zunächst einmal gut zwei Dutzend französische politische Organisationen teilgenommen. Diese Gründung konnte wahrscheinlich auch nur in Frankreich geschehen, weil dort seit 1995 – also nach dem Juppé-Plan, der gravierende Einschnitte im Öffentlichen Dienst vorsah – eine starke soziale Bewegung entstanden war, links von der Sozialistischen Partei. Seither gab es in Frankreich eine sehr viel größere Aufmerksamkeit gegenüber den Fragen der Globalisierung und ihren Folgen auch für die Bürger der entwickelten Industriestaaten. So wurde z.B. das Interview-Buch des Soziologen Pierre Bourdieu über „Das Elend der Welt" ebenso zu einem Bestseller wie die Kampfschrift der Schriftstellerin Viviane Forrester über den „Terror der Ökonomie". Die Gründung Attacs fiel also auf einen vorbereiteten Boden.

Der erste politische Erfolg der Globalisierungskritiker

K.-D.N.: Was waren nach der Gründung die wichtigsten Stationen für die Entwicklung von Attac?

M. Greffrath: In Attac fließen sozusagen viele kleine Bäche zusammen, die es schon vorher gegeben hat. Es gab z.B. die NGOs, die sich um die Schuldenkrise gekümmert haben, die das Nord-Süd-Verhältnis, Entwicklungshilfe etc. zum Thema hatten. Diese hatten auch schon jede Menge Expertisen erarbeitet, zum Teil mit Regierungen zusammengearbeitet und auch Öffentlichkeitsarbeit geleistet. Die eigentliche Initialzündung, die dann auch Attac geschoben hat, war die Kampagne gegen das MAI, das Multilaterale Investitionsabkommen, das die OECD seit 1995 verhandelte. Wenn das MAI-Abkommen zustande gekommen wäre, hätte es zum

Resultat gehabt, daß die investierenden multinationalen Konzerne in den für sie entscheidenden Fragen mehr Rechte gehabt hätten als die Staaten, in denen sie investieren. Es war vorgesehen, die Arbeits-, Umwelt- und Sozialgesetze den Bedürfnissen der Investoren anzupassen. Im Falle von sozialen Unruhen oder auch nur von Gesetzesänderungen, die die Investoren benachteiligten, wären die Staaten sogar schadenersatzpflichtig geworden. Die Staaten, in denen investiert wird, wären verpflichtet, den Multis Entschädigung zu zahlen, wenn sich die Investitionsbedingungen zu ihrem Nachteil verändern würden.

Das MAI-Abkommen war also vorbereitet, und zwar ohne daß die Regierungen, vor allem aber die Parlamente der beteiligten OECD-Länder umfassende Kenntnis davon hatten. Dann hat eine kleine kanadische Feministinnengruppe sich den Text des Abkommens besorgt und ihn ins Internet gestellt. Das Abkommen machte daraufhin in den westlichen Industrienationen die Runde, in Deutschland durch die Kölner Feministin Maria Mies. In Deutschland führte das zunächst zu keiner öffentlichen Diskussion, die Parlamentarier, auch der Finanzexperte der SPD, Oskar Lafontaine, schwebten in holder Unschuld. Aber in Frankreich löste das MAI-Abkommen im Frühjahr 1998 eine sehr heftige Debatte aus, und die Regierung mußte eine Untersuchungskommission einsetzen. Infolgedessen hat sich die französische Regierung schließlich geweigert, das Abkommen zu unterzeichnen, und damit war es gefallen.

Das war der erste politische Erfolg der Globalisierungskritiker. Zur selben Zeit gründete sich Attac. Und mit diesem Erfolg im Rücken kam es dann im Dezember 1999 zu der großen Demonstration gegen die Milleniumsrunde der Welthandelsorganisation (WTO) in Seattle. Dort sollte eine neue Liberalisierungs- und Deregularisierungsrunde eingeleitet werden. In Seattle kam es zu der eigentlich alle überraschenden ersten Koalition von NGOs, amerikanischen Gewerkschaften, Umweltschützern, Studenten, Christen, Feministinnen- und anderen Gruppen. Eine bunte Koalition, von der keiner geglaubt hätte, daß sie zustande kommt, weil die einzelnen Gruppen doch sehr verschiedene unmittelbare Interessen vertraten. Kurzum: Die Verhandlungsrunde der WTO in Seattle wurde gesprengt, und damit war das Thema der Globalisierung und ihrer Konsequenzen in die Weltöffentlichkeit geraten.

Und seitdem ist die Kette von großen Demonstrationen nicht abgerissen: Göteborg, Prag, Genua. Daneben entwickelte sich in Frankreich Attac, sehr französisch, sehr republikanisch, gewissermaßen von oben bestimmt durch die Organisationen, linke Gewerkschaften, christliche Gruppen, Intellektuellen-Gruppen, die Attac ins Leben gerufen hatten. Und es dauerte kein halbes Jahr, bis von Paris aus die erste Tagung von Attac International einberufen wurde.

Eine ökonomische Alphabetisierungskampagne

K.-D.N.: In Ihrem Buch „Attac – Was wollen die Globalisierungskritiker?“ (Berlin 2002), das Sie zusammen mit Christiane Grefe und Harald Schumann verfaßt haben, bezeichnen Sie Attac als eine ökonomische Alphabetisierungskampagne. Was meinen Sie damit?

M. Greffrath: Der Ausdruck stammt von Attac Frankreich, ein anderer Begriff beschreibt Attac als „aktionsorientierte Bildungsbewegung“. Das heißt zunächst einmal, daß Bürgerinnen und Bürger bemerkt haben, daß sie in ökonomischen Fragen mehr oder weniger hilflos den Meinungen der Experten ausgesetzt sind. Jedes politische Argument wurde mit ökonomischen Argumenten ausgehebelt, denen man nicht gewachsen war. Man hatte gegenüber den Experten und Leitartiklern der Wirtschaftsteile in den großen Zeitungen einen starken Nachholbedarf in ökonomischer Theorie.

Es ist doch ein Unding, daß alle Welt mit den Worten Bill Clintons sagt: „It's economy-stupid“, obwohl es kaum einen Bereich des menschlichen Lebens gibt, der wichtiger ist für das Schicksal von Milliarden von Menschen als die Ökonomie. Es ist ein Unding, daß gerade dieser Bereich den Experten überlassen bleibt, daß er geradezu abgeschottet ist gegenüber Bürgerwissen und die Experten mehr oder weniger unbefragt und unbezweifelt sagen können, was sie wollen. So konnte die neoliberale Doktrin über 20 Jahre fast unangefochten die Wirtschaftskommentare bestimmen, mit Glaubenssätzen, die sich schon Helmut Schmidt zu eigen gemacht hat, wie z.B., daß die Profite von heute die Investitionen von morgen und die Arbeitsplätze von übermorgen seien. Das ist eine fast als religiös zu bewertende Behauptung, denn alle empirischen Fakten sprechen inzwischen dagegen. Investitionen führen eben gerade nicht mehr notwendig zu Arbeitsplätzen, so wie das noch früher zu Zeiten des Fordismus, der großen Industrie, war.

So hat sich Attac in Frankreich zunächst als eine Art Verbund von lokalen Studiengruppen etabliert – unterstützt durch Broschüren und Bücher der Pariser Zentrale –, die sich erstmal ökonomisches Grundwissen aneignen: Was ist die Globalisierung? Wie funktioniert die WTO? Wie kam es zur Asienkrise? Wie gerieten die Länder des Südens in die Schuldenfalle? Wie sehen die konkreten Schuldenverhältnisse zwischen Nord und Süd aus? Man hat eben bemerkt, daß bloßer moralischer Protest nichts nützt, sondern man muß auch die Schuldigen identifizieren können, man muß zeigen können, daß die Globalisierung, wie sie jetzt abläuft, nicht einfach ein Naturereignis ist, wie es oft wahrgenommen oder dargestellt wird, sondern daß sie in dieser Weise politisch gewollt und durchgesetzt ist.

Die Tobin-Steuer

K.-D.N.: Sie erwähnten bereits, daß der Name Attac ursprünglich aus der Abkürzung für „Association pour la Taxe Tobin pour l'Aide aux Citoyens" resultiert. Was ist die Tobin-Steuer, was soll sie bewirken?

M. Greffrath: Die Idee für die Tobin-Steuer stammt, wie der Name schon sagt, von dem amerikanischen Nobelpreisträger James Tobin. Er reagierte damit auf die Liberalisierung der Finanzmärkte, die nach dem Zusammenbruch des Systems von Bretton Woods stattgefunden hat. Das war das System der stabilen, an den Dollar gebundenen Wechselkurse, das der britische Ökonom John Maynard Keynes und der US-Finanzstaatssekretär Harry Dexter White nach dem Zweiten Weltkrieg ersonnen hatten. Sie hatten damit die Lehren aus der Weltwirtschaftskrise gezogen, weil deutlich geworden war, zu welchen politischen Katastrophen ökonomische Weltkrisen führen können. Das System von Bretton Woods sollte den spekulativen und destruktiven Kapitalfluß regulieren. 1929 floh das Kapital zuerst aus den USA und dann aus Europa, just zu einem Zeitpunkt, als es dort am nötigsten gebraucht wurde. Keynes und White sahen in den unkontrollierten Kapitalströmen eine der zentralen Ursachen der Weltwirtschaftskrise der 30er Jahre.

Und tatsächlich bescherte dann das internationale Währungs- und Finanzsystem von Bretton Woods der westlichen Welt 30 Jahre relativ krisenfreies Wachstum, oder hat es zumindest stabilisiert. Aufgrund von amerikanischen Interessen, die nach dem Ende des Vietnamkrieges zu einer Abwertung des Dollars führten, kam es zu heftigen Währungsturbulenzen, und das System brach auseinander. Der damalige Chef der US-Zentralbank Federal Reserve, Arthur Burns, warnte 1972 davor, daß der Zusammenbruch des Bretton-Woods-Systems und die Entfesselung der Finanzmärkte zu Katastrophen führen und „mit Sicherheit Elend über die Menschen bringen“ würden. Und seit dem Zusammenbruch des Systems hat es Dutzende von schweren Währungs- und Finanzkrisen gegeben. Die Asienkrise war nur die letzte, davor gab es die südamerikanischen Krisen, die mexikanischen Krisen usw.

James Tobin wußte, daß man zu dem System fester, politisch regulierter Wechselkurse nicht zurückkehren konnte, und hatte die Idee, daß man die destruktiven Folgen der Währungsspekulation zumindest mildern oder eingrenzen könnte, indem man eine Steuer auf grenzüberschreitende Finanztransaktionen erhebt. Es geht dabei um Spekulationen, die zum Teil minimale Währungsschwankungen ausnutzen, um dann mit Milliardenbeträgen zu operieren und Gewinne zu machen. Es handelt sich dabei um reines Spekulationskapital, das bewegt wird, Geld, das nicht erforderlich ist, um den Fluß der Waren zu ermöglichen. Es ist also der überflüssige Reichtum, der von denjenigen, die ihn besitzen, dazu benutzt wird, um auf dem Rücken der Arbeitsgesellschaft zu spekulieren. Tobin hatte die Idee, daß man solche Finanztransaktionen mit relativ geringen Steuern belegen könnte, irgendwo zwischen 0,1 und 1 %, um damit die Spekulanten abzuschrecken.

Die Idee der Tobin-Steuer war eigentlich jahrelang virulent, ist immer wieder aufgegriffen und verworfen worden. Inzwischen hat die EU eine Kommission eingesetzt, die die Machbarkeit dieser Steuer untersucht. Und Heidemarie Wieczorek-Zeul (SPD) hat in Deutschland eine Kommission eingesetzt, die zu dem Ergebnis gekommen ist, daß man zwar nicht alle Probleme dieser Welt mit der Tobin-Steuer lösen, daß man aber die Finanzspekulationen damit sehr wohl eindämmen könnte, selbst wenn man sie zunächst einmal nur in Europa einführt.

K.-D.N.: Bisher haben aber nur das kanadische und das französische Parlament die Einführung in mehr symbolischen Akten beschlossen, in Frankreich z.B. unter dem Vorbehalt, daß die anderen EU-Staaten mitziehen. Woran scheitert derzeit die Einführung?

M. Greffrath: In der Sozialwissenschaft gibt es das sogenannte Gefangenendilemma, d.h. man findet eine Idee zwar gut, ihre Umsetzung macht aber scheinbar nur Sinn, wenn alle es tun. Und solange das nicht geschieht, macht keiner den ersten Schritt, weil er Nachteile für sich befürchtet.

Vor allem scheitert die Einführung der Tobin-Steuer zunächst natürlich am Widerstand und Unwillen derjenigen, die ein Interesse daran haben, daß keine Steuer auf ihre Spekulationen erhoben wird. Im wesentlichen sind das die großen Geldfonds-Verwalter und die internationalen Banken, die durch diese Währungsspekulationen gigantische Profite gemacht haben. Die Politik war bisher einfach nicht stark und selbstbewußt genug, um die Sache anzugehen. Es gibt keine internationale Initiative zur Einführung dieser Steuer.

Nur ein erster Schritt

K.-D.N.: Besteht überhaupt eine reelle Chance, daß die Tobin-Steuer in absehbarer Zeit weltweit eingeführt wird?

M. Greffrath: Ich denke, es besteht eine gute Chance, daß im europäischen Raum eine Reihe von Parlamenten diese Steuer beschließt, so wie die Franzosen es gemacht haben. Das wird aber sicher nur unter dem Druck der Öffentlichkeit geschehen, und Attac kann und wird dabei eine Rolle spielen. Nehmen wir einmal an, die Italiener würden auch eine solche Steuer beschließen, und in Deutschland gäbe es auch eine Initiative des Parlaments, dann könnte man sich vorstellen, daß auf einer internationalen Tagung der Finanzminister beschlossen wird, diese Steuer auch europaweit einzuführen.

Die Einführung der Tobin-Steuer wäre aber nur ein erster Schritt, denn mit einer solchen Steuer wird man die grundlegenden Probleme des Ungleichgewichts im Handel zwischen Nord und Süd, die Schuldenkrise nicht beheben können. Um sich nicht zu sehr auf die Tobin-Steuer zu fixieren und einzuengen, hat sich Attac auch relativ schnell nach der Gründung umbenannt in: „Association pour une Taxation des Transactions financières pour l'Aide aux Citoyens", d.h. „Vereinigung zur Besteuerung von Finanztransaktionen zum Wohle der Bürger". Die Tobin-Steuer wäre ein Hebel, um die Finanzmärkte zu beruhigen und politisch zu regeln, aber mit Sicherheit nicht der einzige.

Austrocknung der Finanzoasen

K.-D.N.: Eine weitere Forderung von Attac ist die Austrocknung bzw. Abschaffung der Finanzoasen. Die dürfte eigentlich jedem unmittelbar einleuchten.

M. Greffrath: Ja, das scheint mir auch eine wesentlich einfacher zu vermittelnde Forderung zu sein. Bei diesen Finanzoasen handelt es sich um die sogenannten Offshore-Finanzzentren, steuerlich exterritoriale Gebiete wie die karibischen Cayman Islands, die Bahamas, die Kanalinsel Guernsey, Liechtenstein, zum Teil auch die Schweiz, Monaco usw., die Vermögenden und Unternehmen zur Steuerflucht dienen. Weltweit gibt es Dutzende dieser Offshore-Zentren, in denen gigantische Finanzsummen von internationalen Wirtschaftsunternehmen gebucht und somit dem steuerlichen Zugriff ihrer jeweiligen Länder entzogen werden. Daran haben diese Unternehmen ein Interesse, aber auch mafiose Organisationen, Drogenringe etc., denen diese Zentren zur Geldwäsche dienen. Und auch die großen Banken der Industriestaaten haben alle ihre Filialen in diesen Offshore-Zentren, zum Teil nur als Briefkasten-Firmen, denn die Geschäfte werden natürlich in London oder New York gemacht.

Die Finanzminister, die Parlamente und die Bürger der Industriestaaten hätten selbstverständlich ein hohes Interesse daran, daß die Entwicklung, die in den letzten Jahren eingetreten ist, daß nämlich die Steuerlast vornehmlich nur noch von den abhängig Beschäftigten getragen wird und die großen Unternehmen sich der Steuer entziehen können, gestoppt wird. Die Entwicklung muß umgekehrt werden, denn es ist nicht länger hinnehmbar, daß die großen Unternehmen durch allerlei Tricks ihre Steuern dort entrichten, wo die Steuersätze am niedrigsten sind, und ihre Buchungen in solchen Finanzoasen vornehmen. Auch das Kapital muß seinen Beitrag zum Steueraufkommen leisten. Das dürfte ja eigentlich jedem einsehbar sein, und daher denke ich, daß die Forderung nach Abschaffung der Finanzoasen auch populärer und wesentlich einfacher zu vermitteln ist als die Einführung der Tobin-Steuer.

K.-D.N.: Welches Interesse haben die USA und Großbritannien daran, diese Finanzoasen nicht auszutrocknen? Beide wehren sich nach wie vor erheblich dagegen. Erst seit dem 11. September 2001, als klar wurde, daß diese Finanzoasen auch von Al-Qaida genutzt werden, ist man etwas bereiter, darüber nachzudenken, hier regulierend einzugreifen. Welches Interesse können Industriestaaten daran haben, die Finanzoasen nicht auszutrocknen, schließlich werden sie doch durch den massiven Ausfall von Steuereinnahmen erheblich geschädigt?

M. Greffrath: Nach Expertenschätzungen umfassen die Guthaben in den Offshore-Zentren fünf Billionen Dollar, das ist die Hälfte aller offiziell gemessenen Auslandsguthaben. Die amerikanischen, englischen, japanischen Großbanken geben ihren Kunden die Möglichkeit, ihr Vermögen steuerfrei in diesen Finanzzentren anzulegen. Sie machen damit einen Großteil ihres Geschäfts. Und die meisten internationalen Banken haben nun einmal ihren Sitz an den großen Finanzplätzen in den USA und auch in England. Schon deshalb haben sie ein Interesse, im Sinne der Banken und des Kapitals zu handeln, denn dort werden die Geschäfte gemacht. Das ist natürlich paradox, denn im Grunde graben sich die Staaten ihr Steueraufkommen gegenseitig ab. Daher wäre es im Interesse aller, sich zusammenzusetzen, um diesen Schaden zu begrenzen.

Dazu müßten sich aber die Regierungen als Interessenvertreter der Bürger verstehen und nicht als Interessenvertreter des Kapitals, wie es in den USA viel stärker der Fall ist als in Deutschland. Der Draht von der Wall Street in das amerikanische Finanzministerium, das in allen internationalen Fragen ja sehr stark mitspricht, ist sehr kurz. Amerikanische Finanzminister sind oft ehemalige Wall Street-Banker, die nach ihrem Ausscheiden aus der Politik auch wieder in das Bankgeschäft einsteigen.

Die europäischen Staaten setzen sich jedenfalls im Rahmen der OECD sehr viel stärker für eine Kontrolle dieser Finanzzentren ein. Dabei geht es nicht nur um die Geldwäsche, sondern um die ganz normale Steuerkriminalität. Seit Jahren wurden dazu in der OECD Initiativen unternommen, und die USA haben sich bis in den Sommer 2001 immer scharf diesen Initiativen widersetzt. Inzwischen kontrollieren die Amerikaner zwar die Konten, die im Zusammenhang mit Terrorismus interessant sind, sie sind aber weder an den Drogenhandel noch an die normale Steuerkriminalität herangegangen. Diese werden nach wie vor vom sogenannten Bankgeheimnis gedeckt.

Ablehnung der Pensionsfonds

K.-D.N.: Im Kern hat Attac vier Grundforderungen aufgestellt. Die Einführung der Tobin-Steuer und die Austrocknung der Finanzoasen haben wir jetzt besprochen. Die beiden anderen Kernpunkte sind: Schuldenausgleich bzw. -erlaß für die Entwicklungsländer und die Ablehnung der Pensionsfonds zur Alterssicherung. Warum ist man gegen die Pensionsfonds?

M. Greffrath: Diese Forderung spielt hauptsächlich für Europa eine Rolle, weniger für die USA, wo ohnehin schon große Teile der Alterssicherung über Pensionsfonds, also über Aktien- und Kapitalfonds, laufen. In Europa geht es um den Kampf gegen die Abkopplung der Altersversorgung vom Solidarsystem. Denn diese Abkopplung würde bedeuten, daß die Renten von der Konjunktur abhängig sind und Einbrüche in der Wirtschaft auch die Renten gefährden würden.

Darüber hinaus sind die Pensionsfonds problematisch, weil diese Fonds, die Milliarden und Abermilliarden Dollar verwalten, inzwischen von den Unternehmen, deren Aktien sie halten, Renditen von 15, 20 % und mehr erwarten. Es ist deutlich, was das in einer ohnehin schon brachial rationalisierten und hochmodernen Wirtschaft bedeutet. Denn die Unternehmen werden gezwungen, exorbitante Gewinne zu erzielen, und das geht im wesentlichen über noch schärfere Rationalisierungen, Entlassungen und über das Niedrighalten der Löhne. Das würde bedeuten, daß das gesicherte Einkommen der Rentner auf dem Rücken der Arbeitenden, deren Reallöhne gedrückt werden oder die ihren Arbeitsplatz verlieren, finanziert wird. Der solidarische Grundgedanke würde damit ausgehebelt. Die Renten wären krisenabhängig und würden obendrein zur Rationalisierungsschraube.

Druck der Fonds auf die Unternehmen

K.-D.N.: Wie wird der Druck dieser Fonds auf die Unternehmen ausgeübt? Wird mit dem Verkauf der Aktien gedroht, wenn diese nicht genug Profit bringen?

M. Greffrath: Ja, denn durch den Verkauf sinkt der Kurs der Aktien, und damit der Wert des Unternehmens. Dadurch sind auch die Manager unter Druck, denn ihr Gehalt ist weitgehend an den Kurswert des Unternehmens gebunden, weil ein Großteil ihres Einkommens aus Aktienoptionen besteht, d.h. sie haben unter bestimmten Bedingungen die Möglichkeit, Aktien zu erwerben und wieder zu verkaufen. Seit die Unternehmen unter diesem Druck stehen und die Manager diese Möglichkeit haben, kommt es immer wieder dazu, daß der Aktienkurs eines Unternehmens kurzfristig hochgepusht wird, z.B. auch dadurch, daß man größere Unternehmensanteile verkauft und so den Gewinn steigert. Auf diesem Wege werden die Unternehmen angehalten, ihre Besitztümer, Teile des Unternehmens und Beteiligungen an anderen Unternehmen zu verkaufen und einen starken Druck auf ihre Arbeitnehmer auszuüben.

Die Schere zwischen Arm und Reich wird immer größer

K.-D.N.: Der nächste Punkt ist der Schuldenausgleich für die Entwicklungsländer. Warum wird im Nord-Süd-Konflikt die Schere zwischen Arm und Reich immer größer?

M. Greffrath: Der Hauptgrund für das Anwachsen der Kluft zwischen Arm und Reich sind die ungleichen Handelsverhältnisse. Obwohl die Welthandelsorganisation sich eigentlich zum Ziel gesetzt hatte, die Zölle abzuschaffen, gilt nach wie vor, daß der Norden vor allem seine Landwirtschaft protektioniert, indem er die Agrarmärkte abschottet. Zudem wird die Landwirtschaft in den USA und Europa mit gigantischen Summen subventioniert. Und das ist der Sektor, in dem Afrika und Lateinamerika ihren Beitrag zum Welthandel liefern könnten. Aber z.B. auch für die amerikanische Textilwirtschaft gelten Schutzbedingungen, die sonst nur Entwicklungsländer für sich in Anspruch nehmen.

Hinter der schönen Parole „Aufhebung der Zölle“ verbergen sich also knallharte Grabenkämpfe und Prozente. Das führt zu solchen Absurditäten, daß z.B. die afrikanischen Länder für verarbeiteten Kakao und Kaffee wesentlich höhere Zölle zahlen müssen als für Rohkakao und Rohkaffee. Das heißt, daß die Industrienationen – bzw. die Interessengruppen, die in ihnen die Außenhandelspolitik bestimmen – dafür sorgen, daß die Verarbeitung weiterhin nur im Norden stattfindet. Immer noch erheben die Industriestaaten auf verarbeitete Produkte aus den Entwicklungsländern viermal so hohe Zölle wie im Handel untereinander. Allein durch diese Zollpolitik des Nordens verlieren die armen Länder Einnahmen in Höhe von mehr als 130 Mrd. Dollar im Jahr. Das ist mehr als das Doppelte der jährlich weltweit geleisteten Entwicklungshilfe!

Horrorvisionen der Globalisierung

K.-D.N.: Wie erklären sich der Zulauf und das rasante Wachstum von Attac, und zwar nicht nur in Frankreich, sondern insbesondere auch in Deutschland?

M. Greffrath: Die Bürger sind jahrelang mit Horrorvisionen der Globalisierung gefüttert worden. Die deutschen Arbeitnehmer wurden damit konfrontiert, daß sie jetzt mit den indischen oder chinesischen Arbeitnehmern konkurrieren würden. Das war immer ein Argument, Löhne niedrig zu halten und Rationalisierungen durchzuführen. Globalisierung war immer eine Art Erpressungskeule. Osteuropa spielte dabei auch eine Rolle. So haben die Leute über Jahre gelernt, daß alles Negative, was sie erfahren – Entlassungen, sinkende Reallöhne, Abbau des Sozialstaats –, mit der Globalisierung zu tun hat. Und nun kam Attac und machte klar, daß Globalisierung kein Naturgeschehen ist, sondern auf politischen Beschlüssen beruht, die in der WTO, der OECD oder der G-8 gefaßt werden. Damit wurde ein Weg eröffnet, um die eigene Misere zu begreifen.

Aber nicht nur die Wirtschaft hat sich ständig auf die Globalisierung berufen, wenn es darum ging, Rationalisierungen etc. zu rechtfertigen, sondern auch die Politik. So wird Brüssel gern der Schwarze Peter zugeschoben, oder es wird z.B. darauf verwiesen, man könne keine Politik gegen die internationalen Finanzmärkte machen. Die Politik hat sich aus der Verantwortung gezogen, und insofern ist es ganz plausibel, daß die Politiker jetzt von den Bürgern darauf hingewiesen werden, daß die Gestaltung der Globalisierung sehr wohl in ihrer Verantwortung liegt. Denn all diese Organisationen, in denen die Weichen der Globalisierung gestellt werden, sind ja keine absolutistischen oder vom lieben Gott eingesetzten Institutionen, sondern sie beruhen auf Verträgen, die von Politikern ausgearbeitet und unterschrieben worden sind. Darauf macht Attac aufmerksam und fordert eine andere Politik.

Es ist auch kein Zufall, daß gerade in Deutschland viele enttäuschte Sozialdemokraten und Gewerkschaftler zu Attac kommen, denn die Sozialdemokratie ist inzwischen ja selbst dem wirtschaftsliberalen Dogma anheimgefallen und glaubt, wir müßten international nur für genügend Wachstum sorgen, dann würde auch etwas zum Verteilen an die Unteren übrigbleiben. Das aber ist ein Irrtum. Attac ist insofern auch ein Versuch, die sozialdemokratischen Parteien in den Parlamenten zu zwingen, wieder sozialdemokratische Politik zu machen.

Für viele heimatlos gewordene Linke ist es auch schon ein Gewinn an sich – nachdem das politische Leben in den sozialdemokratischen Ortsvereinen und auch bei den Grünen erstorben ist –, daß man wieder zusammenkommt und versucht, sich die Welt, die Politik und die Wirtschaft zu erklären und Aktionen durchzuführen. Es ist ein Ventil für den Überdruß entstanden.

Viele haben jegliche Zukunftsperspektive verloren

K.-D.N.: Einerseits könnte man aus dem Wachstum von Attac ein steigendes politisches Interesse der Jugend und aller Beteiligten ableiten, andererseits haben wir gerade das Debakel der niedrigen Wahlbeteiligung bei den französischen Parlamentswahlen erlebt. Wie paßt das zusammen?

M. Greffrath: Die niedrige Wahlbeteiligung – ob nun in Frankreich, Nordrhein-Westfalen oder Sachsen-Anhalt – und auch das Entstehen von populistischen Bewegungen werden nach Analysen, die z.B. die französischen Sozialisten gerade anstellen, darauf zurückgeführt, daß es eine immer größer werdende Schicht von Menschen gibt, die eigentlich jegliche Zukunftsperspektive verloren haben. Das betrifft vor allem Arbeitslose, aber auch Menschen, die in unsicheren, prekären Beschäftigungsverhältnissen stehen. Die Zahl der Menschen, die sich von der sogenannten „Neuen Mitte", von der Dynamik in der Gesellschaft abgekoppelt fühlen, sich ausgegrenzt sehen, wächst beständig. Wenn man das über zehn, 15 Jahre als persönliches Schicksal erlebt hat, verspricht man sich von der Politik nichts mehr, und dann geht man auch nicht mehr wählen.

Wir steuern im Grunde auf amerikanische Verhältnisse zu, wo gerade noch die Hälfte der Wahlberechtigten an Wahlen teilnimmt. Und das sind in der Regel nicht die Armen oder Unterprivilegierten, die versuchen, mit der Politik etwas durchzusetzen, sondern eher diejenigen, denen es besser geht und die noch eine Perspektive haben. Die Wahlenthaltung, die Passivität, geht von denen aus, die sich nichts mehr versprechen. Daß es jetzt bei den Wahlen in Frankreich die Sozialisten getroffen hat, ist etwas ungerecht, weil sie z.B. bei der Bekämpfung der Arbeitslosigkeit sehr viel mehr geschafft haben und auch mutiger waren, etwa mit der Einführung der 35-Stunden-Woche, als die deutsche Regierung. Auch wenn nicht alles so geklappt hat, wie man sich das gewünscht hat.

Demokratisierung der internationalen Institutionen

K.-D.N.: Besteht nicht die Gefahr, daß Attac ein Sammelsurium unterschiedlichster politischer Anschauungen wird, gewissermaßen zum Trittbrett aller möglichen Gruppierungen, die hier ihre Chance wittern, Gehör zu finden und Einfluß zu gewinnen?

M. Greffrath: Ich denke, daß man die Gefahr, Attac könnte sich von Rechtspopulisten unterwandern lassen, vernachlässigen kann. In Frankreich befürchtete man aber einen möglichen Einfluß der Trotzkisten, die immer noch die Weltrevolution fordern – in Deutschland etwa die Organisation Linksruck, also im wesentlichen linksradikale Studentengruppen mit relativ abstrakten Forderungen. Das ist aber in Frankreich durch die starke institutionelle Stellung der Gründungsorganisationen verhindert worden. Und auch in Deutschland sieht es nicht so aus, daß solche Gruppierungen die Macht in Attac ergreifen könnten.

Ich sehe aber noch eine andere Gefahr: Attac hatte einen großen Erfolg, weil sie sozusagen den Stier bei den Hörnern packten und sagten: Wir wollen kein Programm aufstellen, das auf alle Einzelheiten der Entwicklungshilfe, der Sozialpolitik, der Umweltpolitik usw. eingeht, sondern unser Ziel ist es, auf die europäischen Öffentlichkeiten und Parlamente einzuwirken, damit diese ihre Regierungen zwingen, etwas für die Demokratisierung der internationalen Finanzarchitektur zu tun. Daraus ließe sich natürlich eine Fülle weiterer Forderungen ableiten. Denn die Krise des Sozialstaats beruht ja darauf, daß der Staat im großen Umfang seine Steuersouveränität gegenüber dem Kapital verloren hat.

Attac will aber keine Partei werden, die alle möglichen politischen Forderungen aufstellt, z.B. zur Sanierung des degenerierten Gesundheitssystems, des kaputten Bildungssystems oder auch für die Belange der Ökologie. Die Stärke von Attac liegt gerade darin, daß man den politischen Ansatz auf einige wenige Kernpunkte konzentriert hat, wie die Austrocknung der Finanzoasen, Schuldenausgleich, Besteuerung der Spekulation und Abwehr einer Privatisierung des Rentensystems. Attac will weder Partei noch ein Gemischtwarenladen werden, von dem alles gefordert wird. Attac würde sonst diffus werden und den Charakter als ganz starke Lobbygruppe für die Reform der Finanzinstitutionen verlieren.

K.-D.N.: Die Demokratisierung der internationalen Institutionen ist das Hauptanliegen und der gemeinsame Nenner aller, die bei Attac mitmachen?

M. Greffrath: Ja, Attac will nicht die Globalisierung wieder zurückschrauben, nicht zurück zum Nationalstaat, sondern voran zu einer Demokratisierung und parlamentarischen Begleitung der großen internationalen Finanzinstitutionen.

Diese Forderung hat übrigens nicht erst Attac aufgestellt. So hat z.B. Kofi Annan 1995 eine Kommission zur Reform der UNO eingesetzt – einer der beiden Vorsitzenden war Richard von Weizsäcker –, die auch zu dem Resultat gekommen ist, daß man die Politik der Weltbank, des IWF und der WTO international stärker parlamentarisch begleiten, kontrollieren und damit an den Interessen der Bürger ausrichten muß und daß man die Machtverhältnisse zwischen Nord und Süd in diesen Institutionen zugunsten des Südens verbessern muß.

Es gibt auch Resolutionen des Straßburger Parlaments, die in genau dieselbe Richtung gehen und die von der überwiegenden Mehrzahl der Straßburger Parlamentarier getragen werden. Nur sind die Abgeordneten relativ machtlos gegenüber der EU-Kommission, und in den Kommissionsausschüssen haben die große Industrie und die Banken einen sehr starken Lobbyeinfluß.

Künstlicher Weltstaat ohne gesellschaftliche Grundlage

K.-D.N.: Ramonet bezeichnete in seinem Artikel „Entwaffnet die Märkte!" IWF, Weltbank, OECD und WTO als eine Weltmacht ohne gesellschaftliche Grundlage und demokratische Legitimation. Wir hätten es mit einem künstlichen Weltstaat, einer Großmacht ohne gesellschaftliche Grundlage zu tun. Können Sie einmal kurz erläutern, wie diese internationalen Organisationen entstanden und legitimiert sind?

M. Greffrath: Weltbank und IWF wurden fast zeitgleich mit der UNO gegründet. Sie entstanden aufgrund von internationalen Verträgen, die die Regierungen ausgehandelt und unterschrieben haben. Aber in diesen Institutionen spielen die G-8-Staaten und vor allem natürlich die USA eine sehr starke Rolle. Nehmen wir z.B. den IWF: Im IWF sind die Machtverhältnisse nach Kapitalanteilen geordnet, die eingezahlt wurden, um diese Institution in Gang zu setzen. Die USA haben dort ein Vetorecht, d.h. gegen die Amerikaner läuft überhaupt nichts. Damit ist auch schon klar, wie Druck ausgeübt wird.

Im IWF wäre ein nächster anzustrebender Schritt, daß die Europäer ihre Stimmen poolen können. Damit könnten sie zwar noch nicht die Politik durchsetzen, die sie betreiben wollen, aber sie hätten einen größeren Einfluß. Im Globalisierungsbericht der Enquete-Kommission des Bundestages kann man Aussagen finden – sehr vorsichtig formuliert –, daß die Liberalisierung des weltweiten Kapitalverkehrs im Grunde von den Amerikanern gegen den Willen der Europäer und den Rest der Welt durchgesetzt wurde. Und diese Liberalisierung hat zur Folge, daß den Staaten die Möglichkeit genommen wird, ihr Wirtschafts- und Sozialsystem zu schützen. Wenn die europäischen Staaten ihre Stimmanteile im IWF poolen würden, hätten sie auf jeden Fall auch eine Sperrminorität und könnten ein Vetorecht ausüben. Und dann könnte man auch den IWF-Vertrag neu verhandeln.

In der WTO hat jede der beteiligten Nationen eine Stimme, aber auch dort sind die Verhältnisse ungleich. Eine Resolution des Europaparlaments hat neulich im einzelnen aufgezeigt, wie die Informationspolitik in der WTO läuft, wie der Druck von den Mächtigen auf die weniger Mächtigen ausgeübt wird. Also auch in der WTO steht eine Demokratisierung noch an. Alle diese Institutionen bedürfen interner Veränderungen, um sie zu demokratischen Einrichtungen zu machen, aber vor allen Dingen müssen sie an die Parlamente angebunden werden. Es ist doch ein Unding, daß Institutionen, von denen das Schicksal der Weltwirtschaft abhängt, eigentlich keiner parlamentarischen Kontrolle mehr unterliegen, sondern ihre Beschlüsse von den Exekutiven der Staaten untereinander ausgehandelt werden.

Perverse Dialektik der Medien

K.-D.N.: Wie steht Attac zur Gewalt?

M. Greffrath: Es gibt einen ganz klaren Beschluß, daß die Mitglieder von Attac für gewaltfreie Aktionen sind. Allerdings hat Attac es auch nie für nötig befunden, sich von denjenigen zu distanzieren, die aus Verzweiflung, oder weil sie in verzweifelten Milieus aufgewachsen sind, mit Steinen werfen. Aber Attac ist gewaltfrei und arbeitet nicht mit gewalttätigen Gruppen zusammen. Die Gewalt ist ein Problem der Polizei und keines von Attac.

K.-D.N.: Wenn es bei Demonstrationen zu Ausschreitungen gekommen ist, hat das aber jeweils zu einem sehr negativen Medienecho geführt, das ja auch auf Attac zurückfällt. Andererseits muß man leider feststellen, daß Ausschreitungen und Krawalle wesentliche Gründe sind, warum es überhaupt zu einer breiten Berichterstattung gekommen ist.

M. Greffrath: Ja, das ist die perverse Dialektik unserer vermarkteten Öffentlichkeit: 100.000 friedlichen Demonstranten wird in den Medien keine Beachtung geschenkt! Das beste Beispiel dafür ist Genua 2001: Eine Woche vor dem G-8-Gipfel von Genua haben 100.000 Leute mit nahezu identischen Forderungen demonstriert wie die Globalisierungskritiker, von denen Attac ja nur ein Teil war. Es waren katholische Laien, italienische Umweltgruppen, wertkonservative Italiener, die auch gegen die Kommerzialisierung aller Lebensverhältnisse protestiert haben. Die Demonstration wurde angeführt von Kardinal Tettamanzi. Abgesehen von einem informativen Artikel in der *Neuen Zürcher Zeitung* habe ich damals in den Medien nichts gefunden.

Eine Woche später: Zäune, Absperrungen, Genua glich einer Festung, ein riesiges Polizeiaufgebot, 100.000 demonstrierende, randalierende Jugendliche, ein Toter – und der *Spiegel* erschien sofort mit dem Titel: „Wem gehört die Welt?“, in dem sehr informativ und anhand vieler Zahlen zu lesen war, wie sich das Verhältnis zwischen Nord und Süd verschlechtert hat. Daß die Presse so funktioniert, ist sicher nicht die Schuld derjenigen, die demonstrieren.

K.-D.N.: Was verstehen Sie unter einer Demokratisierung der Medien?

M. Greffrath: Das ist ein Jahrhundertthema. Der Grundfehler ist, daß die Medien zunehmend von der Werbung abhängig geworden sind. Sie stehen unter dem ökonomischen Druck ihrer Werbe- und Anzeigenkunden. Aber die Presse und die Medien, die öffentliche Meinung oder auch die Wahrheit – wenn man es etwas pathetisch ausdrücken will – sind ein öffentliches Gut, das für das Leben der Bürger und das Bestehen einer Demokratie denselben Stellenwert haben sollte wie Bildung, Gesundheit, Versorgung mit Wasser und Elektrizität. Das freie Fließen der Wahrheit ist für eine Gesellschaft bestimmt genauso wichtig wie das freie Fließen von Elektrizität. Deshalb waren diese Bereiche – Wasser, Elektrizität und Bildung – auch immer staatliche Veranstaltungen, d.h. sie wurden nicht vom Profitmotiv angetrieben.

Die Presse wird aber von Unternehmen betrieben, deren Interesse es ist – genau wie bei einem Produzenten von Autos –, Profit zu machen. Daher unterliegt sie auch ähnlichen Konzentrationsprozessen wie andere Wirtschaftsbereiche, und das ist das Grundübel, weil geballte Medienmacht in die Hand einzelner Leute gerät. Wenn die Konzentration der Presse einen Grad erreicht wie im vorhitlerischen Deutschland in der Hand von Hugenberg und sie von Menschen betrieben wird, die bestimmte politische Interessen damit verbinden, ist die Demokratie in Gefahr.

Heute kann man das deutlich in Italien ablesen, wo die Demokratie massiv in Gefahr ist, weil wir dort die perverse Doppelherrschaft haben, daß der Regierungschef Berlusconi zugleich Besitzer der mächtigsten Medien im Lande ist. Und in England haben wir die Situation, daß Rupert Murdoch in seinen Zeitungen und Fernsehsendern derzeit offen erklärt, er bekämpfe die Regierung auf ihrem proeuropäischen Kurs. Da wird ganz klar ökonomische Macht benutzt, um die eigenen Interessen durchzusetzen und die Politik zu beeinflussen. Das ist mit Demokratie nicht mehr vereinbar.

In Deutschland hat man nach dem Zweiten Weltkrieg die Konsequenz daraus gezogen und das System der öffentlich-rechtlichen Anstalten geschaffen. Damit hatte man ein duales Mediensystem: auf der einen Seite die privatwirtschaftlich organisierte Presse, auf der anderen Seite die profitfrei, im öffentlichen Interesse organisierten Medien. Seit der Rundfunk und das Fernsehen in Europa privat geworden sind, ist einiges von diesem Dualismus den Bach runtergegangen. Eine Demokratisierung der Medien bzw. der Öffentlichkeit würde daher heute bedeuten, die öffentlich-rechtlichen Rundfunk- und Fernsehsender, dort, wo sie noch existieren, mit Zähnen und Klauen zu verteidigen und langsam diesen Bereich der nichtkommerziellen Öffentlichkeit wieder auszubauen. Aber das ist fast utopisch geworden.

Einfallsreiche Formen von Aktionen

K.-D.N.: Wie will Attac in Zukunft vorgehen, um die Öffentlichkeit zu erreichen?

M. Greffrath: Nach wie vor werden sicher die Demonstrationen anläßlich von G-8-Gipfeln, WTO- und Weltbank-Tagungen etc. eine große Rolle spielen. Ein zweiter Bereich – das machen die Franzosen vor – besteht darin, daß man in relativ konzentrierter Form auf Entscheidungsträger in Parlamenten einwirkt, indem man auf sie zugeht und ihnen zunächst einmal die Organisation und ihre Ziele erklärt. Ich habe das z.B. bei Attac Lyon erlebt, daß sie zu den Abgeordneten gehen und ihnen den Zusammenhang zwischen der Krise des Sozialstaats und den Steueroasen oder auch der Welthandelsordnung erklären. Sie machen z.B. darauf aufmerksam, daß jetzt in der WTO mit dem GATS-Abkommen die Privatisierung der öffentlichen Dienstleistungen vorbereitet wird. Sollte dieses Abkommen in Kraft treten, wären die Staaten gezwungen, private Konkurrenz zuzulassen, z.B. in der Wasserversorgung und im Bildungsbereich. Die Abgeordneten sind gegenüber dem WTO-Prozeß zum Teil wirklich ahnungslos, sie wissen nicht, welche Konsequenzen die verschiedenen Abkommen, die derzeit vorbereitet werden, für die Staaten haben. Deshalb ist es ein zweiter wichtiger Bereich, auf die Entscheidungsträger einzuwirken.

Da sich die Wirkung von Demonstrationen anläßlich großer Tagungen mit der Zeit auch abnutzt – zumal die Medien schläfrig sind, wenn diese gewaltfrei ablaufen –, kommt es meines Erachtens als drittes darauf an, auf nationaler und lokaler Ebene einfallsreiche Formen von Aktionen zu entwickeln, wie sie etwa vor 20 Jahren Greenpeace großgemacht haben. Eine Idee wäre z.B., Aktionen einer „freiwilligen Steuerwehr“ durchzuführen. Wenn die sozialdemokratische Regierung z.B. beschließt, daß die Veräußerung von Unternehmensbeteiligungen steuerfrei ist – wie es ja geschehen ist, und was selbst die Christdemokraten nicht durchgesetzt haben –, und daraufhin Institutionen wie die Deutsche Bank steuerfreie Gewinne in dreistelliger Millionenhöhe machen, dann könnte ein Feuerwehrauto in Frankfurt bei der Deutschen Bank vorfahren, die Schläuche ausrollen und das Gebäude der Deutschen Bank mit Farbe anspritzen. Es muß ja nicht die Farbe Rot sein, und abwaschbar sollte sie auch sein, um Schadenersatzforderungen zu vermeiden. Auf einer anschließenden Pressekonferenz könnte man der staunenden Öffentlichkeit erklären, wie sich die Dinge im einzelnen verhalten. Das wären Aktionen, mit denen man das Thema dauerhaft in der Öffentlichkeit halten kann.

Die Finanzoasen liegen nicht alle auf dem freien Ozean, sondern Liechtenstein z.B. liegt mitten in Europa, und warum sollte man da nicht zu Formen greifen, wie sie die französischen Lastwagenfahrer seit Jahrzehnten benutzen, um ihre Interessen durchzusetzen? Man könnte ein Sommercamp mit interessanten Vorträgen und Kulturprogramm auf den Zufahrtsstraßen nach Liechtenstein abhalten und den Autofahrern, die nicht mehr durchkommen, erklären, daß es auch in ihrem Interesse ist, die Finanzoasen auszutrocknen, damit der Staat auch weiterhin Straßen bauen kann und nicht alles privatisiert wird.

Diese Art von Aktionen sollte man stärker betreiben und daneben auch die Breitenarbeit, d.h. die Bildungsarbeit, weiter verstärken. Denn etwa 30.000 Mitglieder von Attac in Frankreich, das klingt zwar nach einer ganzen Menge, aber diese Zahl von Aktivisten und engagierten Bürgern reicht natürlich nicht aus, um die notwendigen Veränderungen in der Organisation der Weltwirtschaft – die in der Summe schon revolutionär wären, auch wenn sie nicht zum Sozialismus führen wollen – durchzusetzen.

Politik unter Druck

K.-D.N.: Der Handlungsspielraum der Politik wird aus finanziellen Gründen immer enger. Die Nationalstaaten büßen immer mehr an Gestaltungsmacht ein, und trotzdem haben etliche Parteipolitiker anscheinend immer noch nicht begriffen, wie wichtig es ist, sich intensiv mit IWF, Weltbank, OECD und WTO zu befassen. Warum wird das bisher so wenig durchschaut und zum Thema in der Parteipolitik gemacht?

M. Greffrath: Verstanden wird es ansatzweise schon, aber man muß auch sehen, daß der Druck, unter dem die Politiker stehen, ungeheuer groß ist. Nehmen wir mal ein Beispiel: Am Anfang der Regierung Schröder sollte ein Gesetz beschlossen werden, um die stillen Reserven der Unternehmen zu besteuern, weil viele Gewinne als stille Reserve gebucht und damit der Steuer entzogen werden. Daraufhin ist der Chef der Allianz-Versicherung ins Kanzleramt gegangen und hat damit gedroht, den Firmensitz ins Ausland zu verlegen, wenn dieses Gesetz beschlossen würde. Es war eine Erpressung mit einer leeren Drohung, denn das würde die Allianz natürlich nie tun, weil das auch mit erheblichen Nachteilen für das Unternehmen verbunden wäre. Daher gehen auch nicht annähernd so viele Unternehmen ins Ausland, wie man aufgrund der ständigen Drohungen vermuten könnte. Aber die Erpressung hat funktioniert, und das Gesetzesvorhaben wurde zurückgezogen.

Der unmittelbare Druck auf die Regierungen und die einzelnen Minister ist ungeheuer stark. Darüber hinaus gibt es in jeder Demokratie – allerdings nicht in so extremen Formen wie in den USA – Lobbydruck und Interessenverquickungen, die in die entsprechenden Ministerien schon eingebaut sind. Und ohnehin werden große Teile der Finanz- und Wirtschaftspolitik durch Beschluß der EU-Länder von Brüssel aus gemacht.

Die europäische Politik leidet darunter, daß sie zwar eine vermittelte und starke Exekutive in Wirtschaftsdingen in Brüssel hat, daß der Vereinigung des Wirtschaftssektors aber keine vereinheitlichte europäische Sozialgesetzgebung und Arbeitspolitik entspricht. Das hängt damit zusammen, daß das Europäische Parlament im Grunde nichts zu sagen hat. Das gleiche gilt für eine einheitliche Steuerpolitik, für eine gemeinsame Außenpolitik. Weil die Interessen der einzelnen europäischen Staaten sehr unterschiedlich sind, ist es sehr schwierig, wirklich zu einer gemeinsamen europäischen Politik zu kommen. Das ist aber dringend erforderlich, weil die einzelnen Staaten, und sei es Deutschland, der amerikanischen Machtposition im IWF und in der WTO wenig entgegensetzen können. Solange Europa nicht mit einer Stimme spricht, wird sich daran nichts ändern. Um etwas ausrichten zu können, muß der europäische Einigungsprozeß weiter vorangetrieben werden.

Mangel an Visionen

K.-D.N.: Das waren jetzt weitere Gründe dafür, wie wichtig es ist, sich mit dem Thema zu befassen. In der Parteipolitik vermisse ich aber, daß dazu klare Zielvorstellungen und konkrete Forderungen formuliert werden.

M. Greffrath: Es ist eine komplizierte Materie. Und die Zahl derjenigen, die sich in diesen Fragen wirklich auskennen und die Regierung kontrollieren könnten, ist auch unter den Parlamentariern relativ gering. Das heißt natürlich nicht, daß man nicht mehr Mut haben sollte, aber das Interessengeflecht ist so komplex und der Druck des Kapitals so groß, daß man da auch unter die Räder geraten kann. Oskar Lafontaine hat es mit der zunächst relativ bescheidenen Forderung versucht, die Finanzmärkte durch die Einrichtung von Zielzonen zu stabilisieren, also schwankungsarme Verhältnisse der großen Währungen zueinander herzustellen. Und der Druck sowohl seiner europäischen Kollegen als auch der Amerikaner war so stark, daß er sehr schnell fallengelassen, zur Unperson erklärt wurde und aus dem politischen Geschäft raus war.

Trotzdem ist es sicher richtig, daß es zuwenig Politiker gibt, gerade auf der Linken, die es zumindest als Ziel hinstellen, zu einer Kontrolle der Finanzmärkte zu kommen. Die Multis sind stark, die Großbanken sind mächtig, und es wird sicherlich nicht leicht sein, sie zu kontrollieren. Das wird ein langer Prozeß, aber dafür wollen wir uns einsetzen, auch wenn wir im Moment noch relativ ohnmächtig sind. Das wird aber noch nicht einmal als Ziel hingestellt, sondern es wird zu oft – siehe Schröder – dem Druck nachgegeben. Wenn Finanzminister Eichel sagt: „Was soll ich denn machen, wenn zwei Vorstandsmitglieder der Deutschen Bank in London versteuern?", dann sollte er doch zumindest Ideen vorstellen, wie solche Mißstände beseitigt werden können, auch wenn er jetzt noch keine Möglichkeiten hat, diese Leute gesetzlich daran zu hindern oder ein neues internationales Steuersystem einzuführen.

An der derzeitigen Politik finde ich besonders fatal, daß solche Visionen mittlerer Reichweite überhaupt nicht mehr postuliert werden. Wenn die linke Politik vor 100 Jahren so einfallsarm gewesen wäre, dann wären solche Forderungen wie die Einführung des Acht-Stunden-Tages oder eines geregelten Mindesturlaubs nie entstanden. Das waren Forderungen, die man vor 100 Jahren aufgestellt hat, und dann hat es 40 Jahre gedauert, bis man sie durchgesetzt hat. Warum stellt man heute nicht die Forderung auf, ein globales Steuersystem einzurichten, durch das die Entwicklungshilfe überflüssig wird und die Multis sich einer Besteuerung ihrer Gewinne nicht mehr entziehen können? Durch die Austrocknung der Finanzoasen und eine internationale Steuer auf Finanztransaktionen, die von einer zentralen Institution eingetrieben wird, wäre es nicht mehr möglich, daß die transnationalen Konzerne und Banken Gewinne von einem Land ins andere verschieben, um der Steuer zu entgehen. Und dieses Steuersystem könnte man benutzen, um eine Art von Lastenausgleich an den Süden zu bezahlen. Das kann 20 Jahre dauern, bis man so etwas durchsetzt, aber man muß doch zumindest erst einmal den Großen Wagen an den Himmel hängen, damit man weiß, wo der Norden ist.

Solche Forderungen sind wichtig, damit man weiß, in welche Richtung man die Entwicklung vorantreiben muß. Deswegen ist die Visionsarmut der heutigen Politik wirklich schlimm. Denn sie führt zu der miesen Dialektik der real-pragmatischen Bastler und Nichtsbeweger. Auf der anderen Seite haben wir Leute, die sich über internationale Steuern und eine andere Form des Ausgleichs zwischen Nord und Süd sehr viele Gedanken machen. Die kann man z.B. auch in den Papieren von Porto Allegre nachlesen. Aber diese Leute haben natürlich keine Macht in der Hand und werden deshalb sehr schnell in die Utopistenecke gesteckt.

Der Erfolg des Weltsozialforums

K.-D.N.: In Porto Allegre hat 2002 bereits zum zweiten Mal das Weltsozialforum stattgefunden. Worin liegt der Erfolg dieser Treffen, was sind die Hauptthemen, die dort diskutiert werden?

M. Greffrath: Der große Erfolg besteht darin, daß es überhaupt ein solches globales Forum gibt, auf dem sich engagierte Bürger einmal im Jahr treffen, um sich über Themen von der Ökologie über die Menschenrechte bis hin zu Fragen des internationalen Handels und der Finanzorganisation auszutauschen. Das sind Tausende von Gruppen, die dort ihre Delegierten hinschicken und eine Art globales Vorparlament bilden. Die verschiedenen Gruppen arbeiten auch während des Jahres miteinander, aber dort treffen sie sich einmal im Jahr. Attac hat in diesem Jahr in Porto Allegre schon sehr präzise Forderungen zu einem internationalen Steuersystem vorgelegt. Über die wurde nur nicht so viel berichtet wie über das bunte Treiben, das dort stattfand, oder über Noam Chomskys beißende Amerika-Kritik.

Neben Porto Allegre werden zunehmend kontinentale und regionale Sozialforen wichtig werden. Attac ist zur Zeit sehr stark an der Vorbereitung eines europäischen Sozialforums beteiligt, das im Oktober oder November 2002 in Rom stattfinden soll. Da hat man dann die Größenordnung, in der auch politische Zielforderungen für die Eurozone thematisiert werden können. Eine europäische Sozial- und Arbeitsgesetzgebung, die Propagierung der Tobin-Steuer in nationalen Aktionen – das kann auf solchen kleineren Sozialforen beschlossen werden. Daher glaube ich, daß diese europäischen Foren mit konkreten Forderungen und starkem Druck auf die Politik demnächst schon eine sehr große Rolle spielen werden.

Auf fremden Pfaden

Interview mit Matin Baraki

von Wolfgang Weirauch

Dr. phil. Matin Baraki, *geb. 1947 bei Kabul, Afghanistan. Nach der Grundschule Besuch des Technikums Kabul (deutsche Schule) mit dem Abschluß als Maschinenschlosser. 1962–1965 Arbeit als Feinmechaniker und Karosseriemonteur. 1965 Beschäftigung als Audio-visuell-Lehrer beim Erziehungsministerium; Abitur im Rahmen des „Inservice Teachers Course", 1970 Abschluß als Grundschullehrer. 1971–1972 Besuch parallel zur Arbeit als Lehrer des „Higher Teachers College" Kabul, Abschluß als Mittelschullehrer.*

1970–1974 Technischer Assistent an der Naturwissenschaftlichen Fakultät der Universität Kabul. 1974–1976 Praktikum am Institut für Angewandte Physik an der Universität Bonn im Rahmen eines Stipendiums der Carl-Duisberg-Gesellschaft (CDG). 1976–1977 Studienkolleg an der Universität Bonn. 1978–1995 Studium an der Universität Marburg. 1995 Promotion über die „Beziehungen zwischen Afghanistan und der Bundesrepublik Deutschland 1945–1978" mit dem Prädikat „magna cum laude" zum Dr. der Philosophie.

Seit 1988 allgemein vereidigter Dolmetscher und ermächtigter Übersetzer der afghanischen Sprachen Dari und Paschtu, der persischen und tadschikischen Sprache. Seit 1996 Lehrbeauftragter für Internationale Politik an der Universität Marburg, seit 2002 auch an der Universität Gießen.

Buchveröffentlichungen u.a.: „Die Beziehungen zwischen Afghanistan und der Bundesrepublik Deutschland, 1945–1978" (Frankfurt a.M. 1996).

Afghanistan ist weit weg und gleichzeitig ganz nah. Afghanistan war nicht im Bewußtsein der Menschen der westlichen Welt – bis zum 11. September 2001. Staunend hörten die meisten Menschen plötzlich erstmals vom islamistischen Terroristen Osama bin Laden, der beim einäugigen Staatschef Mullah Omar zu Gast war und Afghanistan zur Basis seiner terroristischen Aktivitäten ausgebaut hatte. Oder man las, wie sich Mullah Omar auf dem Dach des Palastes von Kandahar zum Obersten aller Gläubigen aufspielte und daß er die Staatskasse neben seinem Bett stehen hatte. Und man erfuhr, daß in Afghanistan mittlerweile drei Viertel des Opium-Weltbedarfs angebaut wurden.

Wer sich etwas weiter informierte, hörte von einzelnen Mudschaheddin-Gruppen, die in den 80er Jahren gegen die Russen gekämpft hatten und sich anschließend gegenseitig bekriegten und fast ganz Kabul zerbombten, oder von den Taliban, die die Frauen knechteten. Man hörte, daß die USA nicht nur die Mudschaheddin, sondern bis vor kurzem auch Osama bin Laden finanziell unterstützten – und stand vor einem Rätsel.

Die Türen zu Afghanistan waren verschlossen, die Mauern waren zu hoch. Wer die Zusammenhänge und Hintergründe der Geschehnisse in und um Afghanistan verstehen wollte, hatte kaum die Möglichkeit dazu, und viele wandten sich schulterzuckend wieder ab.

Doch nach dem 11. September 2001 wurde vieles anders. Die Mauern wurden ein Stückweit eingerissen, die Informationen flossen wieder, wenn auch spärlich, aber wer sich wirklich um ein tiefergehendes Verständnis der gesamten Geschehnisse in Afghanistan bemühen wollte, der mußte noch über einige Klippen steigen.

Man kommt nicht umhin, sich mit der Geschichte Afghanistans zu beschäftigen. Deshalb habe ich mit Michael Pohly und Matin Baraki zwei Experten interviewt, die den interessierten Leserinnen und Lesern komplizierte Zusammenhänge anschaulich nahebringen. Im Gespräch mit Matin Baraki machen wir einen Ausflug in die Vergangenheit, eine Zeitreise in die letzten 80 Jahre afghanischer Geschichte.

Wir sprechen über den Reformkönig Amanullah, die Regentschaften von Nadir Schah und Sahir Schah, über das Daoud-Regime und die kommunistischen Regierungen unter Taraki und Amin, die sowjetische Besatzungszeit, die Phase der Mudschaheddin und Taliban sowie über die Verstrickungen ausländischer Interessen und Investoren in das innerafghanische Geschehen.

Exemplarisch deutlich wird dadurch, wie schwer es ist, in einer patriarchalischen und in Stammestraditionen verhafteten Gesellschaft wie Afghanistan Reformen, demokratische Rechte, moderne Gesellschaftsstrukturen sowie die Gleichberechtigung für Mann und Frau durchzusetzen.

Matin Baraki klärt über die Einzelheiten der überaus spannenden wie grausamen und traurigen afghanischen Geschichte auf und schließt mit einer kritischen Betrachtung der Loya Dschirga vom Juni 2002.

Wolfgang Weirauch: Welche Reformen hat König Amanullah in seiner Regierungszeit von 1919–1929 eingeführt?

Matin Baraki: Amanullah wollte, kurz gesagt, die bürgerliche Revolution von oben einführen und die außenpolitische Isolierung des Landes beenden. Die Monarchie hat also selbst bürgerliche Reformen in Afghanistan eingeleitet.

Amanullah hatte nur eine Frau ...

W.W.: Was hat er im einzelnen für die Frauen und die Bildung erreicht?

M. Baraki: Er hat als erster Monarch seine Frau ohne Schleier in die Öffentlichkeit gebracht, und zwar auf seiner Reise 1928 in Europa, u.a. auch in Deutschland. Sie kennen vielleicht die Bilder von ihm und seiner Frau zusammen mit Hindenburg in einem offenen Wagen. Darüber hinaus hat er den afghanischen Frauen zum ersten Mal die Möglichkeit geboten, zur Schule zu gehen, zu studieren und sogar ins Ausland zu reisen. Amanullah hat viele Frauen in die Türkei geschickt, weil er sehr enge Beziehungen zur Türkei hatte. Atatürk war ein Vorbild für Amanullah. Das hängt auch damit zusammen, daß sein Schwiegervater zuvor im Exil in der Türkei gelebt und viele Ideen der Jungtürken mit nach Afghanistan gebracht hat. Der Schwiegervater Amanullahs war später auch sein Außenminister. Und die Anhänger Amanullahs nannten sich auch in Anlehnung an die Jungtürken Jungafghanen.

W.W.: Hat er auch die Polygamie und die Kinderehe abgeschafft?

M. Baraki: Er hat gesetzliche Rahmenbedingungen geschaffen, die die Polygamie und Kinderehen abschaffen sollten. Aber Papier ist geduldig, die Realität war eine andere. Amanullah selbst war aber ein Vorbild, denn im Gegensatz zu seinem Großvater Abd-ur-Rahman und seinem Vater Habibullah hatte er nur eine Frau. Sein Großvater und sein Vater hatten einen Harem, aber den hat Amanullah abgeschafft.

... und die konservativen Kräfte fühlten sich herausgefordert

W.W.: Warum wurde Amanullah 1929 gestürzt?

M. Baraki: Durch die Reformen, die Amanullah durchgesetzt hat, fühlten sich die konservativen Kräfte herausgefordert, denn ihre Macht wurde eingeschränkt. Vor allem die Reformen in bezug auf die Bildung und die Frauen paßten ihnen überhaupt nicht. Noch wichtiger war aber, daß Amanullah eine unabhängige Außenpolitik betrieben hat. Bis 1919 war Afghanistan komplett von Großbritannien bzw. Britisch-Indien abhängig. Afghanistan konnte seine Außenpolitik nicht ohne britische Zustimmung gestalten. Aber nach dem Tod seines Vaters hat Amanullah 1919 die Unabhängigkeit Afghanistans erklärt. Diese außenpolitische Unabhängigkeit von Großbritannien stieß auf den Widerstand der Briten.

Amanullah hat auf internationaler Ebene mit dem Gegner Großbritanniens, der russischen Sowjetrepublik unter Lenin, Kontakt aufgenommen; ferner mit Deutschland. Dies ist ihm von den Briten übelgenommen worden, und so wurden die Bilder seiner unverschleierten Frau auf der Europareise 1928 von britischen Agenten verbreitet, und über ihn wurde kolportiert, daß er kein Muslim mehr sei. Diese Bilder hat man als Propagandamaterial benutzt, in Afghanistan wurde die konservative Geistlichkeit mobilisiert, und dann hat man Amanullah gestürzt. Es ist inzwischen bewiesen, daß der britische Geheimdienst unmittelbar in diese Angelegenheit verwickelt war.

W.W.: Was geschah mit Amanullah?

M. Baraki: Er ist nach Rom geflüchtet, dort lebte er bis zu seinem Tod im Exil, genauso wie viele Jahre später auch Sahir Schah. Seinen Leichnam hat man später seinem Wunsch gemäß nach Afghanistan überführt.

W.W.: Der afghanische Botschafter in Frankreich war damals General Mohammed Nadir, der Vater von Sahir Schah. Welche Differenzen gab es zwischen Nadir und Amanullah?

Der Rückschritt unter Nadir Schah

M. Baraki: Nadir Schah war ein äußerst konservativer Mensch, der absolute Gegenpol zu Amanullah. Obendrein war er probritisch. Als Amanullah seine Reformen durchgesetzt hatte, erklärte Nadir Schah seinen Rücktritt als Botschafter und zog sich nach Südfrankreich zurück. Nach dem Sturz Amanullahs kehrte er nach Afghanistan zurück und nahm mit seinem Bruder, dem afghanischen Botschafter in Moskau, Kontakt zu den Briten auf und erklärte ihnen, daß sie bereit wären, die Regierungsverantwortung in Afghanistan zu übernehmen. Nadir Schah ist dann von Indien mit der Unterstützung der konservativen Paschtunen nach Afghanistan einmarschiert und hat einige Monate später die Regierung übernommen.

W.W.: Welchen Rückschritt gab es, als Nadir Schah 1929 König wurde?

M. Baraki: Im Grunde hat er alle Reformen Amanullahs rückgängig gemacht, vor allem diejenigen, die die Frauen betrafen. Einen modernen und fortschrittlichen Staat erkennt man immer daran, wie dieser mit den Frauen umgeht. Amanullah hatte auch viele Liegenschaften und Besitzungen der Geistlichkeit verstaatlicht, und die wurden nun der Geistlichkeit zurückgegeben. Fernerhin hat Nadir Schah der Geistlichkeit wieder mehr Rechte eingeräumt, auf die Angelegenheiten des Staates einzuwirken. Und dann hat er noch den Stämmen, die ihm bei der Regierungsübernahme geholfen haben, alle Möglichkeiten eröffnet, Ämter im Staatsapparat zu übernehmen.

In der Zeit zwischen Amanullah und Nadir Schah hatte ein krimineller Despot für wenige Monate die Macht an sich gerissen. Er hieß Batschae Saqau, d.h. Sohn des Wasserträgers. Und Nadir Schah erlaubte den Paschtunen nach seiner Amtsübernahme, dessen Dorf Kalakan zu überfallen, die Einwohner zu töten und das Dorf zu plündern. Die Paschtunen haben aus diesem Dorf viele Frauen geraubt. Ein Augenzeuge aus unserer Familie hat erzählt, wie die Paschtunen an unserem Dorf vorbeigezogen sind, um das Dorf Kalakan zu überfallen und wie sie mit den gefangenen Frauen zurückkehrten.

W.W.: Wer hat Nadir Schah ermordet und warum?

M. Baraki: Innenpolitisch hat Nadir Schah die Anhänger Amanullahs aus der Regierung entfernt und verfolgt. Er hat dann in der Nedjat-Oberschule, der einzigen deutschen Schule in Afghanistan, die 1924 gegründet wurde, eine Rede gehalten. Ein Anhänger Amanullahs an dieser Schule hat ihn erschossen. Das geschah aus Rache, weil Nadir Schah die Anhänger Amanullahs verfolgt hatte.

Gäste von Sahir Schah

W.W.: Konnte Sahir Schah, als er 1933 mit 19 Jahren König wurde, schon die Regierungsgeschäfte führen?

M. Baraki: Nein, er war eigentlich noch ein Kind. Eigentlicher Herrscher war sein despotischer Onkel, Mohammed Haschem Khan, der Ministerpräsident. Dieser führte die Regierungsgeschäfte mit eiserner Faust, während Sahir Schah nur dem Namen nach König war.

W.W.: Wie verbrachte Sahir Schah die Zeit zwischen 1933 und dem Zweiten Weltkrieg?

M. Baraki: Er hat ein bequemes und sehr ruhiges Leben geführt und ein bißchen geübt, wie man Politik macht. Er hatte auch nicht viel zu sagen. Das Sagen hatte Haschem Khan.

Eine zaghafte Akzentverschiebung weg von Nadirs probritischer Außenpolitik macht folgende Episode im Verlauf des Zweiten Weltkrieges deutlich. In Afghanistan arbeiteten deutsche Experten – heute würde man sie Entwicklungshelfer nennen – an verschiedenen Projekten, und zwar seit der Weimarer Republik, aber auch während der Zeit des Nationalsozialismus. Die Alliierten warfen ihnen vor, Spionage zu betreiben, und sie forderten ihre Auslieferung. Aber die Afghanen haben sich geweigert und eine Loya Dschirga einberufen. Auf dieser erklärte man die Deutschen zu Gästen und sicherte ihnen freies Geleit nach Deutschland zu. Als Sahir Schah nach dem Zweiten Weltkrieg zum Staatsbesuch in die Bundesrepublik Deutschland kam, haben ihm alle Politiker versichert, sie hätten nicht vergessen, daß seine Regierung die Deutschen nicht an die Alliierten ausgeliefert hatte.

Demokratie existierte nicht

W.W.: Ab wann hat Sahir Schah die Regierungsgeschäfte Afghanistans selbst übernommen?

M. Baraki: Nach dem Zweiten Weltkrieg, nach dem Rücktritt seines Onkels Haschem Khan. Der Nachfolger als Ministerpräsident war Schah Mahmud, der einen etwas milderen Regierungsstil einführte. Während seiner Regierungszeit wurden erste Liberalisierungs- und Demokratisierungsprozesse eingeleitet.

W.W.: Wie sah es denn Anfang der 50er Jahre innenpolitisch mit der Bildung, der Demokratie und den Frauenrechten aus?

M. Baraki: Demokratie existierte nicht. Innenpolitisch war Afghanistan durch den Zweiten Weltkrieg sehr belastet, vor allem ökonomisch. Die Handelsbeziehungen mit Europa waren vollkommen unterbrochen, und als Handelspartner blieben nur der indische Subkontinent sowie die Sowjetunion. Das Land befand sich Anfang der 50er Jahre also in einer tiefen politischen und ökonomischen Krise. Deswegen haben die Herrschenden beschlossen, daß etwas geschehen müsse, und minimale politische Reformen zugestanden, wozu eine Fragestunde im teils von Wahlmännern gewählten und teils vom König ernannten Parlament gehörte, in der die Regierung zu den von den USA an Afghanistan gewährten Krediten Rede und Antwort stehen sollte. Dieser erste Demokratisierungsversuch wurde im Keim erstickt, indem die Initiatoren dieser Fragestunde verhaftet wurden.

W.W.: Auf wessen Veranlassung?

M. Baraki: Auf Veranlassung des Königs und der Regierung. Die Parlamentarier waren viele Jahre im Gefängnis, u.a. ein Freund von mir, Ali Mohammad Khorosch, ein Mann im Alter meines Vaters. Er erzählte mir später von seinen Erlebnissen im Gefängnis. Nach dem Rücktritt von Schah Mahmud und dem Regierungsantritt von Daoud wurden die Inhaftierten zu Daoud zitiert, und er stellte sie vor drei Alternativen: „Wenn ihr weiter politisch aktiv sein wollt, dann bleibt ihr im Gefängnis. Wenn ihr in unserer Regierung mitmachen wollt, verschaffe ich euch eine Arbeit. Und wenn ihr euch nicht mehr politisch engagieren wollt, kommt ihr frei, aber wir kümmern uns nicht um euch."

W.W.: Wie haben die ehemaligen Parlamentarier entschieden?

M. Baraki: Einer von ihnen, Dr. Mahmoudi, hat sich entschieden, weiterhin politisch aktiv zu sein, und mußte im Gefängnis verharren. Er ist dort mißhandelt worden, und kurz bevor er starb, wurde er entlassen. Mein Freund hat sich entschieden, nicht mehr politisch aktiv zu sein. Andere haben sich entschieden, in der Regierung mitzuarbeiten, u.a. der Vater des heutigen Wiederaufbauministers Farhang. Auch der Onkel des heutigen Ministers hat damals mitgemacht, und sie haben dann Staatssekretär- und Finanzministerposten und andere politische Ämter bekommen. Sie gehörten zur Gruppe der konstitutionellen Monarchisten.

Die neue Verfassung

W.W.: 1964 wurde eine neue Verfassung verabschiedet. Was veränderte sich durch diese?

M. Baraki: Jahr um Jahr verschärfte sich die Wirtschaftskrise in Afghanistan, alle Entwicklungspläne bzw. Fünfjahrespläne wurden ausschließlich durch Auslandskredite finanziert, und Afghanistan hatte eine permanent negative Außenhandelsbilanz. Man wollte diese Probleme kanalisieren und versuchte, zum ersten Mal aus Afghanistan eine konstitutionelle Monarchie zu machen. Es wurde 1964 eine Verfassung verabschiedet, in der u.a. stand, daß Mitglieder der Königsfamilie nicht mehr die Posten des Ministerpräsidenten, von Ministern oder hochrangigen Regierungsämtern bekleiden durften. Deshalb bekam Afghanistan zum ersten Mal einen bürgerlichen Ministerpräsidenten und ein bürgerliches Kabinett. Der Monarch blieb Staatsoberhaupt und rundherum unantastbar.

Das war der zweite Demokratisierungsversuch nach dem ersten von König Amanullah. Aber König Sahir Schah bekam vor seiner eigenen Courage Angst. Das Parteiengesetz z.B. wurde zwar von beiden Häusern des Parlaments verabschiedet, aber Sahir Schah hat es nie ratifiziert. Dennoch haben sich in der Illegalität Parteien gebildet, zunächst als Bewegung, und später haben sie sich dann Parteien genannt. Das waren u.a. einige islamistische Parteien. Im Jahre 1965 gab es dann zum ersten Mal freie Wahlen. Ich habe mich damals erstmals am Wahlkampf beteiligt.

Der Schießbefehl

W.W.: 1965 ließ Sahir Schah auf Studenten schießen. Warum?

M. Baraki: Das war auf Befehl von General Wali, einem Schwiegersohn des Königs, der am 18. April 2002 zusammen mit Sahir Schah nach Kabul zurückgekehrt ist. Natürlich war diese Aktion mit dem König abgesprochen. Wali war damals Kommandant der Kabuler Division der afghanischen Armee, und unter seiner Leitung stand eine Sondereinheit. Im Oktober 1965 gab es eine Demonstration von Studentinnen und Studenten, die als Zuhörer an einer Debatte im Parlament teilnehmen wollten oder zumindest die Übertragung der Debatte durch Radio Kabul forderten. Aber dieser Forderung wurde nicht stattgegeben.

General Wali gab dann den Schießbefehl. Drei Studenten wurden erschossen und viele verletzt, u.a. ein Cousin von mir. Interessant ist, daß die

Daten aller Verletzten vom Krankenhaus an das Innenministerium weitergeleitet worden sind, und ich kann mich noch genau erinnern, wie eines Tages der Landrat unseres Kreises mit dem Polizeikommandanten in unser Dorf kam und nach meinem Cousin fragte. Dieser betete gerade in der Moschee, kam dann nach Hause, und die beiden fragten ihn nach seinem verletzten Fuß. Sie wußten also genau über seine Teilnahme an der Demonstration Bescheid. Sie versicherten ihm aber, einen positiven Bericht über ihn zu schreiben.

W.W.: Gab es bis zum Jahre 1973 noch irgendwelche weiteren Reformen?

M. Baraki: Außerordentliche Reformen, die für das Land von großer Bedeutung gewesen wären, gab es nicht. Nur auf der wirtschaftlichen Ebene gab es einige interessante Maßnahmen, denn die neue Regierung von Dr. Yussuf versuchte, die Türen für ausländische Investitionen zu öffnen, so daß im Land eine leichte Industrialisierung beginnen konnte. Man verschaffte dem Auslandskapital in Afghanistan günstige Investitionsbedingungen. Davon profitierten viele pakistanische, iranische, aber auch deutsche Firmen.

Der Schleier fiel

W.W.: Wie stand es denn 1973 mit den Frauenrechten und mit der Bildung? Was hat Sahir Schah als Bilanz seiner 40jährigen Regentschaft auf diesen beiden Sektoren erreicht?

M. Baraki: Das einzige, was er in bezug auf die Frauen erreicht hat, war 1959 die Abschaffung des Schleierzwangs per Dekret. Aber eigentlich war es Ministerpräsident Daoud, der anläßlich der Feiern zum Nationalfeiertag anordnete, daß die Frauen aller Regierungsbeamten unverschleiert zu einem Empfang am 25. August im Palast zu erscheinen hätten. In Kandahar kam es allerdings zum Aufstand gegen die Abschaffung des Schleierzwangs, der auf Anordnung Daouds mit Panzern niedergewalzt wurde.

W.W.: Haben denn die Frauen auch den Schleier abgelegt?

M. Baraki: Ja, zumindest in den größeren Städten, und auch die Schulmädchen trugen mit der Zeit keinen Schleier mehr. Für die älteren Frauen war es natürlich zuerst schwierig, ohne Schleier aufzutreten, und bei dem von mir erwähnten Empfang traten die meisten Frauen mit Sonnenbrille auf. Aber mit der Zeit gewöhnten sich die Frauen daran, ohne Schleier in der Öffentlichkeit zu erscheinen. Auch an den Universitäten gab es viele

Studentinnen, die keinen Schleier mehr trugen, deren Antlitze und Beine jedoch von Islamisten mit Säure attackiert wurden. Nur auf dem Land änderte sich nicht viel.

Viele Studentinnen konnten auch im Ausland studieren, und zahlreiche Frauen arbeiteten in der Verwaltung und im Gesundheits- und Bildungswesen.

W.W.: Sie schreiben in Ihrem Artikel „König Zahirs goldenes Zeitalter" in *Die Zeit* vom 02.05.2002, daß die Regierungsbilanz von Sahir Schah bis 1973 erschreckend war:

„Die etwa 17 Millionen Menschen lebten unter feudalen beziehungsweise vorfeudalen Verhältnissen. Etwa 5 % Großgrundbesitzer verfügten über 50 % des Bodens, im Norden sogar 2 % über 70 %. Annähernd 85 % der Menschen waren Bauern, Landarbeiter, Knechte, Tagelöhner. Rund 2,5 Millionen zogen als Nomaden und Saisonarbeiter durch das Land, ohne Bildung und gesundheitliche Versorgung und ohne jede Aussicht auf Verbesserung ihrer Lebenssituation. Teilweise gab es noch Leibeigenschaft, die Großgrundbesitzer verfügten über eigene Gefängnisse. Eines der größten Probleme aber stellte der Analphabetismus dar. Etwa 97 % der Menschen konnten weder lesen noch schreiben. Die elf Regierungen Zahir Schahs, von 1933–1973, waren daran gescheitert, die Völker auch nur zu alphabetisieren. Obwohl der Schulbesuch formal als obligatorisch galt, blieb Bildung für die Mehrheit des Volkes völlig unerreichbar."

Wie kommt es, daß 1973 nur 3 % der Bevölkerung lesen und schreiben konnten?

M. Baraki: Unter den Frauen waren es sogar nur 1 %. Es gab nicht genügend Schulen, es fehlte an ausgebildeten Lehrkräften, und die meisten Frauen hatten deshalb die Schule nicht besuchen können. Die in Afghanistan obligatorische Schulpflicht stand, wie so vieles, nur auf dem Papier. Erst im Verlauf der 70er Jahre kam es in diesem Bereich zu Verbesserungen.

Nach dem großen Hunger wurde der König gestürzt

W.W.: Wie kam es 1973 zur Ablösung von Sahir Schah?

M. Baraki: An der permanenten ökonomischen Krise änderte sich bis 1973 nichts. In den Jahren 1971 und 1972 gab es große Dürreperioden, durch die 1,5 Millionen Menschen ums Leben kamen. In Afghanistan gibt es ein Sprichwort: „Kabul soll ohne Gold sein, aber nicht ohne Schnee." Wenn es im Winter keinen Schnee auf den Bergen rund um Kabul gibt, dann ist die Katastrophe für das nächste Jahr programmiert, denn die Landwirtschaft in Afghanistan ist auf künstliche Bewässerung angewiesen. Und wenn zwei Jahre lang kein Schnee fällt, sind die Folgen im Sommer katastrophal. 85 % der Menschen Afghanistans leben auf dem Land und ernähren sich von der oft kargen Landwirtschaft. Es kam also zu großen Hungerkatastrophen. Internationale Hilfsorganisationen engagierten sich zwar, aber ein Großteil der zur Verfügung gestellten Gelder und Sachspenden verschwand in den Taschen verschiedener höherer Beamter und sogar in denen einiger Mitglieder der Königsfamilie.

Die Lebensmittel sollten an die bedürftigen Menschen weitergeleitet werden, aber die Regierung gab die Lebensmittel hauptsächlich an das Militär, an die Internate und andere Einrichtungen, teilweise verkaufte sie sie auf dem Basar. In dieser Zeit war ich Lehrer in einem Internat. Diese Hungerkatastrophe habe ich am eigenen Leib erfahren und mich von dem, was die UNO und andere Hilfsorganisationen an Lebensmitteln lieferten, ernährt.

Wegen dieser Dürreperioden bestand die Gefahr eines Volksaufstands. In den Nordprovinzen brachten viele Eltern ihre Kinder in die Städte und setzten sie dort aus, in der Hoffnung, daß sie irgend jemand mitnehmen und am Leben erhalten würde. Um die Dynastie des Königshauses zu retten, brauchte es ein Bauernopfer. Und dieses Bauernopfer war Sahir Schah. Er machte Urlaub auf Ischia in Italien, als sein Schwager und Cousin, der ehemalige Ministerpräsident Daoud, putschte.

W.W.: War diese Ablösung des Königs vorher zwischen Daoud und Sahir Schah abgesprochen?

M. Baraki: Ich glaube, daß diese Angelegenheit irgendwie diskutiert worden war, aber Genaues weiß ich nicht. Interessant war aber, daß Sahir Schah sehr gelassen wirkte, als er von seinem Sturz hörte. Er akzeptierte diese Entscheidung und dankte sehr schnell ab. Das deutet darauf hin, daß seine Abdankung in der Familie diskutiert worden sein muß.

Der Putsch der Kommunisten

W.W.: Welche Politik verfolgte nun das Daoud-Regime?

M. Baraki: In der ersten Phase hat Daoud große innenpolitische Reformversprechungen gemacht, vor allem auch für den Bereich der Landwirtschaft. Denn Afghanistan war ein durch feudale Strukturen geprägtes Land, und deshalb wollte er eine Bodenreform durchführen, also das Land der Großgrundbesitzer an die ärmere Bevölkerung verteilen. Auch ließ er verlautbaren, generell alle Parteien zuzulassen.

Als aber seine Position in der Regierung gefestigt war, holte er seine alten Freunde in Regierungsämter und entfernte die eher linksgerichteten Putschisten einen nach dem anderen aus dem Staatsapparat. Ein weiterer schwerer Zwischenfall war, daß 1978 der Planungsminister Khoram auf offener Straße erschossen wurde. Es heißt, daß dahinter die Gruppe um Hekmatyar gesteckt habe. Außerdem wurde ein Mitglied der in der Illegalität gegründeten sowjetorientierten DVPA, der Demokratischen Volkspartei Afghanistans, erschossen. Bei dessen Beerdigung gab es eine sehr große Demonstration. An seinem Grab sprachen der Generalsekretär der Partei, Taraki, sowie der zweite Sekretär, Karmal. Beide griffen die Regierungspolitik scharf an. Und noch am selben Tag wurde die gesamte Parteiführung, mit Ausnahme Amins, verhaftet. In den Abendnachrichten des afghanischen Fernsehens hieß es, daß die gesamte Parteiführung deswegen zur Rechenschaft gezogen und liquidiert werden sollte. In dieser Nacht erfolgte ein Militäraufstand, und nach zwei Tagen war das Regime Daoud gestürzt.

W.W.: War das ein blutiger Aufstand?

M. Baraki: Das hielt sich in Grenzen. Es gab zwei Tage lang Kämpfe, die Familie von Daoud wurde liquidiert. Und auch einige Offiziere und Soldaten sind dabei ums Leben gekommen, aber es war nicht so blutig, wie man es normalerweise von anderen Umstürzen kennt.

Sie nutzten die Fehler der Regierung aus

W.W.: Was veränderte sich innenpolitisch, als die sowjetorientierten Militärs im April 1978 die Macht übernahmen?

M. Baraki: Die DVPA kam an die Regierung. Taraki hielt eine Rede und verkündete, daß Afghanistan ab sofort eine demokratische Republik sei und daß er eine national-demokratische Revolution durchführen wolle. Das bedeutete auch, daß er vorhatte, das gesamte Volk zu alphabetisieren. In der ersten Phase dieser Alphabetisierung hatte die DVPA-Regierung auch Erfolg, und zwar so lange, wie diese Alphabetisierung in den Städten durchgeführt wurde. Als sie aber auf das Land zogen, gab es heftigen Widerstand.

W.W.: Wie haben sie das denn gemacht? Wurden alle Kinder und Erwachsenen in die Schulen geschickt?

M. Baraki: Die Kinder sowieso, aber genauso die Erwachsenen. Sie wollten praktisch das gesamte Volk alphabetisieren und zur Schule schikken. Als sie auf dem Land die verschleierten Frauen zwangen, zusammen mit fremden Männern in einer Klasse zu sitzen, brach der Widerstand los. Die Aktivisten der Alphabetisierung wurden teilweise umgebracht. Ich habe Fotos von diesen Lehrern oder auch von Studenten, die diese Aufgabe in ihren Semesterferien übernommen hatten, auf denen ihre Leichen zu sehen sind. Sie wurden von den Islamisten und denjenigen Kräften, die die Alphabetisierung nicht wollten, umgebracht.

Zweitens wollte die DVPA eine demokratische Bodenreform durchführen. Das bedeutete die Enteignung der Großgrundbesitzer und die Verteilung des Landes an die arme Bevölkerung. Die Großgrundbesitzer sollten so viel Land behalten, daß sie bei eigener Bearbeitung ihres Grund und Bodens gut davon leben konnten. Das Problem in Afghanistan ist aber, daß in großen Teilen des Landes der Großgrundbesitzer zugleich der geistliche und der Stammesführer ist. Die Regierung Taraki glaubte, daß Afghanistan ein feudaler Staat sei und daß die Großgrundbesitzer nach ihrer Enteignung politisch wie ökonomisch entmachtet wären. Letzteres war aber nicht der Fall, weil die sozialen Verflechtungen in Afghanistan sehr kompliziert sind. Entweder kannte die Führung der Demokratischen Volkspartei diese sozialen Verflechtungen nicht, oder sie war zu euphorisch, auf jeden Fall war ihre schnelle Bodenreform ein Fehler. Diejenigen, die das Land nehmen sollten, nahmen es nicht, denn sie wollten sich nicht das Land ihres Mullahs oder ihres Stammesführers aneignen. Und diese Probleme hat die DVPA-Regierung nicht erkannt.

In bezug auf Ehe- und Scheidungsangelegenheiten wollte diese Regierung die Polygamie abschaffen. Und sie wollte erreichen, daß die jungen Menschen über die Wahl ihres Ehepartners selbst entscheiden können, auch das Brautgeld sowie die großen Feierlichkeiten wurden per Dekret abgeschafft. Denn die Kosten bedeuteten für die jungen Paare oft der finanzielle Ruin. Auch das führte zu Problemen, weil Vertreter der Regierung bei Hochzeitsfeiern erschienen, um zu kontrollieren, ob diese auch im Sinne der Regierungserlasse abliefen. Die Islamisten, die sich schon seit 1973, seitdem Afghanistan Republik wurde, verstärkt nach Pakistan verzogen hatten, bekamen jetzt weiteren Zulauf und wurden zusätzlich vom Ausland, von Pakistan und anderen islamischen, aber auch von westlichen Ländern, finanziell unterstützt. Sie wollten die afghanische Regierung stürzen, sie nutzten deren schwerwiegende Fehler aus, und es gelang ihnen, Teile der afghanischen Bevölkerung gegen die Regierung zu mobilisieren.

W.W.: Also gute Ideen der DVPA, aber schlecht und zu schnell durchgeführt?

M. Baraki: Genau, das ist eine exakte Beschreibung. Die Partei war nicht einmal 18 Jahre alt, also im übertragenen Sinne nicht einmal erwachsen, als sie die Macht im Staat übernahm. Ihre Strategen hatten keine Erfahrungen, und die Partei wurde von Städtern mit kleinbürgerlichen Vorstellungen geleitet und mit vagen Vorstellungen von der Theorie der Revolution.

Zunehmende Brutalisierung

W.W.: Wie ging Taraki mit innenpolitischen Gegnern um?

M. Baraki: Sehr brutal. Er hat sie verfolgt, ins Gefängnis gesteckt, gefoltert und teilweise umgebracht. Das traf auch Menschen, die wirklich für eine fortschrittliche Entwicklung Afghanistans eintraten, aber nicht unbedingt die Meinung der DVPA einnahmen. Sofern sie nicht flüchten und das Land verlassen konnten, kamen sie fast alle ins Gefängnis. So kam es, daß die Basis der Regierung immer schmaler und schmaler wurde.

W.W.: Wie kam es zum Sturz Tarakis durch seinen Stellvertreter Amin?

M. Baraki: Der Sturz wurde dadurch ausgelöst, daß die Partei mit ihren Kritikern und Gegnern, auch parteiintern, sehr brutal umging, ebenso mit den Geistlichen im Lande. Nach einer Reise Tarakis nach Havanna zu einem Treffen der blockfreien Staaten machte er auf dem Rückflug in Moskau Station. Die sowjetische Führung bedeutete ihm, daß es auf diese Weise in Afghanistan nicht weitergehen könne und daß er mit seinem brutalen Vorgehen seine eigene Basis ständig verkleinere. Auch war allen klar, daß Taraki das Land innenpolitisch gespalten hatte, u.a. hatte er auch führende Anhänger Karmals aus der Partei ausgeschlossen, so daß es obendrein zu einer Spaltung der Partei gekommen war.

Ein weiteres Problem war die schon angesprochene Durchsetzung der Reformen mit brutalen Methoden, die den Widerstand provozierten, sowie der Umgang mit Nichtparteimitgliedern, mit Intellektuellen, bürgerlichen Kräften und anderen, die alle für eine fortschrittliche Entwicklung des Landes eintraten. Diese Themen wurden alle in Moskau durchgesprochen. Kaum war Taraki zurück in Afghanistan, wurde auf den Außenminister Amin ein erfolgloses Attentat verübt. Kurze Zeit darauf ließ Amin ihn umbringen und erhob sich zum Parteichef, Staatsoberhaupt und Ministerpräsidenten.

W.W.: Standen Sie damals der DVPA nahe?

M. Baraki: Ursprünglich stand ich ihr nahe, und in der ersten Phase der Revolution habe ich sie auch unterstützt, aber als ich feststellte, daß ihre Politik nicht meinen Vorstellungen entsprach und auch nicht im Sinne einer fortschrittlichen Entwicklung Afghanistans war, habe ich begonnen, sie zu kritisieren, und mich von ihr distanziert. Nach Tarakis Tod hat Amin die Situation im Lande weiter verschärft und brutalisiert. Er äußerte sich fast so wie Pol Pot: „Ich brauche nur 2,5 Millionen Afghanen. Die reichen für meine Herrschaft aus. Auf den Rest lege ich keinen Wert."

W.W.: Und die anderen ca. 15 Millionen wollte er umbringen?

M. Baraki: Vielleicht. Oder ins Ausland vertreiben. So genau hat er sich dazu nicht geäußert.

Die Hilferufe

W.W.: Wer hat die UdSSR zu Hilfe gerufen und warum?

M. Baraki: Es liegen mittlerweile Dokumente vor, die namhafte Wissenschaftler, Osteuropa-Spezialisten, aufgrund ihrer Forschungen im Archiv des Politbüros der KPdSU veröffentlicht haben, aus denen sich ergibt, daß die afghanische Regierung bis zum 17. Dezember 1979 insgesamt 21mal die UdSSR um Hilfe gebeten hat. Und das betrifft sowohl die Zeit von Taraki als auch die von Amin. Besonders Amin war sich darüber im klaren, daß er in kürzester Zeit von seinen Gegnern, den Mudschaheddin, hinweggefegt werden würde. Sie kontrollierten bereits große Teile des Landes.

W.W.: Aber die UdSSR wollte doch wohl gerufen werden?

M. Baraki: Ich glaube nicht. Denn dann hätte sie schon früher einmarschieren können. Ich habe Protokolle eines Telefongesprächs vom 18. März 1979 zwischen Taraki und Kossygin, dem damaligen sowjetischen Ministerpräsidenten. In diesem Gespräch bittet Taraki Kossygin, Afghanistan militärisch zu unterstützen. Aber Kossygin ist nicht auf ihn eingegangen. Das hatte zwei Gründe: Zum einen ging es um die Stationierung von Pershing-Raketen und Cruise-Missiles in Westeuropa, also um den damaligen Nato-Doppelbeschluß. Die Sowjetunion wollte mit einer Besetzung Afghanistans nicht Bedingungen für die Umsetzung des Nato-Doppelbeschlusses schaffen. Als der Nato-Doppelbeschluß 1979 in Brüssel gefaßt wurde, fiel dieser Grund aber fort.

Der zweite Grund ist eine These von mir, die nirgendwo belegt ist, zu der ich aber nach langem Studium gekommen bin, und sie betrifft Karmal. 1979 war Karmal in der Sowjetunion. Vorher war er Botschafter in Prag gewesen, bis er von Taraki und Amin aus der Partei ausgeschlossen wurde. Und ich bin überzeugt, daß Karmal die sowjetische Führung in bezug auf einen Einmarsch in Afghanistan bestärkt hat, mit dem gleichzeitigen Versprechen, die Fehler der Regierungen Taraki und Amin zu korrigieren, wenn die Sowjetunion ihn bei der Machtübernahme in Afghanistan unterstützen würde. Die Sowjetunion sollte ihm also bei der Regierungsübernahme helfen, aber nach kurzer Zeit wieder aus dem Land abziehen.

Das muß einer der entscheidenden Faktoren gewesen sein, daß sich die sowjetische Führung bereiterklärt hat, über die militärische Unterstützung Afghanistans hinaus selbst militärisch zu intervenieren. Ich weiß von hochrangigen Militärs und Mitgliedern des Staatsapparates, daß der damalige KGB-Chef Andropow kurz nach dem Einmarsch nach Kabul gekommen ist und dort verkündet hat: „Genossen, ihr habt sechs Monate Zeit. In dieser Zeit bekommt ihr alles: Ausbildung, Geld, Militärausrüstung. Und dann ziehen wir uns zurück." Die sowjetische Führung ging davon aus, daß Karmal aufgrund seiner Versprechen in Kürze die Probleme in Afghanistan in den Griff bekommen würde. Aber sie haben sich alle verkalkuliert.

W.W.: Was wäre mit Afghanistan passiert, wenn die Russen nicht einmarschiert wären?

M. Baraki: Dann hätten die Mudschaheddin die Regierung weggefegt, ohne Zweifel.

Der Konflikt wird internationalisiert

W.W.: Gibt es Hinweise darauf, daß die amerikanische Militärhilfe für die Mudschaheddin bereits vor dem Einmarsch der Russen in Afghanistan begann und daß die Sowjets durch das starke Eingreifen von Pakistan und den USA länger in Afghanistan gehalten wurden, als sie es wollten?

M. Baraki: Es gibt ein sehr interessantes Interview mit Zbigniew Brzezinski, dem damaligen Sicherheitsberater von US-Präsident Carter, das er dem *Nouvel Observateur* gab. Er bestätigte darin die Aussage des früheren CIA-Chefs Gates, daß die CIA bereits sechs Monate vor dem Einmarsch der Sowjets mit der Unterstützung der Mudschaheddin begonnen hat. Er sagte wörtlich: „Ja. Nach der offiziellen Version der Geschichte hat die Hilfe der CIA an die Mudschaheddin angefangen im Laufe des Jahres 1980, d.h. nachdem die sowjetische Armee am 24. Dezember 1979 in Afghanistan einmarschiert war.[1] Aber die Realität, bis jetzt geheimgehalten, ist eine ganz andere. Es ist tatsächlich der 3. Juli 1979, daß Präsident Carter die erste Direktive über die geheime Unterstützung für die Opponenten des prosowjetischen Regimes in Kabul unterzeichnet hat. Und an diesem Tag habe ich dem Präsidenten eine Notiz geschrieben, in der ich ihm erklärte, daß meiner Ansicht nach diese Hilfe eine militärische Intervention der Sowjets zur Folge haben würde." Und er führte weiter aus: „Wir haben die Russen nicht gedrängt zu intervenieren, aber wir haben die Möglichkeit, daß sie es tun, wissentlich erhöht." Die Sowjets ihrerseits wollten ein zweites Chile verhindern.

Es gibt Wissenschaftler, die in dem Einmarsch der Sowjets in Afghanistan keinen völkerrechtlichen Verstoß sehen, aber nach meiner Überzeugung war er ein gewaltiger politischer Fehler. Denn durch die Präsenz der sowjetischen Armee in Afghanistan wurde der Konflikt internationalisiert. Und die afghanische Führung wurde dadurch vollends unfähig, den Konflikt innenpolitisch zu lösen. Man hätte zuerst andere Möglichkeiten suchen müssen, z.B. die Aktivierung der Konferenzmechanismen der blockfreien Staaten. Afghanistan ist Gründungsmitglied der Bewegung der blockfreien Staaten und unterhielt z.B. gute Beziehungen zu Indien. Alle diejenigen, die unter Taraki und Amin verfolgt worden waren, also nationale, bürgerliche Kräfte und Intellektuelle, hätte man in den Zukunftsprozeß des Landes einbeziehen müssen. Man hätte besser Wiedergutmachungsarbeit leisten müssen, statt die sowjetische Armee zu rufen.

Das Chaos steigert sich

W.W.: Warum führten die Mudschaheddin während der sowjetischen Besatzung keinen vereinten Kampf, und warum stürzten sie durch ihre Konflikte untereinander das Land nach dem Abzug der Russen endgültig ins Chaos?

M. Baraki: Es gab nie diesen vereinten Kampf. Ich habe viele Dokumente über ihre Feindschaft untereinander, z.B. Dokumente von Hekmatyar, der seinen Kommandanten befiehlt, den Sowjets oder der afghanischen Regierung nach Möglichkeit Informationen über die anderen

1. Die Intervention der sowjetischen Armee begann am 27. Dezember 1979.

Mudschaheddin-Gruppen zu geben, damit diese vernichtet werden können.

Die Umorientierung der sowjetischen Außenpolitik unter Gorbatschow hinterließ auch ihre Spuren im Afghanistan-Konflikt. Zunächst wurde Karmal 1986 als Generalsekretär der DVPA abgelöst und durch Nadschibullah ersetzt. In einem zweiten Schritt wurde der Abzug der sowjetischen Armee angeordnet, der am 15.02.1989 abgeschlossen wurde. Trotzdem konnten die Mudschaheddin die nun alleinstehende Regierung unter Nadschibullah nicht stürzen. Zwar kontrollierten sie große Teile des Landes, aber nicht die größeren Städte. Auch die im pakistanischen Exil gebildete afghanische Interimsregierung, bestehend aus sieben Mudschaheddin-Parteien, konnte nicht die Regierung in Afghanistan übernehmen. Sie wurde völkerrechtlich nicht anerkannt, weil sie ihren Regierungssitz nicht nach Afghanistan verlegen konnte.

Es gab verschiedene Mudschaheddin-Offensiven im Jahre 1990, die aber alle von der Regierung geschlagen wurden. Erst als Teile der Partei-, der Staats- und Armeeführung – z.B. sein Stellvertreter Hatef, der Außenminister Abdul Wakil, der einflußreiche Parteifunktionär Mahmud Barialei – Nadschibullah nicht mehr unterstützten, gab die Regierung im April 1992 die Macht an die Mudschaheddin ab, und Nadschibullah flüchtete in die Kabuler UN-Vertretung. Es wird immer von dem siegreichen Feldzug der Mudschaheddin gesprochen, was propagandistisch sicherlich wirksam, aber faktisch falsch ist. Die Macht wurde nämlich an die gemäßigten Mudschaheddin übergeben, und der erste Präsident des Islamischen Staates Afghanistan wurde der Exil-Präsident der Mudschaheddin, Modschadedi, ein gemäßigter Monarchist.

Die Stadt Kabul war in Einflußbereiche der verschiedenen Mudschaheddin-Gruppen aufgeteilt, u.a. besetzte die Gruppe um Hekmatyar wichtige Posten in Kabul, z.B. das Innenministerium. Dieser wurde aber von Dostum aus Kabul vertrieben. Dafür wurde Dostum von Modschadedi zum Vier-Sterne-General ernannt.

Der Konflikt der Nationalitäten beginnt

Fortan ging es nur noch um Einfluß und Macht der einzelnen Mudschaheddin-Gruppen. Jede Mudschaheddin-Gruppe wollte die Macht für sich allein haben. Deswegen ging der Krieg in Afghanistan weiter. Und die afghanische Bevölkerung, die den Abzug der Sowjets gefeiert hatte, wurde erneut enttäuscht. Denn es kam niemals Frieden nach Afghanistan. Die Bevölkerung wurde von den Sowjets enttäuscht, von den DVPA-Regierungen und auch von den islamischen Mudschaheddin. Und hiermit beginnt ein wichtiger Wendepunkt in der Geschichte Afghanistans. Weil die „Islamische Karte“ durch den gegenseitigen Kampf der Mudschaheddin bei der Bevölkerung nicht mehr glaubhaft vertreten werden konnte, führten die Mudschaheddin jetzt die „Nationalitätenkarte“ ein. Der Bürgerkrieg wurde unvermindert weitergeführt, allerdings nun unter der Flagge des Stammes bzw. der Volksgruppe. Das Nationalitätenproblem gab es vorher nicht. Aber nun nannten sich die einzelnen Mudschaheddin-Gruppen Paschtunen, Usbeken, Tadschiken, um den weiteren Kampf gegeneinander zu legitimieren. Und diese Mudschaheddin-Gruppen haben Kabul buchstäblich zerstört. Sie haben bei Ihrem Besuch sicherlich gesehen, daß die afghanische Hauptstadt heute so aussieht, wie verschiedene große deutsche Städte nach dem Zweiten Weltkrieg.

Es ging letztendlich nur um Macht und Einfluß, und diese beanspruchte jede Mudschaheddin-Gruppe allein für sich.

Die Pipeline

W.W.: Was waren die ausschlaggebenden Faktoren, daß die USA und Pakistan nicht mehr auf die Mudschaheddin, sondern auf die Taliban setzten?

M. Baraki: Das ist eine interessante Frage. Im Frühjahr 1994 sind die Führer der Mudschaheddin nach Washington zitiert worden. Man hat ihnen den Plan für den Bau einer Pipeline vorgelegt, die die amerikanische Ölfirma Unocal in Zusammenarbeit mit Delta-Oil, Saudi-Arabien, von Mittelasien durch Afghanistan nach Pakistan bzw. Indien verlegen wollte. Die Mudschaheddin wurden aufgefordert, sich sofort zu verständigen und das Land zu befrieden, damit das Pipeline-Projekt durchgeführt werden kann. Der politische Berater dieser Angelegenheit war Henry Kissinger. Die Mudschaheddin versprachen den USA, ihren Wünschen nachzukommen, aber gleich nach ihrer Rückkehr nach Afghanistan ging der Bürgerkrieg weiter.

Die USA versuchen in der Regel, Konflikte nicht politisch, sondern militärisch zu lösen. Deswegen tauchte über Nacht, bereits im September 1994, eine neue politisch-militärische Gruppierung in Afghanistan auf, und das waren die Taliban. Die USA haben die Taliban massiv militärisch unterstützt, so daß sie von Pakistan aus Kandahar besetzen konnten. Dort führte eine hochrangige US-Delegation politische Gespräche mit der Taliban-Führung. Kurz darauf eroberten sie Ost-Afghanistan und vertrieben den Super-Mudschahed Hekmatyar aus seinem Hauptquartier. Und bereits im September 1996 eroberten sie Kabul. Schon bald hatten sie fast das gesamte Land unter ihre Herrschaft gebracht. Das Ziel ihrer Mission, das Land zu stabilisieren und zu befrieden, haben sie allerdings nicht erreicht. Deswegen hat Henry Kissinger 1998 den Firmen Unocal und Delta-Oil geraten, das Pipeline-Projekt vorerst auf Eis zu legen.

W.W.: Um welche Ölvorräte geht es überhaupt in der kaukasischen Region?

M. Baraki: Für die afghanische Pipeline geht es an erster Stelle um das turkmenische Gas. In Turkmenistan sollen die zweitgrößten Weltgasreserven liegen. Und es sollte eine Gas-Pipeline vom turkmenischen Daulatabad durch Afghanistan nach Moltan bzw. Gwadar in Pakistan am Indischen Ozean gebaut werden.

W.W.: Wie steht es heute mit dieser Pipeline?

M. Baraki: Verhandlungen wurden bereits wieder aufgenommen, und am 30. Mai 2002 wurde zwischen Turkmenistan, Afghanistan und Pakistan in Islamabad ein „Memorandum of Understanding" diesbezüglich unterzeichnet. Die Realisierung dieser Pipeline steht also wieder auf der Tagesordnung.

In der Hölle

W.W.: Was änderte sich für die Frauen, als die Taliban die Macht im Land übernahmen?

M. Baraki: Als die Mudschaheddin 1992 die Macht in Kabul übernahmen, war es eine ihrer ersten Maßnahmen, die Frauen aus dem öffentlichen Leben zu vertreiben, und schon am 27.08.1993 wurde eine Fatwa, ein islamisches Rechtsgutachten, zur islamischen Kleiderordnung für Frauen, auch als „Ordinance on Women's Veil" bekannt geworden, erlassen, wonach Frauen u.a. gezwungen wurden, ihren ganzen Körper mit einem Schleier zu verhüllen. Aber sie wurden nicht so stark verfolgt wie später unter den Taliban. Unter den Taliban wurden die Frauen nicht nur aus dem öffentlichen Leben verbannt, sondern sie bekamen Arbeitsverbot. Frauen durften sich nicht mehr schminken, und wenn ihre Knöchel auf offener Straße zu sehen waren, wurden sie öffentlich verprügelt.

Eine besonders grauenhafte Situation entstand aber für alle Witwen. Da sie – allein in Kabul ca. 50.000 – mitsamt ihren Kindern ohne Ernährer dastanden, aber nicht mehr arbeiten durften, war dies für sie faktisch ein Todesurteil. Nur einige Frauen durften in Einrichtungen der Vereinten Nationen in Kabul arbeiten, und manche auch im Gesundheitswesen, aber nur dort, wo nicht gleichzeitig Männer arbeiteten.

Mädchen durften nicht mehr in die Schule gehen, Frauen nicht mehr studieren. Zwar gingen die kleinen Mädchen noch zur Schule, aber das waren ausschließlich Koranschulen und keine allgemeinbildenden. Diese Situation war für alle Frauen eine einzige Katastrophe. Alle Frauen, die es sich leisten konnten, sind aus dem Land geflüchtet.

W.W.: Haben Sie Schätzungen, wie viele Frauen durch diese Verbote während der Taliban-Zeit zu Tode gekommen sind?

M. Baraki: Seit Jahren ist Afghanistan aus allen Statistiken gefallen. Es gibt also keine genauen Zahlen mehr über die realen Verhältnisse in Afghanistan. Aber man kann davon ausgehen, daß in Afghanistan sehr viele Menschen, vor allem Frauen und Kinder, verhungert sind. Bei der Geburt von Kindern sind viele Frauen gestorben, und auch die Kindersterblichkeit war sehr hoch.

W.W.: Stimmt es, daß Frauen auch zur Prostitution gezwungen oder an reiche Araber verkauft wurden?

M. Baraki: Ja. Das geschah bereits zu Zeiten der Mudschaheddin, und die Taliban haben diese Praxis fortgesetzt. Die Taliban haben auch junge Frauen gezwungen, sie zu heiraten, und wenn sie sich weigerten, haben sie oft alle Familienmitglieder getötet. Viele Frauen wurden geraubt und an arabische Scheichs verkauft. Das war gang und gäbe. Am schlimmsten waren die Hindus davon betroffen. In Afghanistan gibt es eine kleine Minderheit von Hindus. Schon seit der Kolonialzeit hatten sich viele von ihnen in Afghanistan niedergelassen und waren vorwiegend im Handel tätig. Jetzt mußten sie in der Öffentlichkeit ein gelbes Dreieck tragen, damit man sie als Hindus erkennen konnte.

W.W.: Also ähnlich wie die Juden unter den Nazis?

M. Baraki: Genau. Und wenn den Taliban eine Hindu-Frau gefiel, forderten sie sie oft auf, zum Islam überzutreten, um sie anschließend heiraten zu können. Viele konnten fliehen, aber einige haben sich auch aus oberen Stockwerken auf die Straße gestürzt, weil sie ein Leben in Schande nicht führen wollten. Diese Selbstmorde gab es aber auch bereits zur Zeit der Mudschaheddin.

Sie wurden wie Hunde abgerichtet

W.W.: Ich habe viele Afghanen nach dem Wesen der Taliban befragt, habe auch viele Antworten bekommen, aber trotzdem ist mir ihr Wesen nach wie vor ein Rätsel geblieben. Ich kann die Geistes- und Seelenhaltung der Taliban gegenüber den Frauen einfach nicht nachvollziehen. Ich weiß, daß die Taliban kaum Frauen kennengelernt haben, daß sie aus armen Verhältnissen stammen, daß sie in den Koranschulen Pakistans großgezogen und indoktriniert wurden, daß sie das Leben nicht kennen, aber das reicht mir nicht als Erklärung für die Widerwärtigkeit ihrer Taten aus. Jeder Mensch hat Gefühle und wenigstens eine gewisse Portion Verstand, so daß er auch ganz allein durch sich und seine Seelenkräfte auf die Idee kommen müßte, beispielsweise einer am Straßenrand sitzenden verhungernden Frau zu helfen.

M. Baraki: Als Antwort auf Ihre Frage muß ich etwas weiter ausholen und schildern, wer die Taliban überhaupt sind. Die Taliban sind Kinder afghanischer Flüchtlinge, sie sind in den pakistanischen Flüchtlingslagern aufgewachsen. Diese Flüchtlingslager standen größtenteils unter der Regie der Mudschaheddin. In den Lagern sind sie rekrutiert worden, um sie in die pakistanischen Koranschulen zu stecken. Soweit ich weiß, gibt es davon in Pakistan 2.500. Dort wurden sie ideologisch ausgebildet. Sie wurden ganz streng fundamentalistisch-religiös erzogen und zusätzlich auf Veranlassung der CIA und des pakistanischen Geheimdienstes ISI militärisch ausgebildet.

Diese von der Öffentlichkeit isolierte Ausbildung lief nach dem Muster von Söldnerausbildungen. Die Taliban hatten eine Söldnermentalität. Sie kannten nichts anderes als Kampf. Oft wußten sie nicht einmal, warum sie überhaupt kämpfen. Sie hatten eben nichts anderes gelernt, als Befehle auszuführen und zu kämpfen. Etwas überspitzt kann man sagen, daß sie wie Hunde abgerichtet worden sind. Sie wurden verunmenschlicht. Deswegen waren die Taliban so brutal.

Unter der Herrschaft der Taliban war z.B. das Fotografieren verboten. Mittlerweile sind aber auch Fotos entdeckt worden, auf denen zu erkennen ist, daß sich die Taliban selbst haben fotografieren lassen. Daran sieht man, daß die Taliban auch Menschen sind und den Drang verspürten, von sich auch ein schönes Foto zu besitzen. Oftmals wurden die Fotos sogar retuschiert, damit sie darauf noch schöner aussahen. Die Taliban hatten also durchaus Gefühle, aber sie wurden durch ihre Ausbildung kaputtgemacht.

Sie wurden in den Flüchtlingslagern und den Koranschulen so erzogen, daß sie ihre Menschlichkeit verloren.

W.W.: Als die militärische Ausbildung der Taliban auf Betreiben der CIA und des ISI begann, geschah dies bereits mit dem Ziel, die Mudschaheddin eines Tages durch die Taliban zu ersetzen?

M. Baraki: Nein, während der Zeit des Bürgerkrieges wurden die jungen Taliban an die einzelnen Mudschaheddin-Gruppen als Söldner verkauft. Als eigenständige Gruppe traten die Taliban vor 1994 noch nicht auf. Das geschah erst, um Afghanistan zu stabilisieren und das Pipeline-Projekt zu realisieren. Vorher waren die Taliban nichts anderes als eine Art Sondereinheit, die je nach Bedarf an den Fronten der verschiedenen Mudschaheddin-Gruppen eingesetzt wurde.

W.W.: Wenn Sie sich heute in diejenigen Taliban hineinversetzen, die noch leben: Meinen Sie, daß die Taliban jetzt ihre Taten bereuen?

M. Baraki: Ich bin ein Mensch, der an den Verstand eines jeden Menschen glaubt. Insofern glaube ich, daß das auch für die Taliban zutrifft. Wenn man ihnen bewußtmacht, was sie alles angerichtet haben, denke ich schon, daß viele ihren Irrtum einsehen werden. Aber einige von ihnen sind Fanatiker. Und sie sind auch heute noch dazu bereit, ihr Leben für ihre Ansichten zu geben. Diese Fanatiker werden wahrscheinlich niemals andere Meinungen tolerieren und kein anderes als das bisherige Leben führen wollen.

Ein Teil der Taliban-Führer wurde im Westen als weniger fundamentalistisch eingestuft, obwohl diese sich in den Hauptfragen nicht wesentlich von den anderen unterschieden. Diese sogenannten gemäßigten Taliban sollen jetzt in die afghanische Gesellschaft reintegriert werden. Inzwischen hat sich sogar eine Partei der gemäßigten Taliban in Pakistan konstituiert, und sie wollen in der zukünftigen afghanischen Politik eine Rolle spielen. Karsai hat denen, die sich vom Terrorismus lösen, die Möglichkeit angeboten, wieder in Afghanistan zu arbeiten.

Die einzige Weltmacht

W.W.: Zwischen den USA und den Taliban sowie Osama bin Laden gab es vielerlei Kontakte und Zusammenarbeitsfelder. Die Unterstützung der Taliban-Regierung durch die Clinton-Administration endete im Sommer 1998, vor allem wegen der Rolle, die Osama bin Laden mittlerweile in Afghanistan spielte. Im August 1998 erfolgten die Anschläge auf die US-

Botschaften in Nairobi und Daressalam sowie die Raketenangriffe der USA auf Afghanistan. Trotzdem haben die USA ab 1999 die Beziehungen zu Afghanistan wieder aufgefrischt. Wissen Sie, warum?

M. Baraki: Ursprünglich waren Osama bin Laden, die Mudschaheddin und die Taliban Zweckverbündete der USA, vor allem im Kampf gegen die Sowjetunion. Als die Sowjets aus Afghanistan abzogen, brachen die Rivalitäten zwischen den einzelnen Mudschaheddin-Gruppen offen aus, ferner die Rivalitäten einzelner Gruppen zu Osama bin Laden und zur Al-Qaida. Wir wissen auch, daß die Leute um Bin Laden für die Bush-Familie keine Unbekannten waren, denn sie unterhielt in der Vergangenheit diverse Geschäftsverbindungen zu ihnen. Der Umschwung der Islamisten gegen die USA geschah vor allem wegen des zweiten Golfkrieges, 1991 gegen den Irak, der teilweise vom heiligen Boden Saudi-Arabiens aus gegen Muslime geführt wurde, und wegen der dauerhaften Präsenz des US-Militärs im Lande der heiligsten Stätten des Islam.

1997 fuhr die damalige Außenministerin Madeleine Albright nach Mittelasien und erklärte öffentlich Mittelasien und die Kaukasus-Region zur Interessensphäre der USA. Dabei geht es um die mittelasiatischen Rohstoffe sowie um die geostrategische Bedeutung dieses Raumes. Und dazu gehört auch Afghanistan. Wenn man das Buch von Brzezinski, „Die einzige Weltmacht. Amerikas Strategie der Vorherrschaft“ (Berlin 1997), liest, dann kann man es als Drehbuch dessen interpretieren, was die USA heute in dieser Region durchführen. Sie setzen das um, was Brzezinski geschrieben hat.

W.W.: Was sagt er in seinem Buch?

M. Baraki: Seine Zentralthese ist, daß sich die Zukunft der Welt in Asien entscheide. Und das Herzstück Asiens ist Mittelasien. Wer Mittelasien und den Kaukasus beherrscht, wird letztendlich die Welt beherrschen können. Und Afghanistan ist Bestandteil dieser Strategie. Wenn sich diese Ziele nicht friedlich durchsetzen lassen, greift man auch zu militärischen Mitteln.

Die geheimen Verhandlungen der USA mit den Taliban

In bezug auf die Taliban sind die USA immer zweigleisig gefahren. In der Endphase haben sie auf die Taliban Druck ausgeübt und dafür Bin Laden als Alibi genommen. Aber gleichzeitig haben sie zu den Taliban engste Verbindungen geknüpft. Es gab fast zu jeder Zeit Kontakte zwischen hochrangigen Politikern der USA und der Führung der Taliban. Oft waren Delegationen der Taliban in den Vereinigten Staaten und US-Delegationen in Kandahar.

W.W.: Noch zur Zeit der Clinton-Regierung gab es die 6+2-Gespräche, also mit den sechs Anrainerstaaten Afghanistans sowie Rußland und den USA. In diesen Gesprächen hat man versucht, einerseits einen Frieden zwischen der Nordallianz und dem Taliban-Regime zu stiften, andererseits forderte man immer die Auslieferung Osama bin Ladens. Diese Gespräche fanden im Jahre 2000 statt, scheiterten aber am Ende des Jahres 2000 und wurden u.a. wegen der Präsidentschaftswahlen in den USA und dem anschließenden Auszählungswirrwarr endgültig abgebrochen. Wenn diese Gespräche nicht gescheitert wären, hätte Mullah Omar dann Osama bin Laden ausgeliefert? Und falls er Osama bin Laden ausgeliefert hätte, wäre es dann nicht zum 11. September 2001 gekommen?

M. Baraki: Diese beiden Sachen muß man auseinanderhalten. In den letzten Jahren des Taliban-Regimes war die Zentrale der Taliban in Kandahar stark von Osama bin Laden abhängig und eng mit ihm verbunden, sowohl finanziell als auch familiär, denn Mullah Omar hat eine Tochter von Bin Laden geheiratet. Bin Laden hat die Taliban-Führung finanziert, und darüber hinaus hat er es geschafft, daß innerhalb der Taliban zahlreiche arabische Fundamentalisten das Sagen hatten. Viele von ihnen waren in hohen Positionen. Aufgrund dieser Verflechtungen war es höchst unwahrscheinlich, daß Bin Laden an die USA ausgeliefert werden würde. Hinzu kam die paschtunische bzw. afghanische Gastfreundschaft. Osama bin Laden war Gast in Afghanistan. Und einen Gast liefert man nicht an ein fremdes Land aus. Außerdem forderten die Taliban Beweise, daß Osama bin Laden die Attentate auf die Botschaften von Nairobi und Daressalam geplant und zu verantworten hat, und die USA haben diese Beweise nie geliefert.

Die Verhandlungen über diese Punkte liefen bis zum Sommer 2001. Diese Gespräche fanden u.a. in einem Hotel in Berlin statt, und den Taliban wurde die diplomatische Anerkennung angeboten, falls diese Osama bin Laden ausliefern würden. Das hat der ehemalige pakistanische Außenminister Naik ausgeplaudert, der bei diesen Verhandlungen anwesend war.

W.W.: Eine der letzten Amtsentscheidungen Clintons war der Abbruch der Beziehungen zum Taliban-Regime und die Zustimmung der USA zu den UNO-Sanktionen gegen das Taliban-Regime. Diese Sanktionen wurden am 19.12.2000 beschlossen. Kaum aber war die Bush-Regierung an der Macht, im Januar 2001, begann sie wieder, mit den Taliban zu verhandeln, und zwar bis hin zu den von Ihnen eben erwähnten Gesprächen in Berlin. Hat die Bush-Administration diese Gespräche wieder aufgegriffen, weil zahlreiche Vertreter der amerikanischen Regierung aus der Ölbranche kommen und man die Pipeline-Pläne wieder aufgreifen wollte?

M. Baraki: Genau. Auch die Bush-Administration fuhr ebenso wie die Clinton-Regierung zweigleisig. Auf der einen Seite verhandelte man mit dem Taliban-Regime, auf der anderen Seite wurde die pakistanische Führung bereits im Juli 2001 von der amerikanischen Regierung informiert, daß die USA einen Krieg gegen das Taliban-Regime planen. Für den Fall, daß die Verhandlungen mit den Taliban endgültig scheitern sollten, bereitete die US-Administration auch die militärische Variante vor. Und so kam es dann auch. Die Anschläge des 11. Septembers dienten zur Rechtfertigung eines Krieges, dessen Pläne man ohnehin schon in der Schublade hatte.

W.W.: Was ist eigentlich der genaue Hintergrund für die Zerstörung der Buddha-Statuen von Bamyan?

M. Baraki: Die Taliban wollten die angekündigte Zerstörung als Druckmittel benutzen, um internationale Anerkennung zu erzwingen. Aber das war eine Fehlkalkulation. Sie hatten schlechte Berater, denn es kam unter diesem Druck zu keiner internationalen Anerkennung. Wegen einer gewissen Beschränkung und Engstirnigkeit des Taliban-Regimes konnten sie nach ihrem diplomatischen Mißerfolg die angekündigte Zerstörung nicht mehr zurücknehmen. Deshalb sprengten sie die Statuen. Die Zerstörung der Buddha-Statuen ist aber weder mit dem Islam noch mit der Ideologie der Taliban zu vereinbaren.

Kriegspläne in der Schublade

W.W.: Sie sagten, daß die Kriegspläne gegen das Taliban-Regime in Afghanistan bereits im Sommer 2001 in der Schublade der Bush-Regierung lagen. Dann kam der 11. September. Kann man zwischen diesen beiden Faktoren irgendeinen Zusammenhang erkennen, oder war der Zeitpunkt der Attentate je nach Sichtweise ein unglücklicher oder glücklicher Zufall? Von einem gewissen Gesichtspunkt sieht es ja so aus, daß sie denjenigen, die die Kriegspläne gegen das Taliban-Regime vorantreiben wollten, gelegen kamen.

M. Baraki: So zynisch es auch klingt: Wenn es den 11. September 2001 nicht gegeben hätte, dann hätte man ihn erfinden müssen. Es war ein tragisches Unglück für Tausende von Menschen, mit denen ich mich als Afghane natürlich solidarisiere. Aber vom Standpunkt derjenigen in der amerikanischen Regierung, die ihre Strategie für Mittelasien militärisch vorantreiben wollten, kamen diese Anschläge gerade rechtzeitig.

Außerhalb Kabuls hat Karsai nichts zu sagen

W.W.: Wie beurteilen Sie die bisherige Interimsregierung Afghanistans und die jetzige auf der Loya Dschirga mehr oder weniger gewählte?

M. Baraki: Bisher gibt es in Afghanistan keine gewählte Regierung. Die Interimsregierung ist auf dem Petersberg bei Bonn gebildet worden, und zwar unter der Regie der USA. Ich bringe ein konkretes Beispiel: Ein großer Teil der auf dem Petersberg anwesenden 38 afghanischen Vertreter aus den Kreisen der Mudschaheddin und der Monarchisten war von den USA vorher ausgesucht worden. Zusätzlich hatten allein die USA auf dem Petersberg 20 Beobachter. Diese überdimensionale Präsenz läßt auf eine nachdrückliche Beeinflussung von Verlauf und Ergebnis der Verhandlungen schließen. Der Gouverneur von Nangrahar, Hadschi Abdul Kadir, ist frühzeitig abgereist, weil er diese Bevormundung nicht aushalten konnte. Und diese Petersberger Regierung ist nach Kabul verlegt worden und wird von der internationalen Schutztruppe beschützt.

Karsai war während seiner Regierungszeit lediglich dreimal außerhalb von Kabul: Einmal reiste er zum Grab Massouds und zweimal zu Trauerfeierlichkeiten. Er traut sich nicht, Kabul zu verlassen. Aber er war 13mal im Ausland. Daraufhin sah sich der EU-Koordinator für Afghanistan, der deutsche Diplomat Klaiber, zu einem Machtwort veranlaßt. Er forderte Karsai auf, sich lieber auf die Arbeit im Lande zu konzentrieren, statt in der Welt herumzureisen. Das Problem ist aber, daß Karsai kaum etwas tun kann. Denn er hat außerhalb von Kabul fast nichts zu sagen, selbst in seiner eigenen Regierung nicht! Sein Verteidigungsminister Fahim z.B. ernennt 38 Generäle, was dem Regierungschef selbst zustünde, und keiner von ihnen kommt aus der Volksgruppe der Paschtunen, aus der auch Karsai stammt.

Oder einige weitere Beispiele für die Machtlosigkeit von Karsai: Er hat für die Region von Paktia einen Gouverneur ernannt, der von den dort ansässigen Warlords nicht anerkannt wurde und die ihm den Krieg erklärt haben. Jetzt hat Karsai diesen Gouverneur zum Innenminister ernannt. Oder er ernennt einen Finanzverwalter für die Region Herat, in der Ismail Khan herrscht, damit die Zollgebühren nach Kabul geleitet werden können. Aber Ismail Khan hat ihn nach Kabul zurückgeschickt. Oder er schickt als Gouverneur den General Atta Mohammad nach Nord-Afghanistan, wo Dostum herrscht. Aber Dostum hat ihn nicht akzeptiert, und nun bekriegen sie sich. An diesen Beispielen können Sie sehen, daß die jetzige Regierung außerhalb von Kabul keinerlei Autorität besitzt.

Die meisten Mitglieder der jetzt abgehaltenen Loya Dschirga (11.–19. Juni 2002) sind von bestimmten Personen ausgesucht worden, um das zu bestätigen, was Karsai sich vorgestellt hat. Ursprünglich sollten gut 1.500 Delegierte nach Kabul kommen, aber man hat für alle Fälle noch etwa 200 dazugeladen, damit die Präsidentschaft Karsais nicht gefährdet wird. Es kam zwar wegen dieser zusätzlichen Mitglieder zum Streit, aber erst nachdem die Kandidatenfrage im Sinne der USA geklärt war, konnte die Loya Dschirga mit einem Tag Verspätung eröffnet werden.

Der Poker um den König

W.W.: Also ist im Vorfeld alles abgesprochen worden?

M. Baraki: Das meiste. Im Vorfeld spielte auch der ehemalige König Sahir Schah eine Rolle, ebenfalls der ehemalige Präsident Rabbani. Sie wollten ursprünglich für das Amt des Präsidenten kandidieren, aber der Sonderbotschafter des Präsidenten George W. Bush für Afghanistan, Zalmay Khalilzad, hat beide so gründlich bearbeitet, daß ihnen, wie ein afghanisches Sprichwort treffend ausdrückt, die Spucke im Mund trocknete. Er hat ihnen auch klargemacht, daß ohne eine Präsidentschaft Karsais kein einziger Dollar nach Afghanistan fließen würde. Beide mußten dann zugunsten von Karsai verzichten. Mister Khalilzad, und nicht der Ex-Monarch, gab dann der Presse bekannt, daß Sahir Schah als Kandidat für den Posten als Staatschef nicht zur Verfügung steht und die Kandidatur von Herrn Karsai unterstützt.

Sie sind also massiv unter Druck gesetzt worden, damit Karsai der unangefochtene Präsident Afghanistans wird. In Afghanistan gilt Karsai allgemein als Bürgermeister von Kabul und wird als Marionette der USA beschimpft, während Khalilzad als heimlicher König Afghanistans bezeichnet wird.

Der Wiederaufbauminister Amin Farhang, ein Schwiegersohn von

Sahir Schah, widerspricht den Berichten der internationalen Presse diesbezüglich vehement und begründet dies damit, die Beobachter seien der afghanischen Sprache nicht mächtig. Tatsache ist jedoch, daß einige Korrespondenten, die aus Afghanistan oder dem Iran kommen, sehr wohl die afghanischen Sprachen beherrschen. Davon einmal abgesehen, sprechen alle Fakten gegen die Behauptungen von Herrn Farhang, aber dabei ist natürlich zu berücksichtigen, daß er unter komplizierten und sogar gefährlichen politischen Verhältnissen leben und arbeiten muß.

W.W.: Als ich mich im Mai dieses Jahres (2002) in Kabul aufhielt, war ich u.a. auch beim ehemaligen König Sahir Schah und habe miterlebt, wie täglich Hunderte von Menschen zu ihm kamen, um ihm die Treue zu bekunden. Ferner wünschten viele Afghanen, mit denen ich gesprochen habe, daß für die restliche Lebenszeit des ehemaligen Königs eine zeitbedingte Monarchie eingerichtet werden solle. Fast einhellig wünschte man sich, daß Sahir Schah die Rolle eines Vaters der Nation übernehmen solle. Wie kommt es nun bei der afghanischen Bevölkerung an, daß Sahir Schah zugunsten von Karsai verzichtet hat?

M. Baraki: Viele Afghanen verurteilen deshalb die Amerikaner. Die meisten wollten, daß Sahir Schah eine Rolle im Staat spielt. Ich als Antimonarchist auch! Und das kann ich auch begründen: Wir sind der Meinung, daß Sahir Schah einen eigenen Kopf und eine eigene Meinung hat und daß er nicht nach der Pfeife der USA tanzt. Deswegen wollten die USA Sahir Schah nicht. Darüber hinaus haben die USA Sahir Schah nicht verziehen, daß er in den 50er Jahren verhindert hat, daß Afghanistan Mitglied des CENTO-Pakts wurde, dem 1959 entstandenen regionalen Militärpakt in Südasien. Außerdem hatte er Beziehungen zur Sowjetunion aufgenommen. Aber heute brauchen die USA in Afghanistan jemanden, der das durchführt, was im Interesse der USA liegt. Und dafür ist Karsai geradezu ideal.

Einführung der Scharia

W.W.: Was bedeutet die Einführung der Scharia in Afghanistan?

M. Baraki: Hadschi Abdul Kadir, der schon wenige Tage nach seiner Ernennung zu einem der Stellvertreter Karsais am 6. Juli auf offener Straße in Kabul ermordet wurde, hat einmal in einem Interview gesagt, daß niemand Interesse daran habe, daß Mädchen zur Schule gehen. Er stand dafür, daß Afghanistan nicht zu säkular wird. Zum Obersten Richter wurde sein enger Vertrauter, Scheich Hadi Schinwari ernannt, für den die Scharia in Afghanistan unverzichtbar ist. Die Einführung der Scharia bedeutet auch, daß Menschen wie unter den Taliban bei entsprechenden Vergehen die Hände abgehackt werden, daß ihnen wie in Saudi-Arabien öffentlich der Kopf abgeschlagen wird oder daß Frauen und Männer gesteinigt werden usw.

W.W.: Ich habe gehört, daß zwar die Scharia in Afghanistan eingeführt werden soll, nicht aber diese rigiden Strafgesetze.

M. Baraki: Das geht überhaupt nicht. In der Scharia sind diese Strafen vorgesehen, und der Oberste Richter ist ein rigider Ausleger der Scharia-Strafgesetze.

W.W.: Aber da paßt doch alles überhaupt nicht zusammen. Auf der einen Seite die Islamisten und die Scharia, auf der anderen Seite der Versuch, einen säkularen marktwirtschaftlichen Staat mit Unterstützung der USA zu bilden.

M. Baraki: Es wird keinen säkularen Staat geben, bei dem herrschenden Einfluß der Mudschaheddin in Staat und Justiz, die in einem islamischen Staat sowieso nicht voneinander zu trennen sind.

W.W.: Und werden die Mädchen zur Schule gehen können?

M. Baraki: Ja, die Mädchen werden zur Schule gehen, sie werden studieren können, und sie werden auch arbeiten dürfen. Aber sie werden bis zur Schultür bzw. zur Arbeitsstelle den Schleier tragen, weil sie vor den Mudschaheddin begründeterweise Angst haben.

Die Demokratie wird nicht kommen

W.W.: Wie sehen Sie die Zukunft Afghanistans? Wird es in ca. 18 Monaten die angekündigte demokratische Wahl geben?

M. Baraki: Nein. Auf dem Petersberg gab es keine demokratische Wahl, während der jetzigen Loya Dschirga gab es keine demokratische Wahl, und in 18 Monaten wird es ebenfalls keine demokratische Wahl geben. Es wird dann zwar eine Wahl geben, aber sie wird nicht demokratisch sein. Ich habe in zwei Legislaturperioden den Wahlkampf in Afghanistan miterlebt und gesehen, wie man Stimmen kauft. Ähnlich wird es auch in Zukunft zugehen. Warum sollte sich das ändern? Dafür fehlen doch alle Voraussetzungen.

W.W.: Der Schwiegervater von Massoud hat mir erzählt, wie die einzelnen Kandidaten für die Loya Dschirga vom Volk bestimmt worden sind.

In jeder Region des Pandschirtals wurden etwa 60 Personen bestimmt, die überhaupt in Frage kommen könnten, und diese wählten dann zwei bis vier Kandidaten unter sich aus. Das klang an sich ganz gut, zumal dies auch unter internationaler Aufsicht geschah.

M. Baraki: Das mag sein, d.h. aber noch nicht, daß die Warlords nicht dabei waren, und das ist keine Demokratie, wie Sie und ich sie uns vorstellen. So wurde z.B. die Frau, die auf der Loya Dschirga als Gegenkandidatin zu Karsai auftrat, vom Verteidigungsminister Fahim, der auch aus dem Pandschirtal stammt, als Schande für Afghanistan bezeichnet.

Massoud

W.W.: Wie ist Ihre Einschätzung von Massoud? Welche Leistungen hat er für Afghanistan erbracht?

M. Baraki: Massoud war auch ein Islamist. Er kam aus einer islamistischen Partei und hat dort seine Kampferfahrungen gemacht. Aber er unterschied sich von den anderen Islamisten, denn er tanzte nicht nach der Pfeife der USA. Er war ein nach Europa orientierter Mensch, was an seiner Ausbildung lag. Er hat in seiner Jugend eine französische Schule besucht und sich stark mit Frankreich und dem übrigen Europa identifiziert. In der Zeit des Bürgerkrieges hat er sich nicht eindeutig auf die Seite der USA gestellt und sogar hin und wieder Kompromisse mit der sowjetischen Armeeführung geschlossen. Er hat z.B. Lebensmittelkonvois nach Kabul durchgelassen, wenn er einen Teil davon abbekam.

Obendrein stand er in starker Gegnerschaft zu Hekmatyar. Kurz gesagt war Massoud ein Islamist mit nationalem Charakter. Wenn Sie so wollen, ein Patriot. Aber als er Verteidigungsminister Afghanistans war, wurden die Frauen aus dem öffentlichen Leben vertrieben, und auch an der Zerstörung Kabuls war er beteiligt.

W.W.: Hat ihn nicht ganz besonders der Kampf gegen die Taliban ausgezeichnet?

M. Baraki: Doch, auf jeden Fall! Allein schon aus dem Grund, weil die Taliban Marionetten des Auslands waren und äußerst brutal gegen die eigene Bevölkerung vorgingen. Und der Kampf gegen diese Taliban hat ihm natürlich in Afghanistan hohe Popularität verschafft. Wegen seines hohen Ansehens wird er von den jetzigen Machthabern vereinnahmt und für ihre Zwecke instrumentalisiert.

Wie lange soll in Afghanistan noch Blut fließen?

W.W.: Wann und warum haben Sie Afghanistan verlassen?

M. Baraki: Ich bin 1974 in die Bundesrepublik Deutschland gegangen. In Afghanistan habe ich eine deutsche Schule besucht, eine technische Schule. Danach habe ich noch in verschiedenen deutsch-afghanischen Projekten mitgearbeitet und war zunächst technischer Assistent an der Naturwissenschaftlichen Fakultät. Meine Universität in Kabul hatte eine Partnerschaft mit der Universität in Bonn, und ich hatte das Glück, ein Stipendium zu bekommen, und so kam ich zur Ausbildung nach Deutschland. Ich wollte meinen Magisterabschluß machen und dann nach Afghanistan zurückkehren, aber dann begann der Bürgerkrieg und man riet mir, eine Doktorarbeit zu schreiben. Ich schrieb diese Doktorarbeit in der Annahme, daß nach ihrem Abschluß der Bürgerkrieg in Afghanistan zu Ende sein würde und ich nach Hause zurückkehren könnte.

Aber momentan sieht es so aus, daß ich selbst jetzt noch nicht nach Afghanistan zurückkehren kann. Ich habe davon erfahren, daß von denen, die vor kurzem nach Afghanistan zurückgekehrt sind, bereits ca. 150 Personen im Lande verschwunden sind. Entweder sind politische oder kriminelle Gründe maßgeblich. Unter solchen Umständen ist es für Menschen wie mich sehr schwierig, nach Afghanistan zurückzukehren, obwohl ich sehr gerne beim Aufbau des Landes mithelfen möchte.

Als Karsai im Februar dieses Jahres (2002) Deutschland besuchte, wurden die hier lebenden afghanischen Fachkräfte eingeladen, um mit ihm zu sprechen. Auch ich war eingeladen, war aber zu dieser Zeit gerade in Pakistan. Karsai hat die Anwesenden aufgefordert, nach Afghanistan zurückzukehren und das Land aufzubauen. Als er gefragt wurde, wie es um die Sicherheitslage in Afghanistan stehe, entgegnete er, daß man das Land mit dem eigenen Blut aufbauen solle. Und ich frage jetzt: Wie lange soll denn in Afghanistan noch Blut fließen? Ist in den letzten 23 Jahren nicht genug Blut geflossen? Karsai ist geschützt, aber ich bin als einfacher Wissenschaftler nicht geschützt.

W.W.: Was für ein Schicksal für dieses Land!

M. Baraki: Grauenhaft!

Hoffnung nach dem Grauen

Interview mit Michael Pohly

von Wolfgang Weirauch

Dr. Dr. Michael Pohly, *geb. 1956. 1976–1983 Studium der Ethnologie, Politologie, Publizistik und Iranistik an der Freien Universität Berlin. 1985 Magister in Ethnologie mit Auszeichnung. 1990 Promotion in Iranistik: „Krieg und Widerstand in Afghanistan – Ursachen, Verlauf und Folgen", summa cum laude. 1983–1989 Studium der Humanmedizin an der Freien Universität.*

1989–1991 Arzt im Praktikum am Klinikum Steglitz der Freien Universität in der Abteilung für Radiologie und Röntgendiagnostik. 1991–1999 Arzt in der Abteilung für Innere Medizin (Kardiologie und Gastroenterologie) an der Freien Universität Berlin. 1996 Promotion. 1997 Facharzt für Innere Medizin. 1999 Wissenschaftlicher Assistent am Institut für Iranistik an der Freien Universität Berlin. Exkursionen: Türkei, Afghanistan, Mongolei. Derzeit Leiter des Büros der Friedrich-Ebert-Stiftung in Kabul.

Buchveröffentlichungen: „Krieg und Frieden in Afghanistan – Ursachen, Verlauf und Folgen seit 1978" (Berlin 1992); „Osama bin Laden und der internationale Terrorismus" (zus. mit. Khalid Durán, München 2001); „Nach den Taliban. Afghanistan zwischen internationalen Machtinteressen und demokratischer Erneuerung" (zus. mit. Khalid Durán, München 2002).

Es gibt leichtere Aufgaben, als Kontakt mit Michael Pohly aufzunehmen. Eigentlich war ein Interview mit ihm schon für das letzte FLENSBURGER HEFT vorgesehen, aber er war schon im Januar 2002 nach Kabul gereist – kam dann im Februar zur Berichterstattung nach Deutschland und flog kurz darauf, nach Karsais Berlin-Besuch, wieder zurück nach Kabul. Irgendwann im April des Jahres kam eine Antwort von ihm auf meine Interviewanfrage per E-Mail aus Kabul. Wir vereinbarten einen Interviewtermin für die Zeit eines kurzen Berlin-Aufenthalts, bevor er wieder Anfang Mai, einen Tag vor Bundeskanzler Schröder, zurück nach Kabul flog.

Michael Pohly ist Afghanistan- und Terrorismus-Experte. Das nachstehende Interview behandelt deshalb vor allem die letzten 13 Jahre der afghanischen Geschichte, nach dem Abzug der Sowjets. Es ist die Zeit der Mudschaheddin und der Taliban. Wir sprechen über den Dschihad, die Ursprünge der Islamisten und wie sich aus vor allem national gesinnten Dschihadisten ein weltweit operierendes internationales Terrornetz entwickelt hat. Michael Pohly beleuchtet, wie sich dieses Terrornetz durch die aktive Mithilfe der USA, Pakistans und der Golfstaaten zunehmend in Afghanistan konzentriert und dann eine Eigendynamik entwickelt hat, deren Dimension nur wenige erwartet hatten.

Vor allem wird an Afghanistan exemplarisch deutlich, wie es geschehen kann, daß durch die Interessen des Auslands ein ganzes Land in einen Trümmerhaufen verwandelt wird. So gesehen ist Afghanistan ein Lehrstück der Globalisierung, und zwar eines der schwarzen Kapitel. Die letzten Jahrzehnte afghanischer Politik können uns zeigen, was mit einem Staat geschieht, auf dessen Rücken die Interessen der Weltpolitik und einzelner Gruppen ausgetragen werden. Sie zeigen uns die Konfrontation der Großmächte, der Religionen, der unterschiedlichen Wertesysteme. Sie zeigen uns aber auch die Natur des Menschen – die Übermacht der Egoismen und Gruppeninteressen, der Grausamkeit der Menschen untereinander und der Unfähigkeit, trotz aller kultureller, religiöser und weltanschaulicher Gegensätze zusammenzuleben und gemeinsam etwas aufzubauen.

Den letzten Teil des Interviews über die gegenseitigen Beziehungen der USA und des Taliban-Regimes sowie über die Einschätzung der Loya

Dschirga habe ich mit Michael Pohly per E-Mail zwischen Kabul und Flensburg zusammengestellt.

Wolfgang Weirauch: Woher stammt Ihr starkes Interesse für Afghanistan?

Michael Pohly: Mein Interesse für Afghanistan geht bis ins Jahr 1978 zurück. Ich hatte bereits einige namhafte Führer des demokratischen afghanischen Widerstands in Deutschland kennengelernt und mich, da ich auch Ethnologe bin, schon stark für Afghanistan interessiert. Durch die nachfolgenden Ereignisse im Iran (Ende 1979), wo ich zum damaligen Zeitpunkt sehr viel stärker involviert war, habe ich diese Region zu meinem Arbeitsschwerpunkt gemacht. Aufgrund meiner Kontakte zu den demokratischen Widerstandsführern Afghanistans wurde ich nach und nach zu deren einzigem „Fenster" nach draußen, da sie sowohl in Pakistan, im Iran und in Afghanistan im Untergrund leben mußten. So konzipierte Khalid Durán – Islamforscher und Antiterrorexperte – in den 80er Jahren im wesentlichen die Außenpolitik dieser Gruppen. Nachdem Durán in die USA ging, blieb ich de facto als einziger Ansprechpartner für sie zurück.

W.W.: Sie kommen gerade aus Kabul (Ende April 2002). Wie ist momentan die Situation in Afghanistan? Werden die verschiedenen Volksgruppen lernen, in Zukunft friedlich miteinander auszukommen?

M. Pohly: Die Volksgruppen können friedlich miteinander leben, denn bis 1979 konnten sie es auch. Das Problem war und ist allerdings, daß die jetzige Regierung genau wie die frühere Taliban-Regierung auf einen Partikularismus setzt, der in der Vergangenheit dazu geführt hat, daß bestimmte Ethnien instrumentalisiert wurden. Die Vielfalt der Völker in Afghanistan birgt die Gefahr in sich, daß einzelne Ethnien oder auch Regionen instrumentalisiert werden.

W.W.: Dabei denken Sie wahrscheinlich an die Paschtunen, weil diese mehrheitlich die Taliban gestellt haben.

M. Pohly: Ja. Aber es betrifft auch andere Volksgruppen, wie z.B. die Hazara, die Schiiten sind und vom Iran instrumentalisiert wurden.

W.W.: Wird der König Sahir Schah die Möglichkeit haben, die verschiedenen Volksgruppen zu befrieden?

M. Pohly: Auch hier muß man sehr vorsichtig sein, denn es wird darauf ankommen, welche Gespräche der König mit wem führen wird. Im Moment sieht es so aus, als würde der König zu einer Symbolfigur werden. Er wird dann erfolgreich sein, wenn er zu einer Integrationsfigur für die verschiedenen partikularen Interessen wird. Denn die jetzige Regierung ist nicht in der Lage, integrativ zu wirken und andere gesellschaftliche Gruppen außer den jetzt beteiligten an der Macht teilhaben zu lassen. Momentan ist der König nicht vorbelastet, aber die Paschtunen setzen natürlich sehr starke Hoffnungen auf ihn, da auch er Paschtune ist.

Andere demokratische Gruppen sehen das etwas distanziert, weil sie nicht möchten, daß die Dominanz der Paschtunen über Afghanistan wieder festgeschrieben wird. Seitens des Königs wird es etwas Fingerspitzengefühl erfordern, in Afghanistan für Ausgleich zu sorgen. Er selbst möchte sich nicht in die Politik einmischen und sieht sich als Vater der Nation. Auch in der Vergangenheit hat er immer versucht, keine Partei zu ergreifen.

Dschihad als sechste Säule des Islam?

W.W.: Können Sie kurz den Unterschied zwischen dem kleinen und dem großen Dschihad darstellen?

M. Pohly: Der große Dschihad ist der Dschihad der inneren Läuterung. Er dient dazu, ein gottgefälliges Leben zu führen und im Sinne Gottes zu handeln. Einfach ausgedrückt ist dies die Auseinandersetzung mit dem eigenen inneren Schweinehund. Der kleine Dschihad dient dagegen dazu, die Religion zu verteidigen und die Ausübung der Religion zu ermöglichen. Diese Definitionen sind Positionen, die die derzeitigen Islamisten stören, denn sie wollen auch auf Kosten von anderen die Ausbreitung des Islam massiv fördern. Das ist ein ganz neues expansionistisches Konzept, das die Islamisten vertreten und das nicht im Einklang mit dem Islam steht. Es deckt sich nicht mit der Überlieferung, nicht mit dem Koran und auch nicht mit den Hadithen. Diese exzessive gewaltsame Ausbreitung des Islam ist eine neue, sechste Säule des Islam, die von Osama bin Laden und anderen Gruppen aufgebaut worden ist. Aber ihre Ansichten sind eine Minderheit innerhalb des Islam.

W.W.: War der Dschihad vor den Kreuzzügen überhaupt bei den Muslimen ein gängiger Begriff?

M. Pohly: Ja, der Begriff war bekannt, denn er kommt schon im Koran vor. Dort wird er in dem Sinne verstanden, gegen die Ungläubigen vorzugehen. Wobei unter den Ungläubigen diejenigen verstanden werden, die keiner der drei Buchreligionen – Islam, Judentum, Christentum – angehören. Damals ging es darum, der muslimischen Gemeinde zu ermöglichen, ihre eigene Religion auszuüben. Denn in den ersten Jahren des Islam waren sie Behinderungen durch verschiedenste Gruppen ausgesetzt. Der Begriff Dschihad entstand also als Reflexion auf eine Form der Unterdrückung, der Einschränkung der muslimischen Gemeinde. Allerdings hat der Dschihad-Aufruf bis zu den christlichen Kreuzzügen nie eine so explizite und wichtige Rolle gespielt.

W.W.: Können Sie etwas zu der Studie des blinden Omar Abder Rahman sagen, in der er speziell dem großen Dschihad eine Abfuhr erteilt und ausgeführt hat, daß Mohammed nie vom großen Dschihad – der Selbstläuterung – gesprochen habe?

M. Pohly: Es ist richtig, daß Mohammed nicht vom großen Dschihad gesprochen hat. Aber der blinde Scheich selbst hat eine Kehrtwendung vollzogen, denn er sprach früher sehr wohl davon, daß man den großen Dschihad führen solle. Die Studie, die Scheich Rahman in den 70er Jahren an der Al-Azhar-Universität in Kairo schrieb, ist eine wichtige Kehrtwendung innerhalb des Islam, und sie wurde zu einer sehr einflußreichen Schrift in den Kreisen der sogenannten Dschihadisten. Rahman schrieb in seiner Dissertation, daß man sich mit dem Gerede von der Selbstläuterung bzw. dem großen Dschihad nur lächerlich mache und daß es nur darauf ankomme, zur Waffe zu greifen und die Ungläubigen aufzufordern, den Islam anzunehmen.

W.W.: Einer seiner Schüler, Abdes Salam Farag, griff seine Thesen auf und behauptete einfach, der bewaffnete Kampf sei die sechste Säule des Islam. Was war Farag für ein Mensch?

M. Pohly: Er galt als sehr ehrgeizig und durchsetzungsfähig, und er gehörte zu denen, die behaupteten, daß diese sechste Säule das eigentliche Ziel des Islam sei. Er trat für eine starke Dominanz des Islam ein und strebte an, mit dem Islam die Weltherrschaft zu erobern. Seine Thesen waren nicht sonderlich originär, denn das geistige Rüstzeug dazu haben andere vor ihm geliefert, aber Farag hat seine Thesen vor allem auf die gewaltsame Auseinandersetzung, speziell auch mit dem Christentum, eingeengt. Er lehnte auch jeglichen Dialog mit anderen Religionen ab.

W.W.: Was sagt ein gläubiger Muslim dazu, wenn er durch solche Menschen hört, daß die sechste Säule des Islam der bewaffnete Kampf sei?

M. Pohly: Die Mehrheit der Muslime hat natürlich ein anderes Verständnis vom Islam. Es gibt im Grunde drei Formen des Islam: den orthodoxen, den fundamentalistischen und den Volks-Islam. Der Volks-Islam ist auch sehr stark von der Mystik geprägt, und er ist die verbreitetste Form des Islam. Er ist etwas rückständig, sehr traditionell und stark vom Gewohnheitsrecht überlagert, und man hat manchmal das Problem, den Kern des muslimischen Glaubens zu entdecken. Und dieser Volks-Islam ist auch sehr stark regional geprägt. Die Neuinterpretation des Islam durch die Dschihadisten ist aber der Mehrheit der Muslime nicht bekannt, und wenn sie wüßten, was von dieser Seite verbreitet wird, wären sie sicherlich sehr empört.

Der dschihadsüchtige 'Azzam

W.W.: Eine dritte Person ist der Scheich Dr. Abdullah 'Azzam, einer der Mitbegründer der Hamas. Was waren seine Theorien?

M. Pohly: Er gilt als einer derjenigen, die den Dschihad hoffähig gemacht haben. Die Hamas wurde 1967 als islamisch-fundamentalistische Palästinenser-Organisation in Konkurrenz zur PLO gegründet. Mit der Hamas hat man der Religion einen politischen Aspekt beigemischt und versucht, die Palästinenser über die Religion für ihre radikalen politischen Ziele zu motivieren. 'Azzam war ein glänzender Organisator und hat letztendlich Osama bin Laden den Weg nach Pakistan und Afghanistan geebnet. Neben seinem organisatorischen Talent besaß er auch glänzende rhetorische Fähigkeiten. Inhaltlich war er wesentlich stärker als Osama bin Laden.

W.W.: Hat er auch theoretische Schriften hinterlassen?

M. Pohly: Ja, er hat eine Art Enzyklopädie von arabischen Märtyrern verfaßt, „Die Liebhaber der Paradiesjungfrauen". 'Azzam war dschihadsüchtig, es gab Auseinandersetzungen mit ihm in der Hamas, und nachdem die UdSSR Ende 1979 in Afghanistan einmarschierte, zog er um die Welt, um Kämpfer für den Dschihad in Afghanistan anzuwerben. Dabei stieß er auch auf Osama bin Laden, der seinen agitatorischen Erfolg mit Geld unterstützte.

W.W.: Hegte er nicht auch den Wunsch, als Märtyrer zu sterben?

M. Pohly: Ja. Der Hang zum Märtyrertum ist bei vielen Islamisten stark ausgeprägt, man richtet sein Leben auf das Jenseits, und das Diesseits ist nur eine vorübergehende Station.

W.W.: Wie stark war die Beziehung zwischen 'Azzam und Osama bin Laden?

M. Pohly: Es gab immer wieder Konferenzen der Hamas oder der ägyptischen Muslimbrüder, an denen beide teilgenommen haben; man traf sich mal im Sudan, mal im Iran, so daß zwischen beiden ein reger Austausch zustande kam und beide nicht mehr voneinander zu trennen waren.

Osama bin Ladens Wandlung zum Islamisten

W.W.: Was war Osama bin Laden für ein Mensch, bevor er 1979 zum Islamisten wurde?

M. Pohly: Bis 1979 ist er im Prinzip nicht weiter aufgefallen. Er stammt aus der zweitwichtigsten Familie Saudi-Arabiens und hat in dem Betrieb seines Vaters gearbeitet. Von Geburt her ist er Jemenit. Sein Großvater hat bereits die Eroberung Saudi-Arabiens als Kaufmann mitfinanziert. Sein Vater gehörte dann zu den größten Bauunternehmern Saudi-Arabiens.

W.W.: Wodurch ist seine Wandlung zum Islamisten bewirkt worden?

M. Pohly: Das begann 1979, als die Sowjets in Afghanistan einmarschiert sind. Er hat sich vom Dschihad-Fieber anstecken lassen, ist nach Pakistan gezogen und bekam dort Kontakt zu islamistischen Kreisen, die ihrerseits sehr froh waren, einen Menschen aus einer so wichtigen Familie in ihre Reihen gezogen zu haben. Aber es brauchte noch viele Jahre, bis er sich in den Dschihad in Afghanistan einmischte.

In Afghanistan ist er wiederum längere Zeit nicht aufgefallen, denn er führte dort hauptsächlich Infrastrukturmaßnahmen durch. Er hat Straßen gebaut, Höhlenbefestigungen angelegt, ist aber politisch nicht weiter aktiv gewesen. Darüber hinaus hat er mehrere Jahre offiziell für den saudiarabischen Halbmond gearbeitet und in Peschawar, Pakistan, Krankenhäuser errichtet und mit seinem Geld verschiedene islamische Wohlfahrtsorganisationen unterstützt.

Die richtige Integration in den afghanischen Dschihad kam aber erst durch seine langjährige Freundschaft mit Abdullah 'Azzam, mit dem er eine Art arabische Afghanistan-Brigade aufstellte, die hauptsächlich aus arabischen Freiwilligen bestand, die er zusammen mit der CIA und den Golfstaaten rekrutierte und dann auf die einzelnen Dschihad-Gruppen in Afghanistan verteilte. Das war seine erste wesentliche Aufgabe, bis er selbst zum eigentlichen politischen Akteur aufstieg.

W.W.: Wurde Osama bin Laden als Einzelperson direkt von der CIA unterstützt, oder war er nur einer unter vielen?

M. Pohly: Wahrscheinlich war er einer unter vielen, wenn er auch eine besondere Rolle spielte. Es gibt auch wirtschaftliche Verbindungen und gegenseitige Beteiligungen zwischen der Bush-Familie und der BinLadin-Familie. In diesem Zusammenhang darf man nie vergessen, daß der militante Islam einer der wichtigsten Verbündeten der USA im Kampf gegen die Sowjets gewesen ist. Die Förderung des militanten Islam war immer Teil der Eindämmungsstrategie gegen den weltweiten Kommunismus.

Die Schaltzentrale des internationalen Terrorismus

W.W.: Wann wurde Al-Qaida gegründet?

M. Pohly: Bereits 1996 hatte Bin Laden in Afghanistan, nahe der pakistanischen Grenze, ein Ausbildungslager für arabische Islamisten mit Namen Massadda, „Löwenburg", gegründet, in dem viele freiwillige arabische Kämpfer ausgebildet wurden. Zwei Jahre später gründete er sein eigenes Dschihad-Büro und nannte es Al-Qaida, „Die Basis". Diese Al-Qaida wurde zur Schaltzentrale des internationalen Terrorismus.

Das Dilemma der US-Politik

W.W.: Die USA haben zig Milliarden Dollar an die Mudschaheddin gezahlt, und es kam ihnen nur darauf an, „im Hinterhof der Sowjetunion Scheiße zu säen", wie der ehemalige Sicherheitsberater Carters, Brzezinski, sich ausdrückte. Hat sich diese kurzsichtige Politik der USA gerächt?

M. Pohly: Mit den indirekten Waffenlieferungen und der indirekten Wirtschaftshilfe für Pakistan kommt man auf eine Summe von 30 bis 40 Mrd. Dollar, und die gleiche Summe soll aus Saudi-Arabien und den anderen Golfstaaten gekommen sein. Es gibt Schätzungen, die von etwa 300 Mrd. Dollar ausgehen, die insgesamt in den afghanischen Widerstand geflossen sind.

Die amerikanische Politik hat sich in diesem Zusammenhang als äußerst kurzsichtig erwiesen, und das Dilemma, das wir heute in dieser Region haben, ist wesentlich von den Amerikanern verursacht worden. Und die Islamisten sind nicht einmal im Sinne der Brzezinskischen Strategie erfolgreich gewesen. Denn in den ersten Jahren der russischen Besatzung gab es ganz andere Elemente des Widerstands, und man brauchte bis etwa 1984/85, um diese Elemente auszuschalten. Erst seitdem dominierten die Islamisten, wie z.B. Hekmatyar und Rabbani, den Widerstand. Im Grunde wurden sie aber nur durch die Waffenlieferungen und Geldzahlungen aus dem Ausland am Leben erhalten, die Masse der Bevölkerung haben sie nie von ihren Zielen überzeugen können. Im Land bestand also immer der Widerspruch zwischen Akzeptanz und realer Macht, mit der sie ihre Werte durchsetzen wollten. Und es war ein Problem dieser Gruppierungen, daß sie nur durch Gewalt, Schmuggel von Drogen und anderen Dingen existieren konnten.

Osama bin Ladens Wesensverwandlung

W.W.: Kann man einen zeitlichen Punkt festmachen, an dem die USA erkannt haben, wen sie mit Osama bin Laden unterstützt haben?

M. Pohly: Im Grunde begann dies schon während des zweiten Golfkrieges, denn man wußte, daß diese Islamisten zur Unterstützung Saddam Husseins aufgerufen haben. Hekmatyar beispielsweise hat freiwillige Afghanen und Araber gesucht, die dann an der Seite Husseins gekämpft haben. Auch Osama bin Laden hat sich ähnlich verhalten, denn seine Bekehrung zum radikalen Islamisten hängt unmittelbar mit der Stationierung amerikanischer Truppen auf saudi-arabischem Boden während des zweiten Golfkrieges zusammen.

Er hat eine ganz radikale Kehrtwendung vollzogen. Es muß also bei ihm eine Persönlichkeitsverwandlung stattgefunden haben. Verstärkt wurde diese Veränderung noch durch seinen Aufenthalt im Sudan in den Jahren 1991 bis 1996, und diejenigen Menschen, die ihn vorher kannten, haben alle gesagt, daß von dort nicht derselbe Mensch zurückgekehrt sei.

W.W.: Also ist seine Wandlung wirklich echt?

M. Pohly: Ja, auf jeden Fall. Ich habe gerade in jüngster Zeit die Gelegenheit gehabt, mit mehreren Afghanen zu sprechen, die Osama bin Laden aus der Zeit vor seiner Wandlung kannten, und alle haben einhellig ausgesagt, daß er vorher zwar gewisse Sympathien für militante Aktionen hatte, daß er aber weit davon entfernt gewesen sei, das Kommando solcher Aktionen zu übernehmen. Aber nach seiner Rückkehr aus dem Sudan war er wie ausgewechselt.

W.W.: Und was sind die Gründe seiner Wesensverwandlung? Waren es die amerikanischen Truppen auf dem heiligen Boden in Saudi-Arabien während des zweiten Golfkrieges, waren es irgendwelche Menschen, die ihn zu der Zeit oder später im Sudan beeinflußt haben?

M. Pohly: Eine wesentliche Rolle spielte der Islamisten-Ideologe Hassan at-Turabi aus dem Sudan. Während des Aufenthalts von Osama bin Laden im Sudan war Turabi der eigentliche Machthaber des Sudan, und er ist jemand, der sowohl sehr polemisch sein kann, als auch eine charismatische Führerfigur ist. Deshalb kann ich mir vorstellen, daß durch ihn eine Beeinflussung Osama bin Ladens erfolgt ist, vor allem auch in der Konzentration auf bestimmte Ziele. Man darf auch nicht ganz die politische Situation der 80er und frühen 90er Jahre vergessen. Fast zeitgleich mit dem Einmarsch der Sowjets in Afghanistan hatte im Iran die islamische Revolution stattgefunden, und in den folgenden Jahren sah es so aus, als würde der Iran zusammen mit dem Sudan zur Zentrale des internationalen Terrorismus werden.

Die Russen sollten ihr Vietnam erleben

W.W.: Welche Rolle spielte Pakistan zur Zeit von Zia ul-Haq (1977–1988) im Afghanistan-Konflikt?

M. Pohly: Zia ul-Haq war zu Beginn seiner Regierungszeit einer der größten Verbündeten der USA. Er sah die Chance für sein Land, in Afghanistan zu intervenieren und gleichzeitig ökonomisch daran zu verdienen. Ohne Zia ul-Haq und seine islamistischen Vorstellungen wäre der Kampf der Mudschaheddin gegen die Sowjetunion in Afghanistan nicht möglich gewesen. Er hat den Islamisten das Feld bereitet und den Amerikanern ermöglicht, auf diesem Feld zu wirken. Zwischen den Amerikanern, vor allem der CIA, und dem pakistanischen Geheimdienst (ISI) gab es ein stillschweigendes Übereinkommen in der Zusammenarbeit. Der ISI hat die Kämpfer ausgesucht und betreut. Die Amerikaner haben auf diese Vorgänge kaum Einfluß genommen.

Die Politik hat diesbezüglich komplett versagt. Die CIA hat zugelassen, daß das am 14.04.1988 zwischen Afghanistan, Pakistan, den USA und der UdSSR geschlossene Genfer Abkommen, das den sowjetischen Truppenabzug regelte, immer wieder verschleppt wurde. Die Russen hatten spätestens 1982 bemerkt, daß sie aus Afghanistan raus müssen, und sie wollten auch aus Afghanistan raus. Es gibt viele Quellen aus der ehemaligen Sowjetunion, die zeigen, daß die Blockade eindeutig von Pakistan ausging. Und Pakistan wurde letztendlich durch die Vereinigten Staaten gestützt, damit diese Blockade aufrechterhalten werden konnte.

Pakistan ist also der große Organisator des afghanisch-arabischen Widerstandes gegen die Sowjetunion, und in Kontinuität dessen hat der ISI das Unternehmen Dschihad organisiert und gelenkt, gleich welche Regierung in Pakistan an der Macht war. Der ISI und sein Unternehmen Dschihad hatten sich fast vollständig von der Regierung verselbständigt.

W.W.: Man kann also zusammenfassend sagen, daß die amerikanische und pakistanische Regierung sowie die CIA und der ISI in einer Art

Verbund so gewirkt haben, die Sowjetunion möglichst lange in Afghanistan zu halten, damit sie dort ihr Vietnam erlebt?

M. Pohly: Das war genau das entscheidende Ziel. Es ging nicht darum, die Sowjetunion möglichst schnell aus Afghanistan herauszuwerfen, sondern darum, möglichst lange Stachel in ihrem Fleisch zu sein. Darüber hinaus wollte man die Unruhe auch in die zentralasiatischen Republiken der Sowjetunion übertragen.

Die Analyse von US-Präsident Carter und den Europäern war, daß sich der Widerstand der Afghanen gegen die Supermacht Sowjetunion nicht werde durchsetzen können. Das war eine Fehlanalyse der Militärs. Deswegen hat man eine Möglichkeit gesucht, die Wunde der Sowjetunion immer wieder zu reizen und möglichst lange offenzuhalten – und deshalb ist man auf den Islam gekommen. Man hatte auch die Macht und große Wirkung Khomeinis gesehen und wollte nun etwas ähnliches – aber unter eigener Kontrolle – als Block gegen die Sowjetunion aufbauen. Man glaubte, daß die Islamisten, die ja schon seit dem mißglückten Putsch von 1973 in Pakistan vom ISI ausgehalten wurden, vollständig unter Kontrolle seien. Befürchtungen, daß in Afghanistan ein ähnliches System wie im Iran entstehen könne, bestanden nicht. Auch dies ist ein Trugschluß gewesen.

Die Ursprünge der Taliban

W.W.: Was waren die Ziele der pakistanischen Jama'at-e Islami im Afghanistan-Konflikt zwischen 1979 und 1989?

M. Pohly: Pakistans Islamistenpartei Jama'at-e Islami organisierte im Grunde über den pakistanischen Geheimdienst ISI das Unternehmen Dschihad in Afghanistan. Diese Partei ist in Pakistan zu sehr großem Einfluß gelangt. Sie hat weitreichende Strukturen Pakistans, bis hinein in die Regierung und den Geheimdienst, mit ihrem Einfluß durchsetzt und ihnen ihren Stempel aufgedrückt. Letztendlich hat sie auch die Islamisierung der meisten afghanischen Gruppen vorgenommen.

W.W.: Welche Rolle spielte sie beim Aufbau der Taliban?

M. Pohly: Bei diesem Prozeß war sie der geistige Mentor, wie auch der blinde Scheich Omar Abder Rahman. Beide hatten genau wie die Amerikaner erkannt, daß Hekmatyar nicht mehr in der Lage war, die Aufgaben zu erfüllen, die man ihm zugewiesen hatte. Äußeres Zeichen dafür war die Zerstörung Kabuls, die fast alle Mudschaheddin-Parteien, vor allem aber Hekmatyar, zu verantworten haben.

Abder Rahman bereitete dann ein neues Dschihad-Konzept vor. Man nahm zur Kenntnis, daß die Afghanen Hekmatyar, Rabbani und andere Mudschaheddin-Führer als Kriminelle ansahen, und gründete deshalb eine neue puristische Organisation: die Taliban. Dabei griff man auf die Deoband- und Koranschulen Pakistans zurück, die seit 1979 systematisch aufgebaut worden waren, und reicherte sie mit ehemaligen Angehörigen der Armee an. Aber auch die USA und die Briten beteiligten sich finanziell und logistisch am Aufbau der Taliban. Verbindungsmann war Mullah Malang.

Die daraus entstandenen Taliban traten als Gruppe auf, und sie traten von Anbeginn bewußt gegen die Übergriffe der einzelnen Mudschaheddin-Gruppen an. Als erstes beseitigten sie die Straßensperren, denn es war fast nicht mehr möglich, Transporte von Pakistan nach Afghanistan zu bringen, weil alle 20 km eine Straßensperre errichtet war, an der man fünf bis 20 % Zoll eintrieb. Allein aus diesem Grunde kam der Handel fast zum Erliegen.

Sie haben auch ehemalige Gouverneure der Mudschaheddin beseitigt, weil sie sich gegenüber der Bevölkerung als grausame Tyrannen aufgeführt hatten. Die Taliban konnten also zu Beginn als Befreier auftreten. Bis zur Eroberung von Dschalalabad haben sie auch immer wieder gesagt, daß sie nicht als Kriegspartei auftreten, sondern Stabilität und Frieden in Afghanistan implementieren wollen. Am Anfang ist es ihnen auch gelungen. Die Verbote für die Frauen, z.B. in Kandahar, hat die Bevölkerung erst einmal so hingenommen, weil man glaubte, daß dies eine Übergangsphase wäre. Anfangs hatten die Taliban viel Sympathie und Zustimmung im Land.

W.W.: Können Sie die Ursprünge der Taliban noch ein wenig konkretisieren? Man hörte gar nichts von ihnen, und plötzlich schwärmten sie wie die Fliegen über Afghanistan.

M. Pohly: Die Ursprünge der Taliban wurden in Chaman und Quetta gelegt, also im pakistanischen Grenzland zu Südost-Afghanistan. Dort wohnen genau wie in Süd-Afghanistan vorwiegend Paschtunen. Die Vorläufer der Taliban haben mit den pakistanischen Grenzsoldaten zusammengearbeitet und traten u.a. als Ordnungsfaktor auf, indem sie z.B. Männer hingerichtet haben, die Frauen vergewaltigt hatten. Sie genossen bei der Bevölkerung große Reputation. Anfangs waren sie Ordnungsfaktor und keine Kriegspartei. Sie haben sogar öffentlich verlautbaren lassen, daß sie den König zurück nach Afghanistan bringen wollen.

W.W.: Das ist ja kaum zu glauben!

M. Pohly: Doch, bis zur Eroberung von Dschalalabad gaben sie das als Ziel aus. Sie verbreiteten überall, daß sie den König zurückbringen wollten, und gewannen damit die Sympathien aller Paschtunen. Aber nach der Eroberung von Dschalalabad merkten die Menschen, daß sie getäuscht worden waren und daß hier eine ganz neue Partei auftrat. Bis zur Eroberung dieser Stadt glaubte man auch in Pakistan nicht an einen Erfolg der Taliban, weil sie nicht als militärische Partei auftraten.

Die Menschen sind einfach zu ihnen übergelaufen, denn sie hatten keine Lust mehr, für die Islamisten zu kämpfen. Die Taliban konnten ihnen genauso viel Geld geben wie vorher die Islamisten, und so lebten die Menschen am Anfang in dem Glauben, sie täten mit der Unterstützung der Taliban etwas Gutes. Dann muß man auch noch wissen, daß die Pakistanis 6- bis 7.000 Kommandeure direkt bezahlt haben, die für die Islamisten kämpften. Diese Kommandeure haben sie dann sukzessive den Taliban zugeführt.

Die ersten Taliban glaubten noch an das Gute

W.W.: Wie waren die Taliban in den ersten Anfängen organisiert?

M. Pohly: Es gab einen militärischen und einen politischen Rat. Zuerst gab es die Kandahar-Schura, später die Kabul-Schura, Gruppen von jeweils sieben oder acht Leuten, die den Taliban-Kampf organisierten. Diese Menschen wurden von Pakistan angeleitet, haben sich untereinander abgesprochen und ihre Entscheidungen in Form einer Schura beschlossen. Je größer aber der Erfolg der Taliban in Afghanistan wurde, desto bedeutungsloser wurde diese Schura und desto bedeutungsvoller wurde Mullah Omar.

Und es gab dann einen Kandahar-Rat, der Mullah Omars Entscheidungen einfach nur abgenickt hat. Dieser Systemwechsel kam dadurch zustande, daß nach der Eroberung von Dschalalabad der ISI das Kommando innerhalb der Taliban übernommen hat. Der ISI sah den Erfolg der Taliban bei den Paschtunen und organisierte innerhalb der Taliban eine ganz neue Stringenz. Die ersten und eigentlichen Taliban gerieten in die Kritik und wurden aus den Führungsstrukturen hinausgeworfen. Das waren die tatsächlichen Koranschüler, die noch an das Gute geglaubt haben, die sich als Ordnungshüter des Landes ansahen und die eigentlich von der Bevölkerung erwünscht waren. Sie wollten wirklich Afghanistan vor dem Chaos retten. Aber sie wurden die ersten Opfer.

Die Frauenfeindlichkeit der Taliban

W.W.: Wo urständet das, was man landläufig immer als Steinzeit-Islam bezeichnet, also die ganz strenge Anwendung der Scharia-Strafgesetze, die Burka für die Frau, die Arbeits- und Schulverbote für die Frauen bzw. das System, das letztendlich zur Vernichtung der Frauen geführt hätte? Gibt es irgendwelche religiösen oder volkstümlichen Wurzeln dieser Ansichten der späteren Taliban?

M. Pohly: Volkstümliche Wurzeln sind es eigentlich nicht. Es hängt damit zusammen, daß ihnen ein sehr rigides Bild von Frauen gezeichnet worden ist, teils durchdrungen von wahabitischen Elementen. Die Städte wurden als Ursprung allen Lasters angesehen. Und es ist keineswegs so, daß die meisten Gesetze der Taliban neu waren, denn in den Jahren 1992–1996 hatte man bereits Erfahrungen mit ähnlichen Gesetzen gemacht, die durch Rabbani erlassen worden waren. Durch die Taliban kam nur noch das konkrete Ausbildungsverbot für Frauen hinzu. Unter Rabbani galt bereits ein weitgehendes Schulverbot für Mädchen, und auch die Beschäftigung von Frauen im öffentlichen Dienst wurde stark eingeschränkt. Allerdings konnte er seine Erlasse in Kabul nicht richtig durchsetzen, weil seine Macht nicht groß genug war und er sich dem Einfluß der Stadt nicht entziehen konnte.

Die Taliban haben dann relativ schnell alle Frauen aus dem öffentlichen Dienst verbannt. Sie kamen mit diesem Punkt einfach nicht klar, weil diese Männer kaum je eine Frau gesehen haben. Sie haben ihre Sozialisation über ihre Mutter erfahren, vielleicht hatten sie noch einige Schwestern, aber in dem Moment, in dem die Schwestern im geschlechtsreifen Alter waren, verlief ihre weitere Sozialisation ohne jegliches Vertrauen zueinander. Und in den Madrassas, den pakistanischen Koranschulen, gab es so gut wie überhaupt keine Frauen. Die Taliban sind also in einer Männergesellschaft groß geworden und wissen nicht, was soziales Leben zwischen beiden Geschlechtern ist. Das Bild, das sie von der Frau mit nach Afghanistan gebracht haben, ist das Bild, das ihnen von den Mullahs in Pakistan vermittelt worden ist.

W.W.: Trotzdem kann ich das kaum nachvollziehen. Wenn ich an den Film „Im Reich der Finsternis“ denke, dann sah man dort Frauen in ihren Burkas am Straßenrand sitzen, bettelnd, dem Tode nahe, ihre Kinder ebenfalls, und die Taliban gingen achtlos an ihnen vorbei, als wären die Frauen keine Menschen, sondern irgendeine Art von Ungeziefer. Ich kann nicht nachvollziehen, daß die Taliban nicht erkennen konnten, daß eine Gesellschaft zwangsläufig zusammenbrechen muß, wenn Frauen nicht zur Schule gehen können, nicht arbeiten dürfen und keinerlei medizinische Versorgung erhalten oder oft nicht einmal zu essen haben.

M. Pohly: Ich bin mir nicht so sicher, ob ein solcher Staat nicht doch hätte weiter existieren können. Das Problem war ja, daß die Taliban in der Regel auch nicht lesen und schreiben konnten, denn auch sie haben nie eine reguläre Schule besucht, wahrscheinlich waren die meisten von ihnen auch noch nie beim Arzt, weil sie aus Gegenden stammen, in die noch nie ein Arzt vorgedrungen ist.

Lehrer wurden verfolgt und geschlachtet

Sie dürfen nicht vergessen, daß dies zu einem großen Teil Menschen gewesen sind, die aus der tiefsten Provinz kamen, die auch noch nie ein Buch und einen Lehrer gesehen haben. Den einzigen Lehrer, den sie gesehen haben, war der Lehrer der Madrassa, und der hat sie indoktriniert. Nach dieser Indoktrination in der Madrassa konnten sie weder lesen noch schreiben, sondern sie konnten den Koran auswendig hersagen. Und außerdem haben sie gelernt, wie man eine Kalaschnikow und andere Waffensysteme bedient. Das war eine ganz selektive Ausbildung, die nichts mit Philosophie, Wissenschaft oder Religion als Wertevermittlung zu tun hatte. Es ging um das Auswendiglernen eines Buches, dessen Sprache man nicht einmal spricht.

Während ihres Aufenthaltes in den Koranschulen hatten sie auch kein Korrektiv. Dort gab es keinen Bruder oder eine Schwester, die davon sprach, daß es auch andere Lebenserfahrungen gibt. Sie sind als Kinder in diese Schulen gekommen und erlebten dort ihre geistige und reale Heimat.

W.W.: Wie viele Madrassas gab es überhaupt in Pakistan?

M. Pohly: Am Anfang waren es nicht sehr viele, etwa 4- bis 7.000 im Nordwesten Pakistans. Später wurden es zwischen 35- und 40.000. Es ist auch das Versagen der pakistanischen Elite, daß sie in diesen Gebieten kein vernünftiges Schulsystem etabliert haben. – Auch die Mudschaheddin haben als erstes alle Schulen Afghanistans, derer sie habhaft werden konnten, zerstört. Die Parole der pakistanischen islamistischen Parteien – der Jama'at-e Islami und der Hisb-e Islami – ist es gewesen, daß aus den Schulen der Kommunismus entstanden sei.

Und ich kann es Ihnen sagen: In Bamyan haben sie das Fleisch von Lehrern öffentlich aufgehängt und auf dem Basar verkauft. Das Fleisch der Gymnasiallehrer war teurer als das der Volksschullehrer. Unter Kontrolle der Jama'at-e Islami wurde das Fleisch der hingerichteten Leute öffentlich verkauft.

W.W.: Wurde es gekauft und gegessen?

M. Pohly: Gegessen nicht, aber es wurde zum Teil den Hunden zum Fraß vorgeworfen. Das ist einfach unglaublich. Gerade der Bildungssektor war am Anfang der Zeit der Dschihadisten der Fokus, um die demokratische und nationale Opposition auszurotten. Die Opposition hatte immer wieder versucht, den Betrieb der Schulen aufrechtzuerhalten, aber die Lehrer waren die am meisten verfolgten Menschen in Afghanistan. Und dieses System ist von den Taliban übernommen worden. Es gibt Gebiete in Afghanistan, in denen seit 1979 keine Schule mehr am Leben erhalten worden ist, und es gibt Gebiete, in denen noch nie eine Schule existierte.

Wenn man noch den wahabitischen Islam von Saudi-Arabien mit hinzunimmt, in dem die Frau als zweitrangig gilt, muß man sich nicht wundern, daß dieser Steinzeit-Islam der Taliban dabei herauskam. In Saudi-Arabien spielt die Frau überhaupt keine Rolle im öffentlichen Leben, bei den Paschtunen hatte sie immerhin noch eine gewisse Machtstellung im Haushalt und der Gartenwirtschaft. Dort hatte sie auch ihre Macht gegenüber den Männern. Aber diese Stellung der Frau ist durch die Taliban massiv eingeschränkt worden. Und das kommt durch die Deoband- bzw. wahabitischen Einflüsse. Das sind auch äußerst sexualfeindliche Einflüsse.

Die jungen Mudschaheddin und Taliban konnten auch nicht mit den Frauen umgehen. Zu Hause gab es keine Möglichkeit zu heiraten, weil ihnen das Geld fehlte. Dann mußten sie erst Kriegsdienst ableisten, um überhaupt zu etwas Geld zu kommen. Deshalb waren Frauen für sie oftmals nur eine Beute. Viele Mudschaheddin-Führer haben ihren Kämpfern versprochen, daß sie nach dem Überfall eines Dorfes die Frauen und Mädchen als Beute nehmen dürften. So sind diese Menschen zum ersten Mal zu einer Frau gekommen.

Machtprobleme

W.W.: Haben Sie beobachten können, welchen Einfluß die Taliban heute (April 2002) noch in Afghanistan haben?

M. Pohly: Sie sind dabei, sich zu reorganisieren, und können dabei auf Strukturen der Hisb-e Islami zurückgreifen, auch auf Strukturen des ISI in Pakistan. Psychologisch haben sie momentan in Afghanistan keinen Einfluß, aber sie sind eine reale Macht. Sie haben Gewehre, finanzielle Mittel, Strukturen, auf die sie sich stützen, und Gebiete, in die sie sich zurückziehen können. Das macht sie gefährlich. Im Moment ist es für sie noch nicht möglich, sich so zu reorganisieren, daß sie zu einem öffentlichen Faktor werden. Deshalb kommt es jetzt darauf an, inwieweit die neue Regierung den Demokratisierungsprozeß zuläßt.

Und es besteht in Zukunft durchaus die Möglichkeit, daß es zu einer Polarisierung der Paschtunen gegen die Tadschiken, die Pandschiris, kommen könnte. Das ist eine reale Gefahr, und an dieser Polarisierung arbeitet zur Zeit Pakistan sowie der militante Islam im Iran. Man darf dieses Problem keinesfalls aus dem Auge verlieren. Es gibt auch noch Gebiete, in denen viele Mitglieder der Al-Qaida verschwunden sind.

In der jetzigen Regierung gibt es den Machtkonflikt zwischen den Pandschir-Tadschiken und den Paschtunen, und wenn der nicht behoben wird, besteht durchaus die Möglichkeit einer Reorganisierung der Taliban. Statt dessen könnte man aber die Taliban wieder in die einzelnen Stämme integrieren, ohne daß sie dort einen großen Einfluß bekommen. So weit ist es aber momentan noch nicht, deshalb schlummert hier noch ein gefährliches Potential.

W.W.: Welchen Einfluß messen Sie Gulbuddin Hekmatyar heute noch zu?

M. Pohly: Er hat sehr viel Geld, die Unterstützung des Iran und von Teilen des ISI. Deshalb muß man ihn auf jeden Fall im Auge behalten. Ideologisch ist er allerdings ausgebrannt und hat keine Möglichkeit, seine Ansichten durchzusetzen. Aber in Afghanistan, wo die meisten Menschen in absoluter Armut leben, spielt Geld eine ganz wichtige Rolle. Und so besteht die Gefahr, daß viele Menschen ihre Herzen verkaufen.

W.W.: Sie sagten, daß Hekmatyar vom Iran unterstützt würde. Steht der Iran nicht in einem Gegensatz zu Pakistan, hat er nicht die Nordallianz unterstützt und Hekmatyar jüngst mehr oder weniger rausgeschmissen?

M. Pohly: Ja, schon. Aber es gibt im Iran auch unterschiedliche Gruppierungen und Interessen. Und einige dieser Gruppierungen haben immer Hekmatyar unterstützt. Es gab nie eine eindimensionale Politik des Iran. Natürlich haben sie die Nordallianz unterstützt, weil sie Gegner der Taliban und des pakistanischen Expansionismus waren. Trotzdem bestanden gute Kontakte zu Hekmatyar. Und er war auch einer der wenigen, der zu den Konferenzen des internationalen Terrorismus eingeladen wurde. Ich weiß definitiv, daß der Iran zur Zeit Ismail Khan unterstützt – der einflußreichste Regionalfürst aus der Provinz Herat – und daß man über Ismail Khan Hekmatyar Bewegungsmöglichkeiten in Afghanistan eingeräumt hat.

Kein Dialog der Kulturen mit den Dschihadisten

W.W.: Wann und mit wem begann eigentlich die Ideologie des Islamismus? Wer hat sie zum ersten Mal ausformuliert?

M. Pohly: Da gibt es mehrere Quellen. Es ist zum einen der islamistische Vordenker Ägyptens, Sayyid Qutb, zum anderen Abu al-Maududi, ein pakistanischer Gelehrter, der u.a. die Jama'at-e Islami gegründet hat. Beide gehören zum Umfeld der Muslimbrüder, einer zunächst in Ägypten wirksamen, sehr orthodoxen Vereinigung, vor allem im Umfeld von Al-Azhar. Sie versuchten, ein Gegengewicht gegen die nationalen sozialistischen Bestrebungen Nassers zu setzen. Ihre Ziele wurden später von anderen, wie z.B. im großen Stil von Khomeini, aufgenommen. Aber Qutb und Maududi haben das Fundament des radikalen Islamismus gelegt.

W.W.: Wie ist das Weltbild eines Islamisten bzw. Dschihadisten? Was sind ihre Ziele?

M. Pohly: Sie wollen den Islam als alleinberechtigte Religion durchsetzen, und sie glauben, daß in der Durchsetzung dieses Zieles ein Schlüssel in ihrer Hand liegt, um einen Platz im Paradies zu erhalten. Es ist also eine jenseitsgerichtete Perspektive, die kompromißlos vertreten wird und die keinen Platz für einen Dialog von Kulturen oder Religionen läßt. Allein der Dialog mit einer anderen Religion wird immer als Schwäche ausgelegt. Kann man die andere Religion dominieren, so zeigt dies ihre Schwäche, steigt man aber in einen Dialog ein, zeigt man eigene Schwäche. Sie vertreten eine monotheistische Religion, die einen allgemeinen und omnipotenten Anspruch erhebt.

Diese Form des Islam setzt sich zur Zeit mit dem Christentum und der westlichen Welt auseinander. Und die Auseinandersetzung basiert auf dem Gefühl eines Defizits, das man gegenüber der westlichen Zivilisation seit einigen Jahrhunderten empfindet. Die Islamisten sehen sich derzeit allerdings als die moralisch Gefestigteren, während sie den Westen als moralisch vollkommen ausgehöhlt empfinden.

Und auf dieser Basis haben Osama bin Laden und Scheich Rahman ihre Strategie entwickelt, offensiv das Zentrum des Westens, die USA, anzugreifen, wie z.B. mit dem Anschlag auf das World Trade Center. Durch solche Anschläge – so glauben sie – würde die ganze Schwäche des Westens offenbar, die Regierungen würden in sich zusammenbrechen, und die Dschihadisten würden als die wahren Sieger hervorgehen.

Das Ziel des internationalen Terrorismus

W.W.: Welche Ziele verfolgten die ägyptische Gama'a Islamiya von Scheich Rahman sowie die ägyptische Al-Gihad al-Islami?

M. Pohly: Beide Gruppen waren zunächst national ausgerichtet. Sie wollten das ihrer Ansicht nach korrupte Präsidialsystem Ägyptens stürzen und einen islamischen Staat errichten, mit der Scharia als Gesetzgebung. Und letztendlich wollten sie selbst die Macht im Staat übernehmen. Beide Gruppierungen haben sich in der Form der Auseinandersetzung etwas unterschieden. Die eine Gruppierung, die Gama'a Islamiya, ermordete viele Regierungsrepräsentanten, christliche Ladenbesitzer und auch die 58 Touristen in Luxor, und sie unterstützten die Bevölkerung bei sogenannten Brotaufständen. Die andere, kleinere Organisation, Al-Gihad al-Islami, hatte auch die Ausschaltung hoher Regierungsbeamter zum Ziel, vermied aber Attentate auf Touristen.

W.W.: Welche Verbindungen gab es zwischen diesen beiden Gruppen und Osama bin Laden, und wie veränderte sich die Zielrichtung dieser beiden Gruppen durch ihre Begegnung?

M. Pohly: Das hängt zum Teil damit zusammen, daß Teile dieser beiden Gruppen in Bosnien tätig waren. Ein Teil der dort Kämpfenden wurde dingfest gemacht, nachdem sie versucht hatten, die US-Botschaft in Albanien in die Luft zu jagen. Sie wurden nach Ägypten ausgeliefert, und es schloß sich ein großer Prozeß mit Verurteilungen an. Darüber hinaus gab es weitere Anschläge in Ägypten, und viele der Attentäter und Sympathisanten wurden verhaftet. Deshalb war der Zwang zum Abtauchen sehr groß.

Aus früheren Jahren hatte man noch Netzwerke zu radikaleren Organisationen in anderen Ländern, und es war Osama bin Laden, der die Kontakte zu diesen Gruppen wieder neu knüpfte. 1998 einigte man sich auf ein gemeinsames Ziel, fern aller Nationalismen, weg von allen nationalen Aufständen.

Bis zu diesem Jahr war man in den ägyptischen und anderen Gruppen noch der Ansicht, man müsse zuerst die korrupten arabischen Regime beseitigen, ehe man den Islam weltweit implementieren könne. Man hat dann aber erkannt, daß es wenig Sinn mache, einzelne arabische Regime beseitigen zu wollen, solange diese von den USA unterstützt werden. Deshalb war es das neue Ziel des internationalen Terrorismus, diejenige Macht zu stürzen, welche die arabischen Regime stützt. So wurden die USA zum Angriffsziel, und man glaubte, wenn die Macht der USA einstürzte, würden auch alle arabischen Vasallenstaaten mit einstürzen.

W.W.: Welche Rolle spielte bei der Internationalisierung des Terrorismus Aiman az-Zawahiri?

M. Pohly: Er ist derjenige, der in Ägypten mehrere Attentate und Morde an Ministern, Regierungsbeamten und Botschaftern geplant und durchgeführt hat. Er gehört wahrscheinlich auch zu der Gruppe, die die Anschläge auf die US-Botschaften in Kenia und Tansania durchgeführt hat. Insgesamt gilt er als ein sehr guter Organisator. Er mußte aus Ägypten flüchten und wurde in seiner Abwesenheit zum Tode verurteilt. Aiman az-Zawahiri hat sich dann nach Pakistan durchgeschlagen, traf dort die einschlägigen Leute, u.a. Osama bin Laden, und er entdeckte, daß mit dem ISI eine hervorragende Struktur vorhanden war, mit der man letztendlich eine internationale Terrorbasis aufbauen konnte. Obendrein gab es sehr viel Geld aus dem Westen und den Golfstaaten.

Az-Zawahiri war früher Generalsekretär der Al-Gihad al-Islami und übernahm die Führung nach den von mir schon geschilderten Verhaftungen. Als sich 1998 die beiden ägyptischen Gruppen zusammenschlossen, übernahm er zusammen mit Osama bin Laden die Führung. Scheich Rahman mußte abtreten, seitdem er wegen des ersten Anschlags auf das WTC in den USA inhaftiert ist.

Das Netzwerk Al-Qaida

W.W.: Wie ist das Netzwerk der Al-Qaida organisiert?

M. Pohly: Sie haben sich zuerst auf die karitativen Einrichtungen gestützt, später ihre bewaffneten Einheiten aufgebaut und sich immer mehr für den Dschihad interessiert. Sie bildeten Ausschüsse für Kultur, Finanzen und für militärische und politische Zwecke und haben dann versucht, über verschiedene Wohlfahrtsorganisationen Spenden für sich zu requirieren. Darüber hinaus haben sie in verschiedenen arabischen Ländern, vor allem in Saudi-Arabien, Moscheen für Propagandazwecke und zum Spendensammeln benutzt. Wenn man sich z.B. anschaut, wie viele Afghanen nach Malaysia gegangen sind, um dort mit saudi-arabischem Geld u.a. Schulen aufzubauen, dann kann man ein wenig den Einfluß abschätzen, den diese Leute intellektuell und ökonomisch haben.

W.W.: Wie laufen bei der Al-Qaida die Befehls- und Geldströme?

M. Pohly: Jedes Komitee hatte seinen eigenen Verantwortlichen, der auch für den operativen Bereich zuständig war. Und diese Verantwortlichen haben sich hin und wieder mit Osama bin Laden und verschiedenen Scheichs zusammengesetzt, um bestimmte einzelne Maßnahmen zu bereden. Die militärischen und finanziellen Operationen wurden aber von einem ganz kleinen Kreis entschieden und geleitet. Alles wurde sehr diskret gehandhabt, vieles lief über Mittelsmänner, denen man vertrauen konnte. Die politisch-militärische Organisation hatte man in Pakistan und Afghanistan und zusammen mit den Taliban aufgebaut.

Nebenher lief ein Dreiecksgeschäft, nämlich der Schmuggel von Holz, Opium und Heroin in die Golfstaaten und in andere Länder. Man tauschte dort alles gegen andere Waren ein und schmuggelte diese zurück nach Pakistan und Afghanistan. Dieser Schmuggel war eine ganz enorme Finanzierungsquelle der Al-Qaida. Desweiteren wurden auch Soldaten an den Irak, Tschetschenien und nach Bosnien verkauft. Und diese Staaten haben sehr viel Geld für diese Soldaten gegeben.

Die Al-Qaida ist somit über Jahre zu einem riesigen Wirtschaftsunternehmen geworden. Und Osama bin Laden hat dafür gesorgt, daß dieses Unternehmen u.a. auch unter dem Wirtschaftsgesichtspunkt betrachtet wurde. Die westliche These, daß das Verbot des Opiumanbaus durch Mullah Omar der Al-Qaida bzw. den Taliban geschadet habe, ist ein Trugschluß. Vorher kostete das Kilo Rohopium etwa 35 Dollar, nach dem Verbot zwischen 140 und 160 Dollar. Und dieses Geld strich die Al-Qaida ein, denn sie hatte die gesamten Lager voll mit Opium. Sie verdiente also an dem Verbot.

W.W.: Wer unterstützt heute noch die Al-Qaida mit Geld und Waffen?

M. Pohly: Man muß davon ausgehen, daß Teile des ISI immer noch bei der Al-Qaida involviert sind und daß Musharraf nicht alles unter Kontrolle hat. Fernerhin werden ganze Familienclans und Banken aus den Golfstaaten daran beteiligt sein. Aber es gibt auch Unterstützung aus anderen Ländern. Die Al-Qaida hat ein relativ dichtes weltweites Netz gespannt. Selbst in den USA wurde Geld gesammelt.

W.W.: Wie sieht die Zukunft der Al-Qaida aus? Wird es weitere Anschläge von ihr oder Osama bin Laden geben?

M. Pohly: Man muß damit rechnen, daß sie auch weiterhin in der Lage sind, Anschläge zu planen und auszuführen, wenn auch nicht mehr in dem Maße, wie es am 11. September 2001 der Fall gewesen ist. Seitdem sie Afghanistan nicht mehr unter ihrer Kontrolle haben und auch Pakistan nicht mehr an ihrer Seite steht, sind ihre Möglichkeiten deutlich eingeschränkt. Wie bedeutsam der Einfluß in der Region ist, kann man an der Eskalation des Kaschmir-Konflikts im Mai 2002 sehen. Dennoch ist ihre Bewegungsfreiheit stark eingeschränkt. Mittlerweile ist man weltweit aufmerksamer auf sie geworden und ergründet, wenn auch langsam, ihre Netzwerke. Allerdings sind wir noch sehr weit davon entfernt, die gesamte Struktur auch nur zu begreifen. Aber zumindest hat man das Koordinierungszentrum empfindlich gestört, die Logistik ist zum großen Teil schwer angeschlagen, und man weiß aus der Geschichte der Baader-Meinhof-Gruppe, daß Terroristen auf der Flucht, denen der sichere Hafen fehlt, nicht mehr zu größeren Aktivitäten in der Lage sind. Aber es werden sicherlich kleinere regionale Anschläge folgen, wie z.B. auf das indische Parlament. Es gibt noch Potentiale, die man nicht unterschätzen sollte.

W.W.: Wissen Sie, wo Osama bin Laden geblieben ist, falls er noch lebt?

M. Pohly: Er war auf jeden Fall nicht in Tora Bora. Das ist Blödsinn. Er war im Süden von Afghanistan, im pakistanischen Grenzgebiet, als alle schrien, daß er in Tora Bora sei. Die Zerstörung von Tora Bora war für die Nordallianz eine willkommene Gelegenheit, ein Netz zu zerstören, auf das sie bisher keinen Zugriff hatten. Man hat einfach falsche Spuren gelegt. Man muß auch sagen, daß es die Amerikaner versäumt haben, Mullah Omar und Osama bin Laden zu ergreifen. Nach meinen Informationen ist Bin Laden nicht mehr in Afghanistan. Man weiß, daß er sich lange im afghanisch-pakistanischen Grenzgebiet aufgehalten hat, aber wo er sich jetzt befindet, weiß man nicht. Auf jeden Fall war er lange in diesem Gebiet, als die USA noch die Möglichkeit hatten zuzuschlagen. Es ist den USA auch mehrmals gesagt worden, wo er sich befindet, aber man hat nicht zugeschlagen.

W.W.: Gibt es dafür konkrete Gründe?

M. Pohly: Das ist eine Mischung aus Schlamperei, eigener Überheblichkeit und – was soll man mit ihm machen, wenn man ihn hat? Dann ist die Legitimation, Krieg zu führen, nicht mehr vorhanden. Wahrscheinlich steckt dahinter auch politisches Kalkül.

Ich kenne drei konkrete Fälle, bei denen man den Amerikanern angedient hatte, Osama bin Laden zu ergreifen, aber sie haben es nicht gemacht. Ein großes Engagement in der Ergreifung Osama bin Ladens haben sie nicht gezeigt.

Man hätte Osama bin Laden erfinden müssen

W.W.: Solange man ihn nicht hat, hat man ja auch einen guten Grund, weiterhin Krieg gegen internationale Terroristen zu führen.

M. Pohly: Richtig. Man hätte Osama bin Laden erfinden müssen, wenn es ihn nicht schon geben würde. Denn man ist jetzt in einer Region, in der man lange Zeit keinen Fuß auf den Boden bekommen konnte. Und dort ist man jetzt präsent. Man ist in Pakistan, Tadschikistan, Usbekistan und Afghanistan präsent. Seit dem zweiten Golfkrieg ist man nun auch in Saudi-Arabien, was den Amerikanern vorher lange verwehrt wurde. Aber nun ist man überall präsent.

W.W.: Aber Sie vertreten nicht die These, daß gewisse amerikanische Kreise das Attentat auf das WTC selbst inszeniert hätten?

M. Pohly: Nein. Allerdings ist den USA durch die Unterstützung der Islamisten einiges aus dem Ruder gelaufen. Man hatte sich vorher zu sehr auf die Gegnerschaft zur UdSSR fokussiert. Als sich die UdSSR aus Afghanistan zurückzog, hat man die Taliban, später die Nordallianz und heute Karsai unterstützt.

W.W.: Wie schätzen Sie Karsai ein?

M. Pohly: Er hat keine Hausmacht. Entweder geht er auf den König zu oder auf die Minister der Nordallianz, Verteidigungsminister Fahim, Innenminister Kanouni, Außenminister Abdullah. Wahrscheinlich wurde Karsai von der Nordallianz als Feigenblatt akzeptiert, um den König an der Spitze des Staates zu verhindern.

W.W.: Ein wesentlicher Grund des Engagements der USA in Zentralasien und in Nahost ist das Öl. Hat sich dieser gewaltige Aufwand wirklich gelohnt? Wäre es nicht kostengünstiger gewesen, die verwendeten Mittel in die Entwicklung von Alternativenergien zu stecken?

M. Pohly: Die Entwicklung von Alternativenergien kann ich nicht beurteilen. Aber unter ökonomischen Gesichtspunkten rechnet sich das Engagement der USA nicht, weil es ein zu kurzsichtig ausgerichtetes Interesse ist. Außerdem berücksichtigt es nicht die kulturellen Elemente dieser Region.

Selbst in Afghanistan wird die US-Politik nicht zum Frieden führen, denn das Land und die einzelnen Volksgruppen sind noch viel zu zersplittert. Deswegen werden die USA ihre Pipeline durch Afghanistan nicht bauen können, wenn sie nicht selbst eine Politikänderung vornehmen. Irak und Rußland haben kein Interesse an dem Bau der Pipeline, lediglich die zentralasiatischen Staaten sowie Afghanistan und Pakistan. Aber durch die Partikularpolitik der USA ist es nicht möglich, die Interessen der gesamten Region zu bündeln. Dadurch werden die Interessen der USA gespalten, und sie spalten selbst.

Man braucht nur an die explosiven Worte gegenüber dem Iran zu denken! Es geht nicht, aus der Region einzelne Staaten herauszulösen oder gegeneinander auszuspielen. Denn diese Staaten sind Nachbarn und müssen miteinander leben.

Unter dem ökonomischen Aspekt ist das Engagement der USA in Zentralasien eine Katastrophe, unter dem humanitären ebenfalls, und unter dem politischen müssen sie einen Offenbarungseid leisten. Lediglich militärisch hatten sie leidliche Erfolge.

Clinton und die Taliban

W.W.: Im Mai 1996 kehrte Osama bin Laden vom Sudan über Pakistan nach Afghanistan zurück und erklärte die USA spätestens zu diesem Zeitpunkt zu seinem Feind Nr. 1. Allmählich erkannte die Clinton-Regierung auch ihren Fehler in der Unterstützung der Taliban, und spätestens im Sommer 1998 war der Bruch mit der Taliban-Regierung vollendet. Es folgten die Anschläge auf die US-Botschaften in Nairobi und Daressalam (07.08.1998) und die Raketenangriffe der USA auf Afghanistan (20.08. 1998). Trotzdem frischten die USA ab 1999 die Beziehungen zu Afghanistan wieder auf. Warum?

M. Pohly: Die USA hatten den Taliban und den Geschehnissen in Afghanistan keine größere Bedeutung beigemessen, nachdem der Versuch, mittels der Taliban einen genehmen Ordnungsfaktor zu etablieren, gescheitert war. Die gesunkenen Erdölpreise und das streckenweise große Überangebot an Öl auf den Weltmärkten machten neben dem Unsicherheitsfaktor in Afghanistan ein größeres Engagement der US-Ölfirma Unocal in dieser Region uninteressant.

Die USA nahmen aber nochmals verstärkt Kontakt mit den Taliban auf, um zu einem Status quo in dieser Region zu kommen. Die Initiative ging auf starken Druck der Pakistanis aus, die ja inzwischen zur Nuklearmacht aufgestiegen waren und endlich die Taliban an die internationale Gemeinschaft heranführen wollten. Die Pakistanis, vor allem der ISI, suggerierten ihnen, daß an einer zukünftigen Regierung der Taliban kein Weg mehr vorbeigeht.

Der Putsch in Pakistan

W.W.: Am 04.07.1999 hatte Clinton den pakistanischen Staatschef Sharif wegen des Kaschmir-Konflikts zu Gast, und man machte einen Deal: Sharif bekam einige Wochen Aufschub für den Abzug einiger Truppen aus Kaschmir. Im Gegenzug sollte der ISI-Leiter Ziauldine nach Kandahar geschickt werden, um mit Mullah Omar über die Auslieferung Osama bin Ladens zu verhandeln. Am 05.10. erreichte er mit Mullah Omar eine Übereinkunft, am 07.10. gab Sharif die Order, alle Trainingslager der Fundamentalisten an der pakistanisch-afghanischen Grenze aufzulösen, aber am 12.10.1999 gab es in Pakistan den Putsch, Musharraf kam an die Macht, und alle Verabredungen fielen vorerst ins Wasser. Wäre die Weltgeschichte eine andere geworden (11.09.2001), wenn es damals zu einer Auslieferung Osama bin Ladens gekommen wäre?

M. Pohly: Nawaz Sharif ist an seiner eigenen Politik der Inkonsequenz gescheitert. Schließlich hat er die Taliban mit aus der Taufe gehoben. Seine Kehrtwendung kam nur auf amerikanischen Druck zustande, zu einem Zeitpunkt bereits, als er keine Kontrolle mehr über die Armee besaß. Er verweigerte dem anfliegenden Musharraf, in dessen Maschine kaum mehr ausreichender Sprit war, die Landeerlaubnis, was den Absturz der Maschine zur Folge gehabt hätte. Der Putsch war nur noch eine Frage der Zeit. Die beiden großen Parteien waren desavouiert. Man ahnte, daß nur über einen Personenwechsel eine neue Politik eingeschlagen werden kann. Sharif hatte dies zu spät erkannt.

Eine Auslieferung von Osama bin Laden hätte sicherlich einen ganz anderen Verlauf der Weltgeschichte zur Folge gehabt. Nur war bereits zu diesem Zeitpunkt klar, daß es für die Taliban gar keine Option mehr gab. Insider erzählen sich – heute als Witz –, es wäre für Osama bin Laden einfacher gewesen, Mullah Omar, den Talibanführer, auszuliefern, als umgekehrt. Zu diesem Zeitpunkt war die Al-Qaida-Organisation bereits ein Staat im Staate, die mächtigste militärische Institution, die am besten ausgebildet war und über die meisten Ressourcen verfügte.

Halbherzige Sanktionen gegen die Taliban

W.W.: Am 18.10.2000 erkannte das amerikanische Außenministerium die 6+2-Gespräche endgültig an – Gespräche der sechs Anrainerstaaten Afghanistans, Rußlands und der USA –; eine Einigung der Nordallianz und der Taliban schien greifbar nah. Wegen der Präsidentschaftswahlen in den USA und der danach folgenden Stimmenauszählung zeigte man vorübergehend kein Interesse mehr an Afghanistan. War dies der entscheidende Fehler, der letztendlich zum 11.09.2001 geführt hat?

M. Pohly: Die 6+2-Gespräche waren nie der Ort, an dem wirklich etwas Wichtiges besprochen wurde. Die Pakistanis und die Iraner waren diejenigen, die immer bestimmte, vor allem Afghanistan betreffende Punkte ausklammerten und komplett mauerten. Die USA benutzten diese Gespräche eher, um am Rande einen Dialog mit den Iranern aufzubauen. Nicht das mangelnde Interesse während der Zeit der Präsidentschaftswahlen war der Fehler, sondern das Desinteresse der Amerikaner und auch der Europäer an Afghanistan in den 90ern führte zu den fatalen Folgen. Es war auch nicht soweit, daß es zu einer Einigung zwischen Nordallianz und den Taliban gekommen war. Auf dem Papier war es zwar soweit, aber bereits zwei Tage nach der Unterzeichnung der Übereinkunft griffen die Taliban im Norden mit massiven Truppenteilen an. Nicht umsonst hatte Lakhdar Brahimi, der UN-Sonderbeauftragte für Afghanistan, kurz zuvor das Handtuch geworfen und beiden Seiten Desinteresse an einem Frieden in Afghanistan vorgeworfen.

W.W.: Ende 2000 war das diplomatische Gleichgewicht zwischen der US-Regierung und den Taliban vollkommen zerstört. Die 6+2-Gespräche hatten keine Chance mehr, und die UN beschlossen am 19.12.2000 Sanktionen gegen das Taliban-Regime. Die US-Zustimmung war eine der letzten diplomatischen Entscheidungen der Clinton-Regierung. Wissen Sie, wodurch die Gespräche zwischen beiden Seiten abgebrochen wurden?

M. Pohly: Die Sanktionen gegen die Taliban waren eine halbherzige Sache. UN-Berater, darunter auch ich, hatten in einem Treffen bei Berlin dafür votiert, aber z.B. für ein generelles Waffenembargo für beide Kriegsparteien, mit einer Überwachung an den Brennpunkten. Es wurde jedoch ein einseitiges Waffenembargo verhängt, welches noch nicht einmal in Ansätzen überwacht wurde. Das Embargo verschlechterte massiv die Lebenssituation in Afghanistan, behinderte die Arbeit der wenigen NGOs, die es noch im Lande gab, und führte zu einer weiteren Abkapselung der Taliban.

Die Taliban, gestärkt durch die massive Unterstützung des pakistanischen ISI und der Geldflüsse aus dem arabischen Golfraum, warfen der USA und dem Westen unterschiedliche Standards vor. Zum einen betrachteten sich die Taliban zu Recht als ein stabilisierender Faktor in Afghanistan, so war z.B. das Reisen in Afghanistan zu dieser Zeit ohne größere Behinderungen möglich und sicher – was man von den von der Nordallianz gehaltenen Gebieten nicht behaupten konnte.

Letztendlich war keiner zu Kompromissen bereit. Zumal auch die USA gesehen hatten, daß ihre Raketen in Afghanistan nicht allzuviel angerichtet hatten. Man hatte den Eindruck, daß jede Seite eigentlich nur auf eine Möglichkeit wartete, zuschlagen zu können.

Geschäfte ohne Moral

W.W.: Gleich nach der Amtseinführung der Bush-Regierung am 25.01. 2001 wurde eine Organisation ins Leben gerufen, die sich um die Belange des Öls in Zentralasien kümmern sollte. Im Zuge dessen wurden auch wieder Gespräche mit den Taliban aufgegriffen. Lag das daran, daß viele Vertreter der Ölbranche in der Bush-Regierung sind?

M. Pohly: Die Gespräche mit den Taliban verliefen auf einer untergeordneten Ebene. Freilich waren die USA gehalten, in der Pipeline-Frage voranzukommen, da die Energieprobleme in Pakistan und demnächst auch in Indien zunehmend eklatant werden. Außerdem war der Ölpreis inzwischen wieder deutlich gestiegen, so daß eine höhere Rentabilität zu erwarten war. Die Wirtschaftskreise der USA haben sich noch nie an moralischen Fragen aufgehalten, wenn sie Geschäfte machen konnten. Ein großes Politikum ist natürlich die russische Pipeline, aber auch die geplanten Pipelines der Briten und Franzosen, die über den Iran laufen sollten, was die USA unbedingt verhindern wollten. Auch Staaten wie Turkmenistan, Kasachstan und Usbekistan drängten auf einen freien Zugang, der unabhängig von den Russen sein sollte.

W.W.: Was ist der tiefere Hintergrund der Zerstörung der Buddha-Statuen von Bamyan?

M. Pohly: Es gibt keinen tieferen Grund für die Zerstörung der Buddha-Statuen außer dem, daß man den Afghanen und speziell den Hazara ein Stück ihrer Identität nehmen wollte. Gerüchte gibt es auch darüber, daß man in Indien Haß schüren wollte und dies ein Revancheakt für die Zerstörung der alten Moschee in Srinagar war. Andere behaupten, daß dies ein Racheakt an den Amerikanern gewesen sei, die zuvor im Rahmen des Drogenbekämpfungsprogramms Zusagen an die Taliban gemacht hatten, an die sie sich, als das Opium-Anbauverbot ausgesprochen wurde, nicht mehr erinnern wollten. Es läßt sich zudem natürlich noch eine religiöse Deutung anführen, die von den Taliban ja immer angeführt wurde und sich auf die wahabitische Variante des Islam zurückführen läßt.

W.W.: Der UNO-Beauftragte für Afghanistan, Vendrell, stand seit dem 16.05.2001 mit Sahir Schah in Verbindung, um dessen etwaige Rückkehr nach Afghanistan vorzubereiten. Durch eine Äußerung des französischen Außenministers Védrine vom 17.07.2001 wurde es bekannt, und die Taliban erfuhren über die zweigleisigen Verhandlungen des Westens: Ablösung der Taliban-Regierung durch den König, Auslieferung von Osama bin Laden. Ist das der Punkt, an dem sich die Taliban endgültig auf die Seite des internationalen Terrorismus geschlagen haben?

M. Pohly: Die Indiskretion der Franzosen muß als eine gezielte angesehen werden. Diese standen ja und stehen immer noch auf Seiten der Nordallianz. Vendrell wußte sehr genau durch seine Gespräche mit den verschiedensten Afghanen, daß der König die Symbolfigur schlechthin war. Dies wollte er mit einbringen, um zu einem Frieden zu kommen. Die Nordallianz fürchtete aber kaum etwas mehr als den König und hat immer alle Versuche vereitelt, diesen irgendwie ins Spiel kommen zu lassen, wie man ja auch zu Beginn der Loya Dschirga gesehen hat.

Die Manipulationen vor der Loya Dschirga

W.W.: Wurden die Vertreter der Loya Dschirga Ihrer Meinung nach demokratisch bestimmt?

M. Pohly: Die Wahlen zur Loya Dschirga waren sicherlich die demokratischten, die Afghanistan jemals gesehen hat – nur waren sie überhaupt nicht demokratisch. Man muß davon ausgehen, daß 60 bis 70 % der Wahlen unter massiver Beeinflussung standen, von Seiten der Übergangsregierung, die durch ihre Warlords die potentiellen unabhängigen Kandidaten massiv einschüchterte, sie mit Gewalt, Drohung oder auch durch Mord von den Wahlen fernhielt. Zudem haben zum Ende Karsai, Khalilzad (der Bush-Sonderbeauftragte), Brahimi und Qasimyar, der Vorsitzende der Loya Dschirga-Kommission, ca. 250 Personen „ernannt", um sicherzustellen, daß die Wahlen so verlaufen, wie es von diesen Herren gewünscht war.

Die Loya Dschirga-Kommission hatte eine Woche zuvor den Versuch Brahimis und Karsais mit 18:3 Stimmen abgewehrt, die Warlords, Dschihadi-Führer und die Gouverneure zur Loya Dschirga zuzulassen. Qasimyar öffnete ihnen während der letzten zwei Tage die Pforten und verriet damit die von der Kommission gesteckten Kriterien. Diese koordinierten für Karsai und Co. die Wahlen. Verteidigungsminister Fahim, Innenminister Kanouni und andere betraten auch mit Bewaffneten das Gelände der Loya Dschirga, obwohl dort keinerlei Waffen erlaubt waren. Und dies alles vor den Augen der Weltöffentlichkeit.

Die Ausschaltung des Königs

W.W.: Als ich Mitte Mai in Kabul war, wurde in Regierungskreisen als eine mögliche Option noch die Einsetzung einer zeitbedingten Monarchie bis zum Lebensende von Sahir Schah diskutiert. Jetzt hat Sahir Schah zu Beginn der Loya Dschirga verzichtet, um die Präsidentschaft von Karsai nicht zu gefährden. Geschah dies auf Druck der Vertreter der Nordallianz oder auf Druck des Westens?

M. Pohly: Der König hatte am Sonntag, dem Vorabend vor der Eröffnung, bereits 1.000 Stimmen aus allen Landesteilen gehabt. Dieses Ergebnis wurde Ashraf Ghani, Karsai, dem Bruder von Karsai und Khalilzad mitgeteilt. Diese hatten versucht, die Delegierten umzustimmen, aber ohne Erfolg. Diskutiert wurde dabei allerdings lediglich eine Präsidentschaft des Königs für die nächsten 18 Monate. Das war der kleinste Nenner. Die Intellektuellen und auch die nichtpaschtunischen Ethnien Afghanistans waren dafür zu gewinnen. Lediglich die Königstreuen wollten eventuell über eine konstitutionelle Monarchie diskutieren.

Der König hatte in einem BBC-Interview durch Sardar Wali erklären lassen, daß er für jede Aufgabe bereitstehen würde. Am nächsten Tag wurde die Loya Dschirga vertagt, und nach einem dreistündigen Gespräch mit Khalilzad trat dieser vor die Presse und verkündete den Verzicht des Königs, zwei Stunden bevor dieser sich mit Karsai an die Presse wandte. Es wurde allen Afghanen vor Augen geführt, wer die Politik in Afghanistan bestimmt. Khalilzad, Karsai und Ashraf Ghani hatten dem König damit gedroht, daß seine Wahl zum Präsidenten zum erneuten Krieg führen würde, daß die Pandschiris (Kanouni, Fahim, Abdullah, aber auch die Islamisten wie Sayaf und Rabbani) wieder in die Berge gehen würden.

Das Volk und die Demokratie wurden brüskiert

W.W.: Welche Probleme haben die Vertreter der Loya Dschirga während dieser großen Versammlung hauptsächlich beschäftigt?

M. Pohly: Die Vertreter hatten keine Chance, überhaupt etwas zu diskutieren. Die Rednerlisten auf dem Podium wurden ausschließlich von Karsai vorgegeben, kritische Kandidaten hatten so gut wie keine Chance. Die einzige Wahl, die es wirklich gab, war die, die Vorsitzenden der Loya Dschirga zu bestimmen. Trotz massiven Drucks auf die Delegierten konnte Qasimyar nur knapp ca. 850 Stimmen verbuchen, während 650 für Wassefi stimmten. Bei den Vertretern von Qasimyar konnte die Opposition fast alle Kandidaten durchbringen, wie Sima Samar, die Ex-Frauenministerin, und Dr. Dadfar, einen Psychologen, sowie auch die Sekretäre. Diese waren aber durch den Vorsitz Qasimyars weitgehend entmachtet.

Die Delegierten hatten durchaus den Wunsch, Aussprachen zu führen. Aber sobald kritische Worte ertönten, versuchten die Claqueure Karsais und der Pandschiris, diese niederzubrüllen, und wenn dies nichts half, dann wurde schlichtweg das Mikrophon abgestellt. Der Sekretär Majrooh wurde sogar geschlagen, was aber weder Karsai noch irgendwelche andere zum Einschreiten bewogen hat.

Letztendlich versuchte die Opposition noch, die Bildung des Parlaments zu verhindern, nachdem bekanntgeworden war, daß Karsai dem Ex-Präsidenten Rabbani den Vorsitz versprochen hatte und Dr. Mehdi – ein bekannter Pandschiri-Ideologe, der durch massive Geldzuwendungen die Wahlen zu beeinflussen suchte –, dessen Stellvertreterposition.

W.W.: Ist durch die Loya Dschirga eine wirkliche Meinungsbildung des Volkes zustande gekommen?

M. Pohly: Es ist keine Meinungsbildung zustande gekommen, außer daß sich die überwiegende Mehrheit der Delegierten von der Inszenierung komplett verladen fühlte. Viele gingen wütend, politisiert nach Hause und werden nichts Gutes an dieser Loya Dschirga lassen.

Die Frauenministerin wurde zum Abschuß freigegeben

W.W.: Ist die neue afghanische Regierung von Karsai oder von der Loya Dschirga bestimmt worden, und sind alle Bevölkerungsgruppen repräsentativ in ihr vertreten?

M. Pohly: Die neue Regierung zeigt ein massives Übergewicht der Pandschiris, die statt geschwächt gestärkt aus dem Verfahren herausgehen. Fahim und Kanouni verbuchen mehr Machtgewinn, die königstreuen Paschtunen sind bis auf drei, die aber schon in der Vergangenheit mit Karsai und den Pandschiris zusammengearbeitet haben, aus der Regierung ausgeschieden. Die Regierung gilt als stärker pandschiri-abhängig als zuvor.

Entscheidender ist aber, daß die Ex-Frauenministerin Sima Samar zum „Abschuß" freigegeben wurde. Sie war den Islamisten schon seit langem ein Dorn im Auge. Bereits während der Loya Dschirga wurde sie angegriffen. Unmittelbar danach erschien in der Zeitung der Jama'at-e Islami (Rabbani) ein Leserbrief mit Überschrift und Bild, in dem Sima Samar als der Salman Rushdie Afghanistans bezeichnet wurde. Es gab Gerüchte, daß der Oberste Richter Afghanistans eine Fatwa gegen sie erlassen hat – wegen bestimmter Äußerungen in einem Interview mit einer kanadischen Zeitung –, die vorsieht, daß sie in Zukunft keine öffentlichen Ämter mehr ausüben darf. Auf Nachfragen der UNAMA wurde die Fatwa nicht bestätigt, aber zugegeben, daß derzeit gegen sie ermittelt wird. Und dies von einem Richter, der als Islamist bekannt ist und der von Karsai im Amt bestätigt wurde, obwohl er die Altersgrenze von 60 bereits überschritten hat. Die 1964er Verfassung sieht vor, daß diese Ämter nicht über 60 Jahre hinaus ausgeübt werden dürfen.

Nominell sind zwar alle Bevölkerungsgruppen in der Regierung vertreten, aber die Machtkonzentration auf die Pandschiris und die Truppe um Karsai ist für alle sehr unbefriedigend. Vor allem die Paschtunen und die Usbeken fühlen sich nicht ausreichend gewürdigt.

W.W.: Welches sind Ihre Arbeitsschwerpunkte derzeit in Kabul?

M. Pohly: Momentan leite ich das Büro der Friedrich-Ebert-Stiftung in Kabul, und wir haben folgende Schwerpunkte in unserer Arbeit: Im Bereich der Frauenförderung unterstützten wir bisher die Frauenministerin Dr. Sima Samar und haben den ersten Frauenkongreß in Kabul organisiert und öffentlich abgehalten. Ferner stützen wir die Politisierung von Frauen und deren Selbstorganisation. Im Bereich der Demokratiebildung führen wir seit Jahren die verschiedenen zersprengten demokratischen Gruppen und Parteien zusammen, und so ist es uns zur Loya Dschirga gelungen, eine Allianz aus vier verschiedenen Parteien (intellektuelle) zu bilden, die nach der Loya Dschirga auf sieben angewachsen ist.

Ferner arbeiten wir mit den unabhängigen Stammesräten zusammen, die inzwischen mit unserer Hilfe über 90 % der unabhängigen Dschirgas vertreten. Insgesamt konnten durch unsere Aktivitäten ca. 600–700 Loya Dschirga-Vertreter gesammelt werden. Dabei zeigte sich allerdings auch das Defizit, daß die Vorbereitungszeit zu kurz war, um tatsächlich politisch handeln zu können. In Zukunft werden die Maßnahmen dahin gehen, die Kommunikationsstrukturen zu verbessern, demokratische Strukturen zu implementieren, Schulungen bzw. Weiterbildungsmaßnahmen im Sinne von Human Rights-Aktivitäten und weitere Aktivitäten im Bereich politisches Handeln, Verfassungsdebatten, Organisationsmanagement durchzuführen.

Daneben haben wir auch im Medienbereich Aktivitäten entwickelt, z.B. mit unabhängigen Filmemachern, aber auch eine Ausstellung in Kooperation mit der Uni Dessau und der hiesigen Uni. Als Arzt arbeite ich momentan nur im Notfall, was oft genug vorkommt. Aber ich habe keine ärztliche Stelle hier. Ansonsten verfassen wir Briefings für andere Stiftungen, für Diplomaten von europäischen und außereuropäischen Staaten – lediglich die deutsche Vertretung ist beratungsresistent – und für die ISAF.

Flensburger Hefte So 20

Wortgetreu und unverfälscht?

Haben wir in der Gesamtausgabe Texte Rudolf Steiners?

76 Seiten, kt. EUR 8,– ISBN 3-935679-05-X

Kann man davon ausgehen, daß die Vorträge Rudolf Steiners in der Gesamtausgabe wortgetreu und unverfälscht wiedergegeben sind? Sind es authentische Wortlaute Steiners? Gibt es erhebliche, auch sinnverändernde Eingriffe in den überlieferten Text – Stenogramme oder Ausschriften (Übertragung eines Stenogramms in Langschrift) – durch die Herausgeber, die dem Leser nicht kenntlich gemacht werden?

Wolfgang Gädeke und Christward Kröner untersuchen in diesem Band die Arbeitsweise der Rudolf Steiner-Nachlaßverwaltung anhand der sogenannten Theologenkurse (GA 342–346). Den Herausgebern der Nachlaßverwaltung lagen *keine* anderen Textquellen vor als den Autoren dieses Flensburger Heftes, die die ursprünglichen Fassungen der Vortragsausschriften mit den entsprechenden Bänden der Gesamtausgabe verglichen haben. Und sie kommen zu einem beunruhigenden Ergebnis:

Bei der erheblichen Anzahl der Eingriffe in die Quellentexte geht es nicht nur um stilistische Korrekturen, sondern häufig um willkürliche, nicht nachvollziehbare sinnverändernde Eingriffe. Der Text wird vielfach geändert, unvollständige Sätze werden ergänzt, es werden sogar neue Texte erstellt oder auch ganze Absätze weggelassen. Und dies jeweils, ohne die Eingriffe kenntlich und durchschaubar zu machen. – Aber lesen Sie selbst, und Sie kommen aus dem Staunen nicht heraus.

Dieser Band enthält auch eine Fragenbeantwortung durch Walter Kugler, den Leiter des Archives der Rudolf Steiner-Nachlaßverwaltung.

Aus dem Inhalt

Haben wir in der Gesamtausgabe Texte Rudolf Steiners?
Artikel von Wolfgang Gädeke, Priester der Christengemeinschaft

Einleitung / Der erste Theologenkurs vom Juni 1921 (GA 342) / Der zweite Theologenkurs vom September/Oktober 1921 (GA 343) / Der „Berliner Hochschulkurs", März 1922 (GA 81) / Die Theologenvorträge vom Juli 1923 (GA 345) / Fazit.

Wortgetreu und unverfälscht?
Zur Herausgabe von GA 346 durch die Rudolf Steiner-Nachlaßverwaltung
Artikel von Christward Kröner, Priester der Christengemeinschaft

Für die Priester der Christengemeinschaft gehalten / Abqualifizierung der ursprünglichen Textgestalt / Zahlreiche Eingriffe in den ursprünglichen Text / Konkrete Beispiele für die Art der Eingriffe / Der Text wird verfälscht / Es kann nicht sein, was nicht sein darf / Nicht nachvollziehbare Änderungen / Ganze Sätze wurden gestrichen, ganze Absätze weggelassen / Fazit.

„Anthroposophie im Original"
Fragenbeantwortung durch Walter Kugler, Leiter des Archivs der Rudolf Steiner-Nachlaßverwaltung

Überlieferte Vortragsmitschriften werden durch die Herausgeber bearbeitet / Autorisiert, überlieferte Wortlaute zu verändern? / „Der gute Name Rudolf Steiners als Stilist" / Authentische Wortlaute Rudolf Steiners? / Rohfassungen, Derivate, Interpretationen – Was ist ein „Original"? / „Ein authentischer Text entsteht erst durch die Arbeit der Herausgeber" / Beispiele – die unbeantwortet blieben.

Bezug über den Buchhandel oder direkt beim Verlag (zzgl. Porto u. Verpackung)

Flensburger Hefte Verlag
Holm 64, D-24937 Flensburg
Tel. 0461/ 2 63 63 Fax 0461/ 2 69 12
e-Mail: flensburgerhefte@t-online.de

Schrecken hinter dem Schleier

Eine Reise nach Afghanistan

Wolfgang Weirauch

Afghanistan – kein Land hat uns in den letzten Monaten so beschäftigt wie dieses! Aber wie war es vorher? Was wußten Sie vor zwei, drei Jahren alles über Afghanistan? Waren Ihnen die Namen Amanullah, Sahir Schah, Massoud, Hekmatyar, Rabbani, Dostum, Karsai ein Begriff? Welche Wahrnehmungen hatten Sie von dem Taliban-Regime?

Falls Sie keine Kenntnis der Taliban hatten, trösten Sie sich. Auch der sogenannte mächtigste Mann der Welt, George W. Bush, kennt sie noch nicht allzu lange und dachte früher, daß es eine Musikgruppe sei.

Ein Land wie Afghanistan war kaum im Bewußtsein der westlichen Welt, und nur, wer sich politisch täglich auf dem Laufenden hielt, bekam einen Einblick in die afghanischen Verhältnisse der letzten Jahrzehnte. Aber was man erfuhr, hörte, sah, war verwirrend, oft kaum zu glauben, geheimnisvoll, grausam.

Ein Land hinter dem Schleier – undurchdringlich, verborgen wie das Gesicht einer Frau hinter der Burka.

Und als die Taliban das Land 1994–1996 fast ganz eroberten, legte sich etwas wie Mehltau über das Land. Die Informationen wurden selbst für wache Zeitgenossen äußerst spärlich, fast alle Verbindungen zum Ausland brachen ab, aber wer nicht die Augen verschloß, wußte, daß in diesem Land das Grauen wütete. Der Schrecken vor allem für die Frauen.

Die Hälfte der Bevölkerung verschwand endgültig hinter der Burka, durfte nicht mehr arbeiten, bekam keine medizinische Versorgung mehr. Viele Frauen verhungerten, flohen ins Ausland, wurden gefoltert, erschossen, bettelten auf den Straßen oder vegetierten in den eigenen vier Wänden dahin; mit Ausnahme der mutigen Frauen, die heimlich Schulunterricht gaben.

Nur ein einsamer Kämpfer mit seiner Truppe, sicherlich auch kein Engel – Massoud und seine Nordallianz –, leistete dem Taliban-Regime

Panzerwracks im Pandschirtal

vom Norden Afghanistans und aus dem Pandschirtal heraus als einziger Widerstand; eigentlich der einzige Hoffnungsschimmer in diesem Reich der Finsternis.

Afghanistan – Hinterhof der Welt, ärmstes Land der Welt, keine Fernseher, keine Telefone, keinen Internet-Anschluß, keine Musik. Nichts! So sah es noch vor einigen Monaten aus. Aber war es wirklich so?

Afghanistan wird zum Mittelpunkt der Welt

Und dann wurde der Schleier etwas gehoben, man rieb sich etwas verdutzt die Augen. Das konnte doch wohl nicht wahr sein! Was war denn das? Die Taliban kündigten im Februar 2001 die Zerstörung der Buddha-Statuen von Bamyan an! Was war da los? Haben Sie das verstanden oder in den Tagen nach der Ankündigung geglaubt, daß dieses Zerstörungswerk wirklich in die Tat umgesetzt wird?

Aber die Taliban vollendeten ihr Werk. Sie schossen auf die beiden Buddhas, dieses Weltkulturerbe aus dem 3. und 5. Jahrhundert, und sprengten sie schließlich. Das war eine Tat, an der man irre werden konnte, weil man sie nicht mehr verstand, und die geeignet schien, auch die Grenzen der Erkenntnis zu sprengen. Die Welt horchte auf, aber schon bald legte sich wieder der Staub auf das Land. Dinge, die ungewohnt sind, die man nicht einordnen kann, verdrängt man gern. Afghanistan geriet wieder in Vergessenheit. Aber es war die Ruhe vor dem Sturm.

Und dann kam er, der 11.09.2001, und alles änderte sich. Afghanistan wurde schlagartig zum Mittelpunkt der Welt. Und so langsam setzte sich ein schillerndes Mosaikbild zusammen: ein vielschichtiges Afghanistan, das längst, seit Jahrzehnten, Mittelpunkt verschiedenster internationaler Interessen war.

Afghanistan ist ein Zerrbild unserer modernen Zeit, ein Spiegel aller nur möglichen Schattenseiten der internationalen Politik und der menschlichen Niederungen – und ein Schatten ist finsterer als der andere. Afghanistan ist Abbild der Zerrissenheit unserer Welt, der Großmachtinteressen, des Kalten Krieges, der unterschiedlichen Wertesysteme, der verschiedenen Religionen, der gegensätzlichen Nationalismen, der menschlichen Gier und Profitsucht, der Grausamkeit und des Machtstrebens.

Und wer sind die Schuldigen?

Die Briten und die konservativen Geistlichen Afghanistans, die die Reformen König Amanullahs vor ca. 75 Jahren torpedierten? Der ehemalige König Sahir Schah und seine Familie, die nur sehr zögerliche Demokratieversuche wagten? Die verschiedenen unfähigen, teils korrupten, grausamen Regierungen? Das kommunistische Regime, das die Sowjets ins Land rief? Die UdSSR, die zehn Jahre in einem souveränen Staat gewaltsam für Ruhe sorgen wollte? Die USA, die die Mudschaheddin finanziell und militärisch zum Kampf gegen die UdSSR aufrüsteten, um sich das Zugriffsrecht auf die Rohstoffe der Region zu sichern? Pakistan, das mit allen Mitteln seine Interessen in Afghanistan durchsetzen wollte? Die verschiedenen Mudschaheddin-Gruppen, die fast ganz Afghanistan zerstörten und aufgrund egoistischer Machtinteressen zu keiner gemeinsamen, für das Wohl des Landes tragfähigen Regierung fähig waren? Die CIA, die nicht nur die Mudschaheddin finanzierte, sondern mit den Taliban, Osama bin Laden und Al-Qaida ihre Gegner von morgen unterstützte? Der pakistanische Geheimdienst ISI, der den Aufbau von Koranschulen forcierte, die Taliban militärisch ausbildete und mit dem internationalen Terrorismus kooperierte? Das Taliban-Regime, das das Land in die Steinzeit zurückführte? Die Golfstaaten, die das Taliban-Regime und Al-Qaida massiv finanziell unterstützten? Al-Qaida, die Afghanistan zum weltgröß-

Zerstörte Häuser in Kabul

ten Anbaugebiet für Opium machte und das Land zur Basis des internationalen Terrorismus umgestaltete? Die einzelnen politischen und wirtschaftlichen Interessen vieler westlicher, arabischer und asiatischer Staaten, die am Leid anderer durch Waffen- und Minenverkäufe usw. verdienten? Die mangelhafte Bildung, die Religion? Die Afghanen, die Demokratie und einen modernen Staat ablehnten? Wir alle, die wir unsere Augen vor dem Grauen in diesem Land verschlossen?

Wer trägt nun die Verantwortung für das jahrzehntelange Grauen in diesem Land?

Position beziehen

Der 11. September 2001 katapultierte Afghanistan hautnah ins Wohnzimmer aller Menschen. Schon zwei Tage vorher war Massoud von zwei Al-Qaida-Mitgliedern umgebracht worden, die sich als Journalisten ausgaben. Osama bin Laden und seine Komplizen hatten ihre Basis vor allem in Afghanistan aufgebaut, und das Regime Mullah Omars kooperierte mit ihnen.

Alle geheimen Verhandlungen der Clinton- und der Bush-Administration mit den Taliban – bis zum Juli 2001 – waren ergebnislos verlaufen. Die USA standen vor dem Scherbenhaufen ihrer geopolitischen Strategie, u.a. eine Pipeline von Turkmenistan durch Afghanistan und Pakistan zum Indischen Ozean zu verlegen. Die Partner, auf die man während der Jahre gesetzt hatte – die verschiedenen Mudschaheddin-Gruppen und später die Taliban –, hatten nicht die Hoffnungen der USA erfüllt und konnten ihre Ziele nicht durchsetzen. Afghanistan kam nicht zur Ruhe.

Und nun wurden die USA am 11. September 2001 vom internationalen Terrorismus angegriffen und mußten sich wehren, um einen Zweitschlag von ähnlicher Dimension zu verhindern. Damit zeigte sich die Widersprüchlichkeit der Weltpolitik: Einerseits kam in gewisser Hinsicht den USA der Anschlag sogar wie gerufen, denn nun konnten sie einen militärischen Schlag legitimieren und kamen der Durchsetzung ihrer Interessen – der möglichst günstigen Gewinnung von Rohstoffen im vorder- und zentralasiatischen Raum – einen Schritt näher; andererseits verflog der Mehltau, der Afghanistan zu ersticken drohte, wie nach einem reinigenden Gewitter. Die Taliban flohen, besiegt durch das Zusammenwirken der Nordallianz und die Militärschläge der USA. Alle Frauen und viele Männer konnten aufatmen.

Afghanistan drang nicht nur in unsere Wohnzimmer, sondern auch in unsere Seelen, in unsere Gedanken, in unsere Entscheidungsprozesse. Jeder mußte Position beziehen: Bin ich für oder gegen den Krieg gegen den internationalen Terrorismus, für den Afghanistan stellvertretend seinen Buckel hinhalten mußte? Und die Entscheidung war sicherlich nicht leicht. Aber jeder mußte sie treffen, denn die Auswirkungen spürte jeder auf verschiedensten Feldern des persönlichen Lebens, bis hinein in das eigene Portemonnaie.

Fragen

Vielleicht ging es Ihnen ähnlich wie mir. Das ferne Land Afghanistan, mit dem ich mich in den vergangenen Jahren immer nur am Rande beschäftigt hatte, wurde durch die politischen Geschehnisse und die Bilder, die man sah, immer gegenwärtiger. Bilder von Frauen in Burkas, Bilder vom zerstörten Kabul, Bilder von bärtigen Taliban, Bilder von hingerichteten Frauen und Männern im Stadion Kabuls.

Afghanistan wurde für mich zu einem fast täglichen Beschäftigungsfeld. Ich stellte mir Fragen über die Taliban, wie es möglich war, daß eine

Straße in Kabul

Gruppe von Männern ein ganzes Land in die Steinzeit führen und den Frauen ein menschliches Leben verunmöglichen konnte. Oder wie es kam, daß die Menschen eines Staates sich in ihre Ethnien zersplitterten und sich ohne jede Aussicht auf Frieden aus niedersten Motiven brutalst bekämpften. Oder warum das Ausland ein so starkes Interesse an diesem Land zeigte. Oder wie es möglich war, daß die Islamisten, Dschihadisten und internationalen Terroristen einen solchen Haß auf die westliche Welt, speziell auf die USA, entwickeln konnten.

Diese und viele andere Fragen stellte ich mir, und der Nebel, der über den politischen Geschehnissen in und um Afghanistan hing, lichtete sich von Tag zu Tag. Aber alle Beschäftigung war nur theoretisch, auch wenn sie das Innerste des Menschen berührte.

Die Aufforderung

Dann machte ich ein Interview mit Rahman Nadjafi über Afghanistan und die Aktivitäten von Kufa e.V. (Komitee zur Unterstützung der Flüchtlinge in Afghanistan und zum Wiederaufbau des zerstörten Landes), vor allem über den Plan, in Kabul eine Wohn- und Arbeitsstätte für 80 Waisenkinder und 20 Witwen zu errichten (siehe FLENSBURGER HEFTE 76, „Kampf der Kulturen?", S.11). In diesem Zusammenhang plante er zusammen mit Ole Ohlenbostel, Speditionskaufmann und Unternehmensberater aus Hamburg und auch Kufa-Mitglied, eine Reise nach Afghanistan anzutreten.

Etwas unbedarft, erfüllt von den politischen Geschehnissen der letzten Monate, warf ich in einem späteren Gespräch mit Rahman Nadjafi ein, daß ich irgendwann in meinem Leben noch einmal nach Afghanistan reisen möchte. Und sofort kam die Aufforderung: „Dann komm doch mit!" – Und mit einem Mal wurde das Realität, was vorher nur bloße Theorie war. Afghanistan wurde konkret, rückte hautnah heran.

Ich gab mir selbst einige Tage Überlegungsfrist, wog die Vor- und Nachteile ab. Dann entschied ich mich, die Reise nach Afghanistan anzutreten.

Die Vorbereitung

Mulmig war mir, das gebe ich zu. Schließlich war die Reise nicht ohne Risiko. Die Warlords beherrschten noch immer das Land, auch wenn Kabul, zumindest am Tage, verhältnismäßig sicher ist. Das Land ist voller Minen. Hunderttausend Menschen in Kabul haben Leishmaniose, eine Hauterkrankung mit Geschwüren und teils schweren Deformationen, ausgelöst durch den Stich der Sandfliege. Der Krieg gegen die Taliban tobt immer noch in verschiedenen Regionen Afghanistans. Attentate, kleinere Gefechte, Raketenanschläge kommen fast täglich vor. Und im Norden waren gerade die Heuschrecken eingefallen und fraßen alles auf.

Den Flug mußten wir über Dubai buchen, den Weiterflug nach Kabul dort kaufen, aber der Rückflug von Kabul nach Dubai war von Deutschland und auch von Dubai aus nicht buchbar. Das konnte man nur in Kabul, weil die afghanische Fluggesellschaft Ariana keinen Internet-Anschluß besitzt. Also wurde es von vornherein eine Reise ohne exakte Rückkehr-Garantie.

Die Reise

Emirates, eine der beliebtesten Fluggesellschaften der Welt, brachte uns Anfang Mai nach Dubai, in die Vereinigten Arabischen Emirate. Links Wüste, rechts das Meer, unter uns Öl. Allein das Emirat Dubai besitzt

Wolfgang Weirauch im Pandschirtal

9,2 % der Weltölreserven. Die Auswirkungen dieses Reichtums sieht man bereits auf dem Flughafen: die Fußböden teils aus Marmor, überall glitzert es, riesige Hallen mit Förderbändern für die Fußgänger und Elektrowagen für die, die schwer beladen sind. Und so geht es weiter: das teuerste Hotel der Welt, Pläne, ein Wintersportzentrum zu errichten und zwei riesige künstliche Inseln in der Form von Palmen vor der Küste zu bauen. Kaum einer der Einheimischen arbeitet, selbst die Gastarbeiter bekommen kostenlose medizinische Versorgung. „Für das Portemonnaie gut, für die Seele schlecht", antwortete mir ein Inder auf meine Frage, wie es sich in Dubai lebe.

Nach einer kurzen Nacht in Dubai starteten wir mit dem Flugzeug der Ariana nach Kabul, 150 Sitzplätze, alle belegt. „Während der Taliban-

Zeit flogen 260 Leute mit dieser Maschine", erzählte uns einer der Stewards während des Starts, als er mit beiden Händen – wie seine Kollegen auch – die oberen Gepäckfächer zuhalten mußte, weil sie fortwährend aufsprangen.

Die Ankunft

Und dann flogen wir über den Iran auf Afghanistan zu, das Land, das an der Nahtstelle zwischen dem Vorderen Orient und der Mitte Asiens liegt, das Land, das einst Alexander der Große durchzogen hat und später von Persern, Arabern und Mongolen erobert wurde und erstmals 1747 unter dem Paschtunen Durrani zu einem Staat wurde.

Wir überfliegen Wüsten und braungraue Gebirgsketten, hin und wieder schneebedeckt, bis wir uns Kabul nähern. Was wird uns erwarten? Zwei Tage vor uns hatte Bundeskanzler Schröder Kabul besucht, das erste westliche Staatsoberhaupt, das die Stadt besichtigte. Nur Tony Blair war schon vorher da, allerdings hatte er den Flugplatz nicht verlassen.

Und dann stehen wir auf dem Flugplatz. Für die meisten afghanischen Fluggäste ist es die erste Rückkehr nach Jahrzehnten des Schreckens. Die Außenbereiche des Flughafens sind übersät mit zerbombten Flugzeugen, Panzerwracks und ausgebrannten Lkws.

Massoud

Kein Bus holte uns ab, wir mußten zu Fuß zur Flugabfertigungshalle gehen, warum auch nicht. Aber dort erwartete uns gleich die afghanische Bürokratie: die verschiedensten Zoll- und Paßformalitäten in einer völlig primitiven Halle ohne jede Ausstattung, bewacht vom Militär.

Wir wählten den schnellsten Weg, den Weg der Beziehungen. Ich kam aus dem Staunen nicht heraus, als Rahman Nadjafi einen Soldaten heranwinkte, der erkennbar zur Nordallianz gehörte, das FLENSBURGER HEFT 76 aus der Tasche zog und ihm das Bild von sich und Massoud – aufgenommen in Paris im Sommer 2001 – zeigte (siehe FLENSBURGER HEFTE 76, „Kampf der Kulturen?", S.23). Sofort erledigte der Soldat alle Formalitäten für uns und schleuste uns durch.

Massoud ist in Kabul derzeit der große Held, und man sieht sein Bild an fast jeder Straßenecke. Als wir uns ein Taxi nahmen, um ein Hotel zu suchen, erwiesen sich die beiden jungen Fahrer als ehemalige Massoud-

Im Zentrum Kabuls

Kämpfer, küßten das Massoud-Bild im FLENSBURGER HEFT und standen uns fortan zur Verfügung.

Das Interconti-Hotel, bewacht von ISAF-Soldaten, war leider besetzt, und wir hatten keine Chance, ein Zimmer zu bekommen. Aber dann zückten wir das FLENSBURGER HEFT, und schon waren die gewünschten Zimmer frei.

Spätestens zu diesem Zeitpunkt war mir klar, daß die Uhren in Kabul anders ticken. Und das sogar im wahrsten Sinne des Wortes, denn die Uhren mußten nicht wie in Dubai zwei Stunden vorgestellt werden, sondern zweieinhalb Stunden, ein Phänomen, das mir bis heute unergründlich geblieben ist.

Die Stadt, das Hotel, die Hunde

Das Interconti ist ein ehemaliges Luxushotel, in dem aber die Taliban sichtbar gehaust haben. Die Empfangshalle in abgestandenem Prunk, manche Flure vollgestellt mit Wassereimern, weil es aus den Leitungen tropfte, ein Fahrstuhl funktionierte noch, soweit der Strom nicht ausfiel, und eines unserer Zimmer war übersät mit Einschußlöchern und Blutspritzern. Die

Kellner tragen immer noch die jahrzehntealten braunen, leicht unförmigen Anzüge mit den breiten roten oder blauen Streifen und servieren das Essen zu immensen Preisen.

Die abendlichen Stunden im Hotel – nach der Ausgangssperre um 22 Uhr – hatten den Vorteil, daß man Kontakte knüpfen konnte. Verschiedene Minister wohnen dort, Mitglieder der Königsfamilie, Industrielle, Künstler, Politiker. An einem Tag stieg sogar der chinesische Außenminister ab.

Der abendliche Blick vom höhergelegenen Hotel in das Tal der Stadt bescherte uns einen mäßig zufriedenen Eindruck. So schlimm, wie wir es uns vorgestellt hatten, war es nicht. Noch nie habe ich auf eine totenstille Großstadt geblickt, in Kabul war es täglich etwa eine Stunde möglich. Die Nacht brach herein, die Stadt wurde still, kein Auto durfte mehr fahren, aber in vielen Häusern leuchteten bereits die Lichter.

Aber bald war es aus mit der Nachtruhe: Die wilden Hunde fielen in die Stadt ein und beherrschten wenigstens akustisch das Geschehen. Viele von ihnen sollen die Tollwut haben und werden nun von Jägern gejagt.

Beim König

Bereits am ersten Tag lud uns Yussef Yakoub – Mitglied der königlichen Großfamilie, Industrieller in München und mittlerweile Wirtschaftsattaché Afghanistans – zu einer Audienz beim ehemaligen König Sahir Schah ein.

Nach 29 Jahren ist der 87jährige ehemalige König Afghanistans im April 2002 zum ersten Mal wieder in seine Heimat zurückgekehrt und empfängt seitdem fast täglich Hunderte von Menschen, die aus den einzelnen Provinzen zu ihm anreisen.

Wir erlebten verschiedene dieser Audienzen. Die Afghanen schritten in Gruppen herein, zwischen Rosenbeeten hindurch, die ein alter Gärtner liebevoll pflegte, und sie setzten sich vor eine Empore mit Baldachin. Gekleidet waren sie meist mit dem Schalwar Kamiz, der afghanischen Nationaltracht, weiten Hosen und einem über das Knie reichenden Hemd sowie einem Turban.

Dann schritt die Königsfamilie aus dem Haus, der Schwiegersohn Sahir Schahs – der ehemalige General Wali – vor dem König, sein zweitältester Sohn und weitere Familienangehörige und Beamte nach ihm. Organisiert wurde alles von Sahir Schahs Empfangschef und Büroleiter Hamid Sidiq (siehe das Interview mit ihm in diesem Band, S.132 ff.).

Beim König Sahir Schah

Nach einer kurzen Begrüßung standen einzelne Besucher als Vertreter ihres Dorfes auf und trugen einen vorbereiteten Text vor. Alle – gleich aus welcher Gegend, gleich aus welchem Stamm – bekundeten ihre Freude über die Rückkehr des ehemaligen Königs, schworen ihm ihre Treue und hofften, daß er auf irgendeine Weise nach der Loya Dschirga wieder zum Staatsoberhaupt werden würde.

Sahir Schah bemüht sich seit seiner Ankunft, die nicht näher definierte Rolle eines „Vaters der Nation" in diesem seit Jahrzehnten von Gewalt heimgesuchten Land einzunehmen. Von Haus aus spricht er Paschtu, die Sprache der paschtunischen Mehrheitsbevölkerung. Aber wenn ein Paschtune bei der Audienz in Paschtu vortrug, antwortete er in Dari, Altpersisch, der anderen in Afghanistan gesprochenen Sprache, die von den Tadschiken gesprochen wird. So bemühte sich Sahir Schah um Ausgewogenheit, weil er ein Dorn im Auge verschiedener Vertreter der Pandschiris ist, die zur tadschikisch dominierten Nordallianz gehören, welche gegen die paschtunischen Taliban gekämpft hat. Vor allem sind hier die drei starken Minister der Interimsregierung zu nennen, die alle aus dem Pandschirtal stammen: Innenminister Kanouni, Außenminister Abdullah und vor allem Verteidigungsminister Fahim, der ehemalige Stellvertreter Massouds. Bis auf Kanouni haben sie auch ihr Ministeramt nach der Loya Dschirga behalten.

Eindrücke aus Kabul

Braun. Hellbraun, schmutzig-braun, manchmal dunkelbraun. Das ist der erste Eindruck von Kabul, den man oberflächlich erhält. Vor allem die Häuser, teils aus Lehmziegeln erbaut, sind braun. Viele Straßen sind braun, selbst die umliegenden Berge schimmern zu großen Teilen in Braun.

80 % der Häuser Kabuls sind zerstört, aber immer wieder entdeckt man auch unbeschädigte Häuser, vor allem an den Hängen. Die Hauptverkehrsadern Kabuls sind mit Autos, vor allem gelben Taxis, abenteuerlich bunten Bussen, Fahrrädern, Eselskarren und von Menschen geschobenen Karren sowie Fußgängern total verstopft. Andere Straßen werden kaum befahren, sie sind nicht geteert, ein Schlagloch folgt dem nächsten, oder tiefe Rinnen, durch die die Kloake fließt, durchfurchen die Straßen. Toiletten gibt es nicht in ärmeren Vierteln, die Kloake fließt unter den Türen auf die Straße. Es stinkt entsetzlich.

Geschäftsleben in Kabul

Ein alter Mann sitzt mitten auf der Straße und erledigt dort sein großes Geschäft. Links und rechts erblicke ich Kioske, wo die Waren verkauft werden: Autozubehör, Melonen, Bananen, Apfelsinen, Äpfel, Hammelkeulen und Hühner, die frei in der Luft schwingen, Radieschen, Porree, Kohl, Gurken und Haushaltsgegenstände. Es gibt fast alles, größtenteils aus Pakistan herangeschafft.

Das Bad in der Menge ist nicht leicht. Ohne Bart und erkennbar aus dem Westen kommend, wird man von den Kindern angestarrt, als käme man vom Mars. Bewegen Sie sich einmal durch das Getümmel eines Basars, ständig von fünf bis zehn Kindern und Jugendlichen umringt, die nichts anderes tun, als einen fortwährend anzustarren!

Auf dem Basar

Wir mußten Geld wechseln, Dollar in Afghani. Das Bankensystem Afghanistans ist völlig zusammengebrochen. Sämtlicher Finanzverkehr wird ausschließlich mit Bargeld abgewickelt. So findet auch das Wechselgeschäft auf der Straße statt bzw. auf dem Basar.

Ich kenne viele orientalische Basare, meist sind sie überdacht. Nicht so in Kabul. Er befindet sich auf einem großen freien Platz in der Stadtmitte

Straßenleben

um den Fluß Kabul herum. Als wir aus dem Wagen steigen, verschlägt es uns den Atem. Die Ursache ist eine Schubkarre voll mit undefinierbaren tierischen Innereien, die sich in der Sonne blähen und ungeheuerlich stinken. Wer davon etwas kauft, bleibt uns verborgen, denn wir suchen schleunigst das Weite. Wir flüchten, aber immer von den Kindern begleitet. Manche bieten uns aus schwarzen verbeulten Blechdosen Wasser zum Trinken an, andere schwenken Blechgefäße, in denen sie für uns Weihrauch verbrennen wollen, aber die meisten starren uns einfach nur an.

Und dann stehen wir in der Geldwechslergasse. 30 bis 40 abenteuerliche Gestalten mit Bärten und Turbanen hocken in einer Reihe, vor sich riesige Stapel mit afghanischen, iranischen und pakistanischen Banknoten. Und hier mußte Geld getauscht werden, indem man die einzelnen Händler nach dem Kurs fragt. Wir erreichen einen Kurs von 38.000 Afghani für einen US-Dollar.

Auf vielen Straßen wimmelt es von Kindern, einige sind zu stolz zum Betteln, viele sind aber darauf angewiesen. Hübsche Kinder, oft erkennbar hungernd, viele von der Leishmaniose auf der Wange gezeichnet, aber trotz trauriger Augen meist sehr fröhlich. Als wir zuerst den Fehler machen, einigen in der Öffentlichkeit Geld zu schenken, sind wir unseres Lebens fast nicht mehr sicher, so viele zerren plötzlich an uns. Fortan gaben wir unserem Fahrer Geld, der es gezielt armen Frauen und Kindern zusteckte.

Es gab aber auch Situationen, in denen man nichts schenken konnte, weil wir kein Geld dabei hatten bzw. nur größere Scheine. Und dann brauchte man schon sehr viel Kraft, so eine Situation auszuhalten: Kinder mit traurigen Augen abzuweisen, einem Jungen nichts schenken zu können, der sein Gesicht an meinen Arm schmiegte, einer armen Frau nichts geben zu können, die sogar ihre Burka hob, um mir ihr Gesicht zu zeigen.

Im Frauenministerium

Unser Fahrer drückte auf die Hupe, das Tor zum Frauenministerium wurde von zwei jungen Männern geöffnet, und wir fuhren hinein. Wie bei jeder Behörde, wurden wir kräftig gefilzt, besonders die Fotoapparate und Videokameras, weil man verständlicherweise vermeiden will, daß sich nochmals so ein Attentat wie auf Massoud mit einer Bombe in einer Kamera wiederholt.

Im Frauenministerium wehte ein Hauch der Moderne. Stolze Frauen gingen unverschleiert durch die Gänge, während man auf den Straßen

Beim König Sahir Schah

Rush-hour in Kabul

bestimmt noch 95 % der Frauen mit der blauen oder blaugrauen Burka herumlaufen sieht. Zwar sitzen die Burkas jetzt lockerer, wehen lässig im Wind und werden nicht mehr vorne zusammengehalten, auch gehen viele Frauen allein auf der Straße, aber sie haben immer noch Angst vor den Männern, vor einer etwaigen Rückkehr der Taliban, vor einer ungewissen Zukunft. Kein Wunder in einer derartig patriarchalischen Gesellschaft und nach dem für Frauen wohl übelsten Schreckensregime aller Zeiten.

Die zu dieser Zeit noch amtierende Frauenministerin Sima Samar ist nicht da, aber ihre Stellvertreterin und Beraterin, die Ärztin Soraya Rahim, steht für ein Interview zur Verfügung. Als sie berichtet, daß auch sie – nach etwa zwei Jahrzehnten Auslandsaufenthalt in Deutschland, im Iran, in Pakistan und der UdSSR – noch Schwierigkeiten hat und sich jedes Mal wieder einen Ruck geben muß, ohne Schleier die Straße zu betreten, wird mir klar, wie weit die afghanische Gesellschaft noch von einer Normalität entfernt ist, gemessen an europäischen Verhältnissen.

Leider wurde Dr. Sima Samar auf der Loya Dschirga heftig attackiert, weil sie sich gegen die wiedereingeführte Scharia ausgesprochen haben soll, und sie ist nicht mehr als Ministerin eingesetzt worden.

Bei Karsai

Der Interimspräsident und auf der Loya Dschirga erneut gewählte Präsident Hamid Karsai residiert im Königspalast. Die Kontrollen sind hier besonders scharf. Mit einer Gruppe Exil-Afghaninnen aus den USA bekamen wir die Gelegenheit, uns einige Stunden auf dem Gelände und bei Karsai aufzuhalten. Man zeigte uns die teilweise noch erhaltenen und teils zerstörten Paläste, so z.B. den kleinen Sommerpalast, wo die Taliban das gesamte Gold von den verzierten Wänden abgekratzt haben und wo Taraki, der erste kommunistische Staatspräsident Afghanistans, auf Veranlassung seines Stellvertreters Amin erwürgt worden ist.

Wir betreten einen prunkvollen Saal mit Wasserbecken und wasserspeienden Löwen sowie Wandteppichen mit Pfauen – aber ihre Köpfe fehlen. Die Taliban haben sie herausgekratzt, weil es nach ihrer Auffassung des Islam sogar nicht einmal gestattet war, bildliche Darstellungen von Vögeln zu präsentieren.

Im Empfangszimmer von Karsai werden grüner Tee und viergeteilte Glasschalen mit Nüssen, Rosinen, Mandeln und Süßigkeiten gereicht. Karsai nimmt sich über eine Stunde Zeit. Betont locker betritt er den Saal,

Bei Karsai

begrüßt jeden mit Handschlag und beantwortet in fließendem Englisch alle Fragen. Er wird gefragt, wie es angehen könne, daß in Kabul noch ein 13jähriges Mädchen im Gefängnis sitzt und noch immer 9jährige Mädchen mit 50jährigen oder älteren Männern verheiratet werden. Um die 13jährige wollte er sich sofort kümmern, er wies aber auch darauf hin, daß die islamischen Traditionen und Einflüsse in Afghanistan noch sehr stark seien und man sie nicht von heute auf morgen ändern könne.

Wir rufen ihm noch einmal unser Kufa-Projekt ins Gedächtnis, das Grundstück für das Frauenprojekt und Waisenhaus, für das Karsai bei seinem Berlin-Besuch im Februar 2002 Rahman Nadjafi ein kostenloses Grundstück zugesichert hatte, und er verspricht uns, am morgigen Tag ein entsprechendes Schreiben für den Kabuler Bürgermeister aufzusetzen.

Er erzählt auch eine Anekdote, wie er kürzlich zusammen mit Amin Farhang, dem Minister für Wiederaufbau, eine Fahrt durch Kabul unternahm und bei dieser Gelegenheit auch bei einem Waisenhaus vorbeikam. Die Kinder erkannten beide, winkten sie heran und bestanden darauf, sie unbedingt zum Tee einladen zu wollen. Während der Teezeremonie eröffneten die Kinder dann: „Wir haben kein Fleisch zum Essen.“

Im ehemaligen Prachtviertel Kabuls

Wolfgang Weirauch vor zerstörten Häusern

Karsai liest in einem FLENSBURGER HEFT

Frauen in Burkas

Der Präsident machte es in den folgenden Tagen möglich, Geld zum Fleischkauf für die Waisenkinder zu organisieren und brachte es höchstpersönlich vorbei. „Und dieses Mal", so erzählte Karsai lächelnd, „haben sie mich nicht zum Tee eingeladen."

Als ich Karsai das FLENSBURGER HEFT 76, „Kampf der Kulturen?", schenke und er darin blättert, stößt er auf das Bild von Rahman Nadjafi auf S.11 und meint lachend: „He looks like Mick Jagger."

Beim Wiederaufbauminister Farhang

Am nächsten Tag haben wir einen Interviewtermin beim Wiederaufbauminister Farhang. Tief beeindruckt hatte mich die Geschichte Farhangs vom alten Schreiber (abgedruckt in diesem Band, S.148 ff.), in der er von seinem Gefängnisaufenthalt und den Folterungen während der kommunistischen Zeit unter Taraki und Amin berichtet. Während des Interviews sprechen wir über diese Zeit, und er erzählt, daß er kürzlich den Ort des Schreckens, das Gefängnis Pol-e-Tscharkhi, noch einmal aufgesucht habe.

Ein ganzes Land ist zerstört, in einigen Teilen kämpfen noch die Amerikaner gegen die Taliban, immer mal wieder vermutet man noch Osama bin Laden im Land, obwohl er sicherlich längst außer Landes ist – falls er überhaupt noch am Leben ist. In den meisten Regionen herrschen noch die lokalen Warlords und machen der Regierung das Leben schwer. Der Boden ist voller Minen, die Infrastruktur und die Obstplantagen sind zerstört. Die schlimmste Dürre seit 30 Jahren hat Tausende von Bauern in die Städte oder in Lager der internationalen Hilfsorganisationen vertrieben, denn 2001 fiel in weiten Teilen des Landes, bereits im dritten Jahr in Folge, nur ein Drittel der benötigten Regenmenge, so daß viele Weizenfelder und Wiesenflächen verdorrten. Und die diesjährige Ernte wird zumindest im Norden Afghanistans von Heuschreckenschwärmen aufgefressen. Alles in diesem Land liegt buchstäblich am Boden und muß wieder aufgebaut werden, aus eigener Kraft und mit internationaler Hilfe.

Und Minister Farhang ist es, der alle diese Projekte im Rahmen seiner Möglichkeiten gleichzeitig angehen muß. Was für eine gewaltige Aufgabe!

Es war einmal in Kabul

Eine Besichtigung des ehemaligen Prachtviertels Kabuls konnte nicht ausbleiben. Ganze Straßenzüge und weite Viertel auf beiden Seiten sind

Zerstörte Häuser

völlig zerstört, zerbombt im Jahre 1992 von Gulbuddin Hekmatyar und anderen Mudschaheddin. Es ist erschütternd. Nicht ein einziges Haus ist unversehrt geblieben. Wie verfaulte Zahnstumpen, zerfurcht von Kratern, ragen die Häuserruinen in den Himmel – stumme Zeugen dessen, was menschlicher Haß, der Wahnsinn der Nationalismen und der Cliquenherrschaften sowie der Einfluß internationaler Großmächte anrichten können.

Es kostet viel Phantasie, sich vorzustellen, wie es einst hier in Kabul gewesen sein muß, als die Häuser noch standen, als man noch einkaufen und ins Kino gehen konnte, als die Frauen noch unbeschwert und unverschleiert über die Straßen schlenderten und als noch Musik ertönte. Es war einmal in Kabul!

Ins Stadion

„Im Reich der Finsternis" heißt der Film, der mich bisher am meisten beeindruckt hat, gedreht von der in England lebenden Afghanin Saira Shah, die 2001 zum ersten Mal Afghanistan besuchte und diesen Film heimlich drehte. Er zeigt alle Schrecken des Taliban-Regimes, u.a. die

Ein Obst- und Gemüsegeschäft

Fleischverkauf

Weizenfelder im Pandschirtal

Nadjafi, Weirauch, Ohlenbostel vor einem sowjetischen Panzer

Hinrichtungsstätte im Stadion Kabuls

bestialischen Freitagszeremonien im Stadion. Fast jeden Freitag kamen Teile der Bevölkerung ins Stadion, teils freiwillig als Familienausflug, teils unfreiwillig. Und dann wurden die Opfer hineingefahren, Frauen und Männer. Vor ihren Mitbürgern, vielleicht sogar Nachbarn, wurden sie erschossen, erhängt, oder ihnen wurde die Kehle durchgeschnitten bzw. Hände und Füße abgehackt.

Und in dieses Stadion fuhren wir nun an einem schönen Nachmittag hinein. Es war ein beklemmendes Gefühl, an so einem Schauplatz zu stehen, wo die Menschen noch vor Monaten reihenweise ermordet oder verstümmelt wurden. Aber zugleich erfüllte mich Freude, weil diese Phase des Grauens vorbei ist und das Stadion jetzt wieder für Sport- und Musikveranstaltungen genutzt werden kann.

Auf ins Pandschirtal

Es ist Freitag, Feiertag in islamischen Ländern. Wir fahren nach Norden. Drei Blumensträuße für das Grab von Massoud liegen im Wagen, ferner 1.000 Kugelschreiber. Einige davon verschenken wir unterwegs an die Kinder.

Nördlich von Kabul liegen große Flächen mit ehemaligen Obstplantagen und Kornflächen. Die Taliban haben alles zerstört – verwüstet, abgeholzt, vermint. Auch die Nordallianz hat Minen gelegt, denn wir bewegen uns durch die Gebiete, in denen die Kämpfe zwischen der Nordallianz und den Russen und später zwischen den Taliban und der Nordallianz wüteten.

Unsere Fahrt geht auf einer geteerten Straße nach Norden, je eine Spur in beide Richtungen, links und rechts, im Abstand von wenigen Zentimetern zur Fahrbahn, liegen Steine mit roten Punkten. Sie bedeuten, daß das gesamte Land dahinter vermint ist. Eine falsche Reaktion des Fahrers, und es könnte die letzte Fahrt gewesen sein.

Mitten auf der Straße werden wir von einem Mann mit Funkgerät energisch gestoppt. Das Minenräumkommando sprengt rechts neben der Fahrbahn. Und dann kamen sie, die Männer mit ihrem gefährlichen Job. Mit ihren Schutzanzügen, Helmen und Visieren kommen sie im Gänsemarsch auf uns zu und machen einen unwirklichen, fast roboterhaften Eindruck. Dann fliegt eine Mine in die Luft – ein dumpfer hohler Knall, eine Staubwolke. Das war's. Eine weniger von den Millionen, die noch in der Erde heimtückisch auf ihre Opfer lauern.

In einiger Entfernung von der Straße erblicke ich ein größeres Haus, auf dem Dach eine Art Galgen. Daran hängt etwas längliches Schwarzes. Als ich unseren Fahrer frage, was das sei, antwortet er, daß es die Leiche eines arabischen Taliban sei, den man dort als Abschreckung für alle ausländischen Eindringlinge aufgehängt hat und hängen läßt.

Wir biegen nach Nordosten ab, Richtung Pakistan, hinein ins Pandschirtal. Das Pandschirtal gehört zu den westlichen Ausläufern des Hindukusch, unten fließt der Fluß Pandschir, an seinen Ufern im Tal und auf terrassierten Flächen an den Hängen zu beiden Seiten wird Weizen und Gemüse angebaut. Fernab leuchten schneebedeckte Höhen in der Sonne.

Der einzige Weg durch das Tal windet sich oft hoch an den Hängen entlang, ist meist nicht breiter als vier Meter – links die kahlen nach oben gestreckten Felsen, rechts der steile Abfall ins Tal. Dieses Tal war jahrzehntelang umkämpft. Massoud hat es gegen die Russen verteidigt und in den 80er Jahren allein neunmal die Offensiven der Russen zurückgeschlagen. Auch die Taliban konnten es später nicht erobern. Die Folgen davon sieht man fast an jeder Wegbiegung: Das Tal ist übersät mit Panzerwracks und Raketenteilen.

Unser Fahrer erzählt uns, wie er vor geraumer Zeit zu Fuß unseren Weg durch das Tal nahm, als er plötzlich von Taliban-Flugzeugen überrascht

Schulkinder

Lehrerfest

Schülerinnen der Deh-Kepak-Schule

Schüler der Deh-Kepak-Schule

wurde, die Bomben warfen. Er kam nur mit dem Leben davon, weil er sich ganz eng an den Felsen drückte.

Wir fahren weiter, dem reißenden Strom entgegen, vorbei an bizarren Felsen, Klüften, manchmal auch an weiten Ebenen, wo noch heute die intakten Panzer und Raketenwerfer der Nordallianz in Massen parken.

„Dort vor uns", der Fahrer deutet auf den Abgrund an einer Wegbiegung, „ist vor wenigen Tagen ein Lkw mit sechs Menschen in den Abgrund gestürzt." Auch wir kommen nicht weiter, denn eine Herde mit Hunderten von braunen Ziegen versperrt uns den Weg. Wir oder die Ziegen! Die nomadischen Hirten haben alle Mühe, die Ziegen so weit zur Seite zu prügeln, daß wir gerade noch mit unserem Wagen vorbeifahren können, ohne auch in den Abgrund zu stürzen.

Bazarak

Ein Nebenfluß überflutet unseren Weg, badende Kinder lachen und schütten Hände voll Wasser gegen die Windschutzscheibe. Weiter geht die Fahrt. Vor uns fährt der Bruder von Massoud. Von Kilometer zu Kilometer wird die Landschaft schöner, bis wir nach stundenlanger Fahrt in Bazarak, einem kleinen Dorf inmitten des Pandschirtals, ankommen und bereits das weithin sichtbare, auf einer Anhöhe gelegene Grab Massouds erblicken.

Nachdem wir unsere Blumensträuße am Grab niedergelegt haben, werden wir in dem nahegelegenen Dorf vom Schwiegervater Massouds, Hadschi Tadschuddin, in seinen recht ansehnlichen Palast eingeladen, dessen Ausmaße man von der Straße aus nicht vermutet hätte. Der Direktor der örtlichen Schule, Abdul Rahman, wird auch eingeladen.

Massouds Schwiegervater erzählt uns von den Kriegsberatungen Massouds, die oft in diesen Räumen abgehalten worden waren, wie die Taliban immer wieder versucht haben, sein Haus zu bombardieren und wie gerade die Wahlen für die Abgesandten der Loya Dschirga in den vier Gebieten des Pandschirtals durchgeführt worden sind.

Wir sind die ersten Ausländer, die nach der Taliban-Zeit hierher gekommen sind, um zu helfen. Aber noch ist unsere Hilfe bescheiden: 900 Kugelschreiber für die Schule, drei Tropfen auf den heißen Stein.

Und dann besuchen wir die Schule. Es ist erschütternd, traurig, rührend. Sie wird von 900 Schülerinnen und Schüler besucht, davon knapp 300 Mädchen. Es ist eine der wenigen Schulen Afghanistans, in der wäh-

Ahmed Wali Massoud und Rahman Nadjafi

rend der gesamten Taliban-Zeit Mädchen zur Schule gehen konnten. Lediglich für die Hälfte der Klassen gibt es Schulräume, deshalb muß in zwei Schichten unterrichtet werden. Bis zur 6. Klasse gibt es Koedukation, ab Klasse 7 werden Jungen und Mädchen getrennt unterrichtet. Je 15 Lehrerinnen und Lehrer unterrichten die Schüler u.a. in Biologie, Chemie, Mathematik, Kunst, in Dari ab der 1., in Paschtu ab der 4. und in Arabisch und Englisch ab der 7. Klasse.

An dieser „Massoud-Märtyrer-Schule", wie sie heißt, hatte Massoud zeitlebens großes Interesse, und alle Lehrer haben während der Kämpfe mit den Russen und den Taliban, meist unter großen persönlichen Opfern, fast ohne Gehalt, unterrichtet. Auch heute verdienen sie kaum etwas.

Die Schule ist nur halb fertig, es sollte eine Krankenstation gebaut werden – aber es fehlt fast an allem. Die Klassenräume für die jeweils 35 bis 40 Kinder haben etwa nur ein Drittel der Größe, die bei uns üblich ist, manche haben keine Stühle, so daß die Kinder während des Unterrichts auf dem Boden hocken müssen. Hier und da gibt es in einem Klassenraum eine Tafel und ein paar Kreidestücke, aber überhaupt kein Lehrmaterial wie Bücher und Gerätschaften.

Endlich wieder Musik nach der Totenstille der Taliban-Zeit

Ausgelassene Stimmung

Wir steigen auf das flache Dach der Schule, lassen uns von der hinreißenden Landschaft an diesem späten Nachmittag faszinieren, aber verschließen nicht die Augen vor der Realität. Ich frage Hadschi Tadschuddin, wohin die Kinder gehen, wenn sie auf die Toilette müssen. „In die Landschaft oder dorthin", und er zeigt nach unten, wo ich zwei undefinierbare Quader aus rohem Stein erblicke.

Patenschaften

In diesem Moment schießt mir der Gedanke durch den Kopf, ob es nicht für uns Menschen im reichen Westen Pflicht ist, irgendwo auf der Welt den Menschen der armen Länder zu helfen, und wie es wäre, wenn man Patenschaften zwischen deutschen und afghanischen Schulen organisieren würde.

Ich habe diese Idee schon in Flensburg und in anderen Städten in Vorträgen dargestellt, und es sieht momentan so aus, als würde sich nach dem Sommer eine solche Idee in die Tat umsetzen lassen.

Durch die Nacht

Unsere Zeit wird knapp. Um 22 Uhr ist Ausgangssperre in Kabul, aber wir sind Stunden entfernt, tief im Pandschirtal. Die Sonne neigt sich zum Horizont und verschwindet hinter den Bergen. Unser Fahrer muß schneller fahren. Aber dann kommen wir nicht weiter. Einige Afghanen haben eine Eisenplatte entfernt, die als Brücke über einen kleinen Strom diente, um einige darunter befindliche Felsbrocken herauszubrechen. Und sie lassen sich Zeit. Die Uhr läuft.

Irgendwann ist aber auch diese Arbeit geschafft. Und als wir im nächsten Dorf wieder über einen Fluß fahren, stehen dort einige Erwachsene und viele Kinder auf der Brücke und schauen hinab auf den Strom: „Der Fluß hat uns Enten gebracht", ruft ein Mädchen einem anderen zu. Die Erwachsenen hatten zwei Enten gefangen, die auf dem Wasser schwammen.

Dann ist es stockdunkel. Weiter geht die Fahrt über Stock und Stein, und dann kommt sie, die obligatorische Reifenpanne, und wir wundern uns, warum sie sich nicht schon viel früher ereignet hat. Aber unser Fahrer meistert auch diesen kleinen Störfall zwischen den dunklen Bergen, während in der Ferne ein einsamer Wolf heult. Randvoll mit Eindrücken erreichen wir Kabul einige Minuten vor der Ausgangssperre.

Ein Frauenprojekt und Waisenhaus

Leider mußte ich nach einer Woche wieder abreisen, aber Ole Ohlenbostel und Rahman Nadjafi blieben vor Ort, um das Frauenprojekt und Waisenhaus zu konkretisieren. Und es gab wie üblich Probleme. Das Genehmigungsschreiben Karsais an den Kabuler Bürgermeister Aimog war zweideutig und fiel anders aus, als mündlich versprochen. Es wurde kein kostenloses Grundstück zugesichert, sondern nur im Rahmen der islamischen und staatlichen Gesetzgebung, was wahrscheinlich einen Kauf des Grundstücks zur Folge gehabt hätte. Auch ein Gespräch mit dem Kabuler Bürgermeister kam trotz mehrmaliger Anläufe nicht zustande, geschweige denn die Genehmigung für ein kostenloses Grundstück. Das Projekt drohte, ins Wasser zu fallen. Denn für die Miete oder gar einen Kauf standen Kufa e.V. keine finanziellen Mittel mehr zur Verfügung.

Also mußten wieder die Beziehungen sprechen. Der Bruder von Massoud, Ahmed Wali Massoud, wurde aufgesucht. Er war sofort von dem Projekt angetan und wollte sich bei dem Bürgermeister von Kabul dafür einsetzen. Ein Gespräch, und schon stand das Grundstück kostenlos zur Verfügung: ein etwa 6.000 m^2 großes Gelände mit halbwegs guterhaltenen Gebäuden.

Auch die nötigen Menschen, die die Renovierung der Gebäude und die Auswahl der 20 Witwen und 80 Waisenkinder übernehmen, wurden engagiert. Die Frauen werden Nähmaschinen bekommen, sich ihr Geld mit Schneiderei-Aufträgen verdienen und mit je vier Waisenkindern eine Kleinfamilie bilden.

Die Deh-Kepak-Schule in Kabul

Rahman Nadjafi und Ole Ohlenbostel haben sich zusammen mit Frau Schopan, einer in Deutschland lebenden Afghanin, die sich sehr aktiv für verschiedene humanitäre Projekte in Afghanistan einsetzt, auch um die Kabuler Deh-Kepak-Schule, die aus einer Mädchen- und einer Jungenschule besteht, gekümmert. Sie wurde wie die Massoud-Schule in Bazarak in das Programm von Kufa e.V. aufgenommen.

In Kürze wurden durch Kufa verschiedenste Geschenke für die Schule organisiert: für jeden Lehrer ein Kanister Speiseöl, für die Schüler Tausende Hefte und Kugelschreiber, acht große Wasserbehälter für Trinkwasser, 50 Schülerbänke, einige Tische, zwei Wasserpumpen sowie die Kosten für die Wiederherstellung eines Brunnens. Diese Geschenke wurden auf einem extra für Kufa organisierten Lehrerfest in Anwesenheit des Kultusministers feierlich übergeben. Die Schülerinnen und Schüler trugen auf diesem Lehrerfest Gedichte vor und gaben Kostproben aus ihrem Unterricht.

Die Zustände an dieser Schule sind ähnlich wie die in Bazarak bzw. wie in wohl fast allen Schulen Afghanistans. Die 3.000 Schülerinnen und Schüler sitzen meist auf dem Fußboden, haben kein Lehrmaterial und keine Toiletten. Dafür dient den Jungen und Mädchen je ein Steinhaus, in dem es stockdunkel ist und aus dem es entsetzlich stinkt.

„Am meisten hat mich beeindruckt", erzählte mir Ole Ohlenbostel nach seiner Rückkehr, „als mich ein Lehrer heranwinkte und mit mir zu einer Garage ging." Als der Lehrer das Tor öffnete, saßen dort etwa 30 junge Schülerinnen auf dem Fußboden, fast im Dunkeln, lediglich einige Steine waren in einer oberen Ecke aus der Garage als Luft- und Lichtloch herausgebrochen. „Die Freude, die diese Mädchen zeigten, als sie erfuhren, daß ich aus Deutschland komme, war überwältigend. Minutenlang haben sie später auf dem Schulhof für uns geklatscht."

Wer helfen möchte

Afghanistan hat uns allen gezeigt, daß die Welt seit langem mächtig aus den Fugen geraten ist und daß das Verhältnis zwischen den reichen und armen Menschen schon lange nicht mehr stimmt. Die FLENSBURGER HEFTE und vor allem Kufa e.V. werden sich deshalb weiter im Rahmen ihrer Möglichkeiten für die drei beschriebenen Projekte einsetzen: das Waisenhaus in Kabul, die Massoud-Schule in Bazarak sowie die Deh-Kepak-Schule in Kabul. Wenn Sie helfen möchten, wenden Sie sich bitte an:

Rahman Nadjafi, Kufa e.V. (Komitee zur Unterstützung der Flüchtlinge in Afghanistan und zum Wiederaufbau des zerstörten Landes), Haynstraße 3, D-20249 Hamburg, Tel.: 040 / 48 44 61.

Vater der Nation

Interview mit Hamid Sidiq

von Wolfgang Weirauch

Es erfordert viel Mut, zum ersten Mal nach 29 Jahren in ein Land zurückzukehren, dessen Herrscher man 40 Jahre war und in dem man von der Regierung gestürzt wurde. Der ehemalige König Sahir Schah hat diese Mühe in seinem 88. Lebensjahr auf sich genommen, statt seinen Lebensabend in Ruhe und Frieden zu genießen.

Seitdem er im April 2002 nach Afghanistan zurückgekehrt ist, hat er fast täglich Hunderte von Afghanen empfangen, die zu ihm reisten, um ihm ihre Sorgen mitzuteilen, und daß sie sich freuten, daß er zurückgekehrt sei.

Unabhängig davon, wie man zur Monarchie steht, Sahir Schah hat mit dieser Kraftanstrengung Großes für sein Land geleistet. Leider ist ihm vor und während der Loya Dschirga nicht die Rolle angetragen worden, die wegen seiner unabhängigen Einstellung dem Land sicherlich gutgetan hätte: eine Art repräsentative Rolle im Staat.

Einer derjenigen, die den ehemaligen König seit Jahren begleiten, und der jetzt seinen gedrängten Terminkalender in Afghanistan organisiert, ist Hamid Sidiq, der Büroleiter und Empfangschef von Sahir Schah. Ich interviewte ihn eines Morgens im Interconti-Hotel in Kabul.

Wolfgang Weirauch: Wann haben Sie Afghanistan verlassen?

Hamid Sidiq: Das war 1972, als ich Stipendiat war. Das Stipendium bekam ich von der Carl-Duisberg-Gesellschaft e.V. (CDG). In Afghanistan hatte ich schon mit einem Architekturstudium begonnen, und als die russische Invasion begann, konnte ich nicht dorthin zurück. Anschließend habe ich noch an der Hochschule für Politik in München studiert. Nebenbei habe ich meine eigenen Geschäfte getätigt und war politisch sehr engagiert. Von damals bis heute habe ich immer daran geglaubt, daß die Probleme Afghanistans nur durch die Rückkehr des ehemaligen Königs Sahir Schah gelöst werden könnten. Deshalb arbeite ich mit ihm seit über 22 Jahren zusammen.

W.W.: Wie war Ihre politische Einstellung in den 70er Jahren?

Hamid Sidiq

H. Sidiq: Ich war eine demokratisch denkende Person und sehr stark gegen kommunistische Ideen geprägt, und ich habe auch gegen diese gekämpft.

W.W.: Aber nicht mit der Waffe?

H. Sidiq: Nein, geistig, moralisch und durch politische Arbeit.

Die Taliban gehören nicht ins 21. Jahrhundert

W.W.: Wie haben Sie die Zeit der Taliban aus dem Ausland erlebt?

H. Sidiq: Die Zeit der Taliban habe ich aus den USA erlebt, wo ich seit 1986 lebe. Am Anfang – das muß ich Ihnen ehrlich sagen – habe ich daran geglaubt, daß die Taliban eine Art Befreiungsbewegung sein würden und daß sie Afghanistan von den verschiedenen Warlords befreien würden, die das Land in eine fast aussichtslose Lage gebracht hatten. Ich hoffte anfangs wirklich auf ein Ende dieser Schreckensherrschaft. Aber sehr bald hatte sich herausgestellt, daß dies nur eine weitere Bewegung war, die vom Ausland gefördert und finanziert wurde und die verhindern wollte, daß Afghanistan eine nationale Regierung bekommt.

W.W.: Wann und wodurch haben Sie Ihre Meinung über die Taliban geändert?

H. Sidiq: Eigentlich waren es alle ihre Taten, die nicht ins 20. oder 21. Jahrhundert gehören. Sie hatten nichts mit dem Islam zu tun, nichts mit menschlichen Gefühlen und überhaupt nichts mit irgendeiner Religion. Daher mußte etwas geschehen, und ich wurde zu einem Kritiker der Taliban.

W.W.: Woher kommt innerhalb einer Gruppe wie der Taliban eine derartig rigide und steinzeitliche Einstellung gegenüber den Frauen? War es für die Taliban nicht möglich zu erkennen, daß man Frauen nicht so behandeln kann, wenn ihre Gesellschaft überhaupt eine Zukunft haben sollte?

H. Sidiq: Es war eine importierte Aktion aus dem Ausland, keine Überlegung und Gesinnung, die in Afghanistan selbst zustande gekommen ist. Frauen liefen auch in der Vergangenheit in Afghanistan – besonders auf dem Land – verschleiert herum, trotzdem haben die Afghanen traditionell immer einen hohen Respekt vor ihnen. Das habe ich auch in unserer Familie erlebt, denn meine Großmutter beispielsweise hatte sehr viel innerhalb der Familie zu sagen. Deshalb war die rigide Frauenverachtung der Taliban etwas, was in vollstem Widerspruch zu unserer Tradition stand. Alle ihre Überzeugungen waren aus dem Ausland importiert.

Die USA und die Taliban

W.W.: Wie stark sind die Verflechtungen der USA und der Taliban? In dem Buch „Die verbotene Wahrheit. Die Verstrickungen der USA mit Osama bin Laden“ von Jean-Charles Brisard und Guillaume Dasquié (Zürich 2002) kann man lesen, daß gewisse Kreise, speziell aus dem republikanischen Lager, noch bis in den August 2001 Kontakt zu den Taliban hatten und daß sich z.B. Laila Helms, die Nichte des ehemaligen CIA-Direktors Richard Helms, noch im Jahre 2001 um die offizielle Anerkennung der Taliban durch die USA bemühte. Können Sie das bestätigen?

H. Sidiq: Wie ich Ihnen schon sagte, habe ich die Taliban anfangs als eine Art Befreiungsarmee angesehen. Genauso muß man die Unterstützung durch die USA oder auch andere Länder verstehen. Das heißt aber noch lange nicht, daß alle Taten der Taliban von der US-Seite oder von seiten der EU gutgeheißen wurden. Meiner Überzeugung nach haben die

USA sehr bald erkannt, daß ihre anfängliche Unterstützung der Taliban ein falscher Schritt war.

Der Wille des afghanischen Volkes

W.W.: Wie sind die Machtverhältnisse in der Interimsregierung Afghanistans derzeit (Mai 2002), einen Monat vor der Loya Dschirga?

H. Sidiq: Man darf nicht vergessen, daß diese Regierung nach 23 Jahren Krieg und Bürgerkrieg eine erste zivile Regierung ist. Das kann nicht von heute auf morgen eine optimale Regierung sein, die allen Menschen sofort gerecht wird und alle anstehenden Aufgaben erfolgreich bewältigt. Die Verhältnisse sind sehr schwierig. Es gibt immer noch Warlords im Land, die nicht in der Regierung repräsentiert und ihr gegenüber feindlich eingestellt sind. Innerhalb der Regierung haben wir Meinungsverschiedenheiten, und es gibt noch bewaffnete Konflikte in manchen Provinzen Afghanistans. Aber ich bin sicher, daß sich nach der Loya Dschirga, der großen Versammlung, die uns bevorsteht, die Situation ändern wird, und ich hoffe, daß diese Versammlung und die durch sie gewählte Regierung keine Fehler machen werden und daß die Meinung des Volkes respektiert wird. Wenn das Volk seine eigene Meinung und seinen eigenen Willen äußern darf, sehe ich keine Probleme für die Zukunft Afghanistans.

Audienzen beim König

W.W.: Welche Rolle spielt der ehemaligen König derzeit in der Bevölkerung?

H. Sidiq: Der König ist eine höchst respektierte Person im Land und in der afghanischen Bevölkerung, und zwar in allen Provinzen und in allen ethnischen Gruppierungen. Ich erlebe jeden Tag, wie Hunderte von Menschen aus ganz Afghanistan den ehemaligen König besuchen und ihm ihren Respekt erweisen. Und wenn ich ein Fazit ziehen darf: Fast alle wollen ihn als König wiederhaben. Aber das heißt nicht, daß er unbedingt König werden will. Dazu hat er überhaupt keine Ambitionen. Aber wenn das Volk so entscheidet, würde er dieses Amt wieder annehmen. Gleich welche Regierungsform in Afghanistan kommen wird, das Volk muß das Sagen haben.

W.W.: Gestern habe ich den Empfang beim ehemaligen König miterlebt, der mich sehr beeindruckt hat. Sie erleben diesen Empfang fast täglich. Was tragen die Abgesandten des Volkes dort vor dem König vor?

H. Sidiq: Die Menschen tragen ihre Sorgen vor, die sie in den 30 Jahren, seitdem der König das Land verlassen mußte, plagen. Sie bestellen die Grüße ihrer Eltern und Großeltern, die den König noch im positiven Sinne in Erinnerung haben, und sie alle äußern ihre große Zufriedenheit, daß der König zurückgekehrt ist und daß das Land mit seiner Mithilfe jetzt wieder Frieden finden wird. Unter den Tausenden von Afghanen, die den König mittlerweile besucht haben, habe ich bis heute noch keine einzige Person erlebt, die irgend etwas Negatives über den König dargestellt hat.

W.W.: Wie stellt es sich aus der Sicht des Königs dar? Wie empfindet er es, daß die Menschen so zu ihm sprechen?

H. Sidiq: Er ist sehr angenehm überrascht. Natürlich hat er gewußt, daß die meisten Afghanen Respekt vor ihm haben, aber nicht in diesem Ausmaß.

Die Loya Dschirga

W.W.: Welche Rolle wird der König nach der Loya Dschirga einnehmen?

H. Sidiq: Das kann und darf ich nicht vorher sagen. Denn damit würde ich das afghanische Volk wieder bevormunden. Und das wollen wir nicht. Das Volk hat in der Vergangenheit genug darunter gelitten, nicht seine Meinung sagen zu dürfen.

W.W.: Ein richtiger Volksentscheid ist es aber nicht, denn es ist nur die Loya Dschirga, die entscheiden wird. Und auch da ist es fraglich, wie weit diese von Interessenvertretern gesteuert wird.

H. Sidiq: Die Loya Dschirga ist eine einem demokratisch gewählten Gremium vergleichbare Institution.

W.W.: Wie wurde entschieden, wer in die Loya Dschirga kommt?

H. Sidiq: Eine gewisse Anzahl der Abgeordneten wird von der Regierung bestellt, ansonsten werden die Vertreter in den einzelnen Provinzen von den Menschen selbst gewählt. Wenn Sie in die einzelnen Provinzen Afghanistans fahren, können Sie mit den Menschen sprechen, und Sie werden Ihnen erzählen, wie die Abgeordneten der Provinzen demokratisch bestimmt worden sind. Das können auch ehemalige Kommandeure sein. Und wenn diese in die Loya Dschirga Einzug halten, dann können sie erstmals auf demokratische Weise dort ihre Meinung sagen. Die Wahlen in den einzelnen Provinzen sind von der UN überwacht worden. Das ganze ist eine Form von Demokratie.

Wer hat Afghanistan verraten?

W.W.: Viele der ehemaligen Mudschaheddin werfen dem ehemaligen König vor, ein Verräter zu sein, weil er im Exil war und nicht genauso wie sie gegen die Russen gekämpft hat. Gibt es diese Stimmen noch heute?

H. Sidiq: Die Frage ist, wer Afghanistan verraten hat. Die Mudschaheddin, die diese Äußerungen machen, haben Gott sei Dank momentan nicht die Macht, Afghanistan zu regieren, und leben derzeit größtenteils im Exil. Sie werden hoffentlich auch im Exil bleiben, auch wenn sie sich natürlich wieder nach Afghanistan einschleichen können.

Aber wenn Sie durch Kabul gehen, dann werden Sie sehen, daß ein großer Teil der Häuser vollkommen zerstört ist. Wer hat denn das gemacht? Die Russen waren es nicht. Das waren diejenigen Mudschaheddin, die heute den König kritisieren.

W.W.: Einer der gefährlichsten Mudschaheddin ist heute noch Gulbuddin Hekmatyar. Was sollte man mit ihm machen, wenn man ihn in Afghanistan dingfest machen könnte?

H. Sidiq: Ich bin kein Richter und will auch nicht über jemanden entscheiden. Aber ich glaube, daß eines Tages diejenigen, die Afghanistan zerstört haben – ob es nun die Russen, die Mudschaheddin oder die Taliban waren –, dafür bestraft werden sollten. Und wer dies ist, ist vollkommen egal, aber wenn das Volk diese Gerechtigkeit will, werden sich die Hauptakteure einer Strafe nicht entziehen können.

W.W.: Wie sehen Sie die Zukunft Afghanistans? Wird man in etwa zwei Jahren eine demokratische Wahl im ganzen Land durchführen können?

H. Sidiq: Dafür sehe ich eine reelle Chance. Und ich hoffe, daß diese demokratische Wahl kommen wird. Aber ich sage noch einmal, daß kein Fehler gemacht werden darf. Das Volk darf nicht wieder enttäuscht werden.

W.W.: Wie sehen Sie Hamid Karsai?

H. Sidiq: Er hat unsere Unterstützung, aber er ist auch nur ein Mensch und neu in der Regierung. Karsai hat große Erfahrung. Er hat jahrelang als Mudschahed gegen die Sowjets gekämpft und jahrelange politische Arbeit hinter sich. Sein Vater hat sein Leben im Kampf für Afghanistan gegeben. Und ich hoffe, daß er nach der Loya Dschirga weiterhin Präsident sein wird.

Das Volk hat den König gerufen

W.W.: Welche Aufgabe haben Sie beim König?

H. Sidiq: Ich bin der Vertraute und der Sekretär des Königs, und ich bin Leiter seines Büros. Im Grunde bin ich 24 Stunden für alle Belange des Königs zuständig, auch wenn meine Arbeitszeit meist nur 17 Stunden beträgt.

W.W.: Der König ist hochbetagt, wie hält er die Strapazen gesundheitlich aus?

H. Sidiq: Ich bewundere ihn wirklich. Wir versuchen, die Termine so zu verteilen, daß er nicht sehr müde wird. Selbst ein junger Mann wird müde, wenn er jeden Tag 500 Menschen treffen muß.

W.W.: Aber diese Menschenbegegnungen geben ihm Kraft?

H. Sidiq: Ja, er hat diese Kraft, und Gott scheint ihm dabei zu helfen. Es ist unglaublich!

W.W.: Waren Sie auch mit ihm in Italien?

H. Sidiq: Ja.

W.W.: Und wie hat er sich verändert, seitdem er wieder in Afghanistan ist?

H. Sidiq: Er ist sehr froh, wieder in Afghanistan zu sein. Das war immer sein Wunsch. Aber dieses Mal hat ihn das Volk gerufen, und das ist eine besondere Ehre für ihn. Er ist gekommen, weil das Volk es so wollte. Und das ist ein historisches Ereignis.

Mutige Frauen braucht das Land

Interview mit Soraya Rahim

von Wolfgang Weirauch

Dr. Soraya Rahim, *Ärztin, geb. 1956 in Herat, Afghanistan. Nach der Schulzeit Medizinstudium in Kabul, Fortsetzung des Medizinstudiums ab 1974 in Moskau. 1981 Rückkehr nach Afghanistan. Dort Arbeit im Aleobad-Krankenhaus als Anästhesistin. Nebenbei Vorlesungen an der Universität.*

Es war einmal ein Land, in dem herrschten Hunger und Krieg. Viele Menschen starben, andere flohen. Auch viele Kinder waren unter den Flüchtlingen. Und dann gab es verschiedene Herrscher in den Nachbarländern, die hatten eine Idee. Sie wollten den Krieg in dem geschundenen Land beenden, um dieses Land zu beherrschen. Deshalb griffen sie sich die Kinder und Jugendlichen der Flüchtlinge, steckten sie in Häuser, abgeschlossen von der Welt. Den ganzen Tag über lernten diese Kinder nur zwei Dinge: Sie mußten ein dickes Buch auswendig lernen und Kenntnisse erwerben, wie man die verschiedensten Waffen bedient.

Und dann wurden sie in das Land geschickt, aus dem sie wegen des Krieges geflohen waren, um dort für Ruhe und Ordnung zu sorgen. Das gelang ihnen, aber nun wurde dieses Land zu einem Haus des Todes. Alle, die gegen ihre eigens aufgestellten Gesetze verstießen, wurden gefoltert oder getötet. Besonders grausam gingen sie mit all denjenigen Wesen um, die sie eigentlich gar nicht kannten. Und diese unbekannten Wesen hießen Frauen. –

Etwas überspitzt kommt dies der Entstehung und einseitigen Ausbildung der Taliban-Schüler in den pakistanischen Koranschulen und ihrem späteren Schreckensregiment in Afghanistan nahe. Man hat sie ihrer Menschlichkeit entkleidet. Die Frauen waren es, die unter ihnen besonders zu leiden hatten.

Um gerade die Frauen zu Wort kommen zu lassen, haben wir in Kabul das erstmals in der afghanischen Geschichte eingerichtete Frauenministerium besucht und die Beraterin der bis zur Loya Dschirga amtierenden Frauenministerin Sima Samar, Frau Dr. Soraya Rahim, über die vergangene und gegenwärtige Situation der Frauen in Afghanistan interviewt.

„Kein Schritt ist für mich ohne Risiko"

Wolfgang Weirauch: Wann haben Sie Afghanistan verlassen?

Soraya Rahim: Eigentlich wollte ich als Frauenärztin und Gynäkologin arbeiten, aber es war während der russischen Besatzung eine sehr schwierige Situation in Afghanistan. Die Russen wollten, daß mein Mann in die Partei eintritt, und da wir uns weigerten, mußte ich zusammen mit elf anderen Frauenärztinnen von heute auf morgen Afghanistan verlassen. Das war 1983. Die folgenden sechs Jahre war ich im Iran und habe dort als Ärztin im Krankenhaus gearbeitet.

W.W.: Wie ging es weiter?

S. Rahim: 1989–1993 war ich als Frauenärztin in Pakistan tätig, zusammen mit Dr. Samar, der jetzigen Frauenministerin Afghanistans. 1993 ging ich zurück nach Afghanistan, und zwar nach Dschalalabad. Das war die Zeit der Mudschaheddin. Aber schon nach drei Monaten mußte ich Afghanistan wieder verlassen, allein aufgrund der Tatsache, weil ich in Moskau studiert hatte. Dann bin ich mit meinem Mann nach Düsseldorf geflogen.

Und nun, nachdem die Taliban fort sind, habe ich die Möglichkeit ergriffen, meinem Land zu helfen, und arbeite jetzt als Frauenärztin und als Beraterin der Frauenministerin. Dr. Samar hat mich für diese Position eingeladen, mich aber auch darauf hingewiesen, daß meine Stellung sowohl für mich als auch für meinen Mann nicht ohne Risiko ist. Aber ich habe ihr geantwortet, daß ich bereit bin. Kein Schritt auf der Straße ist für mich ohne Risiko. Aber wenn es mir gelingt, unser Land und speziell die Frauen Afghanistans einen weiteren Schritt in Richtung Frieden zu bringen, hat sich meine Arbeit gelohnt.

Ein Befreiungshauch

W.W.: Wie fühlen sich die Frauen heute in Afghanistan?

S. Rahim: Es weht ein anfänglicher Befreiungshauch durch das Land. Zum ersten Mal gibt es ein Frauenministerium in Afghanistan. Ich komme gerade von einem Meeting über Menschenrechte, an dem 200 Frauen teilgenommen haben, die aus ganz Afghanistan angereist sind. Sie haben über die Rechte der Frauen gesprochen, über Rechte also, die es in der Vergangenheit niemals gab. Früher wußten die Frauen nicht, welche Rechte sie hatten, und auch heute ist es noch so, daß nur die wenigsten wissen, welche Rechte sie haben. Aber jetzt diskutieren wir über die Gleichberechtigung der Frauen.

Frauen lebten nicht wie Menschen

W.W.: Schauen wir noch einmal zurück in die Taliban-Zeit. Was man bei uns in der westlichen Welt nicht verstehen kann, ist, wie die Taliban die Frauen so behandeln konnten. Warum hassen die Taliban die Frauen dermaßen? Ich kenne Filme, in denen Frauen in Burkas am Straßenrand sitzen und betteln, und die Männer gehen achtlos vorbei. Man sah, wie die Frauen mit ihren Kindern schimmeliges Brot als einzige Nahrung essen mußten oder öffentlich geschlagen oder getötet wurden. Was geht in diesen Männern vor, wenn sie die Frauen so behandeln?

S. Rahim: Das ist ein großes Problem in Afghanistan, das nicht nur bei den Taliban vorkommt. Es ist ein allgemeines Männerproblem in großen Teilen Afghanistans. Bei den Taliban war es nur sehr extrem. Während der Taliban-Zeit durften die Frauen nicht ohne die Erlaubnis ihres Mannes auf die Straße gehen, sie durften nicht arbeiten, nicht zum Arzt gehen, und die Mädchen durften nicht die Schule besuchen. Die Frauen hatten überhaupt keine Menschenrechte. Oft durften sie nicht einmal öffentlich sprechen.

Wolfgang Weirauch und Soraya Rahim

Sie ahnen nicht, wie viele Frauen mir erzählt haben, wie oft sie auf der Straße von den Taliban geschlagen worden sind. Auch wenn es draußen heiß war, mußten sie mit den Burkas durch die Stadt gehen. Sie durften keine Schuhe mit Absätzen und keine weißen Schuhe tragen und sich natürlich auch nicht schminken. Fast alles war verboten. Die Frauen wurden von den Taliban nicht wie Menschen behandelt. Und wer nicht arbeiten und lernen und Musik hören darf, wer sich nicht frei und öffentlich bewegen kann, der fühlt sich auch nicht als Mensch.

W.W.: Wenn die Frauen nicht allein auf die Straßen gehen durften, wenn sie nicht arbeiten und lernen durften, was haben sie in der ganzen Zeit zu Hause gemacht?

S. Rahim: Sie haben nur zu Hause gesessen. Was sollten sie sonst machen?

W.W.: Gab es Frauen, die in irgendeiner Weise gegen die Taliban opponiert bzw. gekämpft haben?

S. Rahim: Ja. Weil die Mädchen nicht zur Schule gehen durften, haben viele Lehrerinnen diese Mädchen zu Hause unter großer Geheimhaltung unterrichtet. Sie haben kleine Klassen zusammengestellt und versucht, das

Nötigste zu unterrichten. Alle Schülerinnen mußten einzeln kommen und einzeln wieder fortgehen. Das war eine sehr mutige Tat, und jeden Tag standen die Lehrerinnen in der Gefahr, daß sie verraten werden. Gerade gestern habe ich mit einem Mädchen gesprochen, das mir erzählt hat, wie sie zum Unterricht gegangen ist. Die Lehrerin hatte ihr geraten, den Umschlag eines Korans zu nehmen und die Hefte dort hineinzulegen, so daß man sie von außen nicht sehen konnte.

W.W.: Wie haben die Witwen mit ihren Kindern überhaupt in der Taliban-Zeit überlebt?

S. Rahim: Das war eines der größten Probleme. Alle Frauen, die einen Mann hatten, wurden von ihren Männern versorgt. Aber die Frauen, die keinen Mann mehr hatten, mußten Afghanistan verlassen oder sich durch Bettelei durchschlagen, oder sie verhungerten. Unzählige dieser Frauen sind nach Pakistan oder in den Iran geflohen.

Schlimmer als Tiere

W.W.: Wenn ich eine Frau in Afghanistan wäre, und ich hätte das erdulden müssen, was die Taliban den Frauen angetan haben, dann hätte ich wahrscheinlich nichts als Haß für diese Menschen übrig. Wie ist es heute mit den Frauen Afghanistans, hassen sie die Taliban?

S. Rahim: Alle Frauen, mit denen ich gesprochen habe, haben mich gebeten, nicht mehr über die Taliban zu sprechen. Diese Zeit war einfach zu schrecklich für sie. Viele der jungen Frauen wurden einfach entführt und zur Prostitution gezwungen. Andere Frauen wiederum haben ihre Kinder verkaufen müssen. Sie haben sie zwar nicht an die Taliban, aber an andere Menschen verkauft. Wenn Herr Nadjafi beispielsweise Afghanistan während der Taliban-Zeit besucht hätte, dann wäre er sicherlich von vielen Frauen angesprochen worden: „Bitte nehmen Sie mein Kind, es wird sonst sterben! Mein Kind wird verhungern oder an einer Krankheit sterben, ich kann nicht mehr für es sorgen. Bitte helfen Sie mir und nehmen Sie dieses Kind!“ Deshalb wissen viele Frauen heute nicht mehr, wo ihre Kinder sind.

W.W.: Und hassen die Frauen die Taliban heute?

S. Rahim: Oh ja! Sie wollen nicht über die Taliban sprechen, aber wenn sie sich über sie äußern, dann hören Sie immer nur das eine: „Wir hassen, hassen die Taliban. Sie waren keine Menschen. Sie haben sich benommen wie die Tiere. Sie waren noch schlimmer als Tiere.“ Sie haben das ganze Land zerstört, verwüstet oder verbrannt.

W.W.: Aber die Taliban sind nicht alle fort, viele leben noch innerhalb der Gesellschaft und haben sich wahrscheinlich nur die Bärte kürzer geschnitten. Und die Frauen wissen, wer ihre Peiniger waren. Wie gehen diese Menschen jetzt miteinander um?

S. Rahim: Das ist eine der größten zwischenmenschlichen Belastungen, denn auch jetzt haben die meisten Frauen noch vor diesen Taliban bzw. überhaupt vor den Männern Angst. Bei dem Meeting, an dem ich heute teilgenommen habe, kamen auch viele Frauen aus Masar-i-Scharif, aus Kundus oder aus Herat. Sie alle haben mir bestätigt, daß sie noch immer Angst vor den Männern haben, denn wo sind die Taliban plötzlich alle hin? Gestern noch waren sie die Beherrscher des Landes, heute haben sie ihre Bärte abgeschnitten. Und nun sieht man rein äußerlich nicht mehr, wer die früheren Taliban waren.

Selbst ich habe etwas Angst, wenn ich ohne Schleier durch die Straßen Kabuls gehe. Ich gucke immer noch links und rechts, ob mir nicht vielleicht ein Taliban entgegenkommt. Ich muß mir immer einen Ruck geben, bevor ich auf die Straße gehe, schaue vorher noch schnell mal in den Spiegel, ob nicht vielleicht zu viele Haare unter meinem Kopftuch hervorschauen, und dann erst gehe ich los.

W.W.: Schauen Sie den Männern einfach fest in die Augen, dann werden sie ihre Blicke senken.

S. Rahim: Ich werde Ihren Rat befolgen.

Tränen bei der Hochzeit

W.W.: Während der Taliban-Zeit wird es aber nicht nur männliche Schreckgestalten gegeben haben, sondern auch nette Männer. Wie konnte ein solcher Mann überhaupt eine Frau kennenlernen, wenn sie ganz in die Burka verhüllt war? Gab es überhaupt die Möglichkeit zu flirten?

S. Rahim: Unsere Gesellschaft ist eine patriarchalische Gesellschaft. Es ist eine traditionelle sowie eine islamische Gesellschaft. Die Männer haben fast allein geherrscht und die Frauen verheiratet. Die Mädchen oder Frauen hatten überhaupt kein Recht, sich den Mann ihrer Wahl auszusuchen. Das durften nur die Männer. Die Mutter oder die Schwester gingen beispielsweise im Auftrag der Familie zu den Frauen und haben sie für ihre Söhne bzw. Brüder ausgesucht. Viele Männer haben ihre Frauen bis zur Hochzeit überhaupt nicht gesehen, und erst nach der Hochzeit hoben sie zum ersten Mal ihren Schleier.

Oft wurden 13- oder 15jährige Mädchen an 50- oder 60jährige Männer verheiratet. Und wie oft kam es vor, daß diese kleinen Mädchen vor oder bei der Hochzeit geweint haben, ihre Angst ausdrückten, aber sie wurden zur Ehe gezwungen. Diese Art der Zwangsheirat ist auch heute noch an der Tagesordnung. In Kabul vielleicht nicht so häufig, aber auf dem Land allemal.

Ein langsamer Prozeß des Angstabbaus

W.W.: Was geschah bei den Frauen in Kabul, als die Taliban im November 2001 flüchteten? Wie fühlten sie sich?

S. Rahim: Sie freuten sich ungeheuer, andererseits hatten sie weiterhin große Angst, denn sie konnten es nicht glauben, daß alle Taliban verschwunden seien. Sie dachten, daß es eine Art von Theater sei und die Taliban schon morgen wieder in die Stadt einzögen. Noch heute haben sie Angst. Ein Mädchen hat mir gerade erzählt, daß sie fast jede Nacht von den Taliban träumt und jeden Morgen nach dem Aufstehen fürchtet, daß die Taliban wieder in der Stadt sind. – Sie werden auch in der Stadt gesehen haben, daß der Befreiungsprozeß der Frauen nur sehr langsam fortschreitet und fast alle Frauen noch mit der Burka herumlaufen. Es ist ein ganz langsamer Prozeß des Angstabbaus.

W.W.: Was waren die ersten Dinge, die die Frauen gemacht haben, als die Taliban weg waren?

S. Rahim: Sie wollten einfach nur rausgehen, durch die Stadt bummeln, schauen, kaufen, verkaufen, in den Straßen spazieren gehen, durch die Parks laufen. Sie müssen sich vorstellen, daß die Frauen sechs Jahre lang nicht allein durch die Straßen gehen durften.

Viele Frauen kennen ihre Rechte nicht

W.W.: Wann wird die Zeit kommen, in der alle Frauen Afghanistans ohne Burka und ohne Schleier durch die Straßen gehen?

S. Rahim: Zuerst müssen wir die Loya Dschirga im Juni 2002 abwarten, um zu sehen, welche Regierung es danach geben wird. Davon wird es abhängen, welche Verfassung es anschließend geben und ob wirklich eine Gleichberechtigung von Mann und Frau in Afghanistan eingeführt wird. Wenn es dann einmal so weit ist, daß alle Frauen wieder arbeiten und auch das Recht haben, sich selbst einen Mann zu suchen und sich scheiden zu lassen, dann besteht die Möglichkeit, daß sich unsere Gesellschaft verändert, was man dann sicherlich auch in der Öffentlichkeit in Form von immer mehr unverschleierten Frauen sehen wird.

Aber die verfassungsmäßige Grundlage ist das eine, die gesellschaftliche Tradition das andere. Viele Frauen kennen nicht einmal ihre Rechte und wissen nicht einmal, welche Gesetze sie sich erobern sollten. Die meisten von ihnen sind auch noch Analphabetinnen. Deswegen müssen wir vom Frauenministerium ganz unten anfangen und den Frauen erst einmal das Lesen und Schreiben beibringen, denn dann können wir ihnen ihre Rechte auch viel besser mitteilen.

Und dann müssen sich natürlich auch die Männer verändern. Sie brauchen nur auf die Straße zu gehen, und schon werden Sie sehen, daß es noch völlig normal ist, daß der Mann vorangeht, während die Frau mit Kind einige Schritte hinter ihrem Mann einhergeht. Viele Männer wollen auch keine Veränderung und weigern sich, den Frauen mehr Rechte zu geben. Die notwendige Arbeit wird hier sicherlich eine oder mehrere Generationen dauern. Auf jeden Fall muß auf diesem Sektor sehr viel Arbeit geleistet werden. Und diese Arbeit muß weniger mit Frauen als vielmehr mit den Männern geleistet werden. Es wird z.B. nicht gehen, daß beide Lebenspartner einer Familie arbeiten, dann zu gleicher Zeit nach Hause kommen und der Mann sich hinsetzt, um Zeitung zu lesen, während die Frau die Kinder und den Haushalt zu versorgen hat. Die Änderung muß sich also auch in jeder einzelnen Familie vollziehen. Das ist ein langer Bewußtseinsprozeß.

W.W.: Wenn in ca. zwei Jahren die erste demokratische Wahl Afghanistans stattfinden wird, werden dann alle Frauen Wahlrecht haben?

S. Rahim: Davon gehe ich aus. Das ist natürlich einer der wichtigsten und zentralsten Punkte. Schauen wir auf die jetzige Loya Dschirga. Bei früheren Loya Dschirgas gab es meist nur vier Frauen, bei der jetzigen dürfen immerhin schon 160 Frauen mitbestimmen.

W.W.: Das sind nur 10 %, immer noch 40 % zu wenig.

S. Rahim: Genau sind es 11 %, was natürlich keineswegs gerecht ist, aber immerhin ein Fortschritt.

Noch nie gab es ein Frauenministerium

W.W.: Was sind die Aufgaben Ihres Ministeriums?

S. Rahim: Das Wichtigste ist, daß die Frauen aus ihrem Haus herauskommen und alle einen Job finden. Die Frauen müssen sich an dem

Wiederaufbau der afghanischen Gesellschaft aktiv beteiligen. Wir müssen ihnen beibringen, welche Rechte die Frauen haben und welche sie sich noch erobern müssen. Wir müssen mit unserem Ministerium dafür sorgen, daß die Frauen erst einmal wach für ihren gegenwärtigen unhaltbaren Zustand werden, damit sie sich dann eine neue Position erobern können.

Unser Ministerium ist vollkommen neu. Noch nie gab es ein solches in Afghanistan. Deswegen müssen wir auch selbst unsere Position erst einmal erarbeiten und ausbauen. Es ist auch vollkommen neu für die afghanische Gesellschaft, daß es zwei Ministerinnen gibt. Auch wir müssen erst selbst stark werden und Erfahrungen sammeln.

Zu unseren wichtigsten Aufgaben gehört es natürlich, daß die Rechte der Frauen Gesetz werden. Sie müssen in der Verfassung verankert werden. Wenn erst einmal die Verfassung die Rechte der Frauen verteidigt, haben sowohl unser Ministerium als auch die einzelnen Frauen es leichter.

W.W.: Ich wünsche allen Frauen und Männern Afghanistans einen Job, den Männern wünsche ich aber obendrein noch, daß ihr Chef eine Frau ist. Wie würden die Männer, speziell die konservativen, in so einer Situation reagieren?

S. Rahim: Oh! Das wird sehr schwierig sein. Hier bei uns in unserem Ministerium gibt es Mitarbeiter, die uns als ihren Chef akzeptieren. Aber das sind intelligente Männer. 10 % der afghanischen Männer würden das wahrscheinlich ähnlich ohne jeden Vorbehalt akzeptieren, aber die anderen 90 % der Männer werden kaum eine Frau als Chef tolerieren. Sie wollen den Frauen keine Rechte geben. Deshalb müssen sich die Frauen ihre Rechte nehmen.

Der alte Schreiber

Amin Farhang*

Gerade als ich mit der Rolltreppe in den ersten Stock des großen Kaufhauses fahren wollte, sah ich den alten Mann mit den Krücken; offensichtlich wollte er auch nach oben gelangen. Er zog sich zurück und ließ die Menschenmenge vorüberziehen. Auch ich trat wartend zur Seite, und dabei dachte ich an einen anderen Behinderten.

Seitdem ich die Geschichte mit dem alten Schreiber erlebt hatte, der mit mir zusammen im afghanischen Pol-e-Tscharkhi-Gefängnis unter den Kommunisten inhaftiert war, verstand ich etwas davon, wie stark behinderte Menschen auf fremde Hilfe angewiesen sein können. Deshalb bin ich auf den Mann zugegangen und habe gefragt, ob ich ihm beim Bewältigen der Rolltreppe behilflich sein könne. Der alte Herr sah mich erleichtert an und ließ sich führen. Oben angekommen, verschwand er in der Menschenmenge, nicht ohne sich nochmals bedankt zu haben. Ich sah ihm nach und versank in Gedanken an mein Heimatland Afghanistan, seine schmerzliche Gegenwart und meine eigene Geschichte.

Man hatte ihn gefoltert

Es war der 14. Februar 1979; ich war seit mehr als einem Jahr wegen regimegegnerischer Aktivitäten inhaftiert. In dem Raum, in dem wir mit etwa 150 Gefangenen untergebracht waren, lag die Matratze eines etwa 65- bis 70jährigen Mannes auf dem Boden. Darin bestand kein Unterschied zu uns allen. Das Besondere war, daß dieser Mann weitgehend gelähmt und schwer körperbehindert war. Er verließ den Raum nur, wenn es unumgänglich war. Zwei mit verschmutzten Lappen umhüllte, abgenutzte Krücken lagen stets neben ihm. Beim Aufstehen bediente er sich besonderer, seit Jahren entwickelter Methoden.

Sein linkes Bein war in der Weise steif, daß Ober- und Unterschenkel einen rechten Winkel bildeten, so daß der Fuß beim krückengestützten Gehen etwa 30 cm über dem Boden hing. Beim Aufstehen nahm er die

* **Dr. Amin Farhang** ist Minister für Wiederaufbau in Afghanistan. Siehe auch das nachfolgende Interview mit ihm. (S.154 ff.)

rechte Krücke und drückte sie fest unter die Schulter. Die linke Hand stemmte er auf den Boden und hob dann langsam seinen ganzen Körper; er zog das rechte Bein mit viel Mühe nach hinten, bewegte dann seinen Körper weiter nach oben, indem er langsam die rechte Krücke nach vorn schob und seine Körperlast darauf stützte. Dann bog er seinen Körper wieder nach unten, nahm die linke Krücke und richtete sich auf. Der Winkel seines linken Beines war ausgeprägt wie immer. Nun konnte er gehen. – Lächelnd, ja gerade mit einem Triumphblick, schaute er auf die Anwesenden. Dann ging er auf die Tür zu, dap ... dap ... dap ...

Einmal ging ich zu ihm hinüber und versuchte, mit ihm ins Gespräch zu kommen. Er war nicht besonders gesprächig. Ich konnte nur herausfinden, daß er früher ein angesehener Staatsbeamter in der Stadt Khan-Abad in Nord-Afghanistan gewesen war. Nach seiner Frühpensionierung arbeitete er im Basar von Khan-Abad als Schreiber.

Da er die veraltete Bürokratie des Landes gut kannte, war er in der Lage, für seine Klienten gute Gesuche an die Provinzregierung zu formulieren. Er wurde Mitte 1978 verhaftet, weil sein Sohn, der Offizier bei der Armee gewesen war, desertiert war und als Kommandant einer Widerstandsgruppe gegen das kommunistische Regime kämpfte. Man hatte den Schreiber ins Gefängnis gesteckt, nachdem er vorher brutal zusammengeschlagen und gefoltert worden war.

Die Gefangenen durften nicht miteinander reden

An diesem 14. Februar 1979 saß ich dann gegen 16 Uhr beim gewöhnlichen Waschen im Hof des Konzentrationslagers Pol-e-Tscharkhi, als ich jemanden neben mir flüstern hörte: „Herr Doktor! Herr Doktor!"

Ich sah mich um. Etwa zwei Meter entfernt erblickte ich zu meiner linken Seite einen ehemaligen Studenten von mir, der dabei war, seine Zähne zu putzen. Er sah nicht auf und versuchte, in dieser Haltung mit mir ins Gespräch zu kommen. Die um uns stehenden Wachsoldaten – mit Kalaschnikows ausgerüstet – achteten peinlich darauf, daß wir nicht miteinander redeten. Was hatte uns Nuruddin, der gefürchtete stellvertretende Kommandant des Lagers, immer wieder gesagt? „In den Gefängnissen der Sowjetunion dürfen die Gefangenen nicht miteinander reden! Wenn ihr dabei ertappt werdet, dann werdet ihr sofort erschossen!" So war uns das natürlichste Bedürfnis der Menschen – nach sowjetischem Muster, versteht sich – versagt.

Ich tat so, als würde ich mein Gesicht waschen, und sagte: „Was ist? Was ist los?“ – Qudus, der junge Student, antwortete leise: „Wissen Sie, heute nachmittag um 13 Uhr ist der amerikanische Botschafter Adolf Dubs in Kabul entführt und dann erschossen worden.“ – „Woher wissen Sie das?“ wollte ich wissen. – „Ich habe meine Verbindungen.“ Dann versiegte das Gespräch wieder.

Jede Nacht wurden Inhaftierte erschossen

Nach der Essensausgabe um 19 Uhr saßen wir alle schweigend in unserer Gemeinschaftszelle und bereiteten uns langsam zur Nachtruhe vor. Wir wußten, daß auch in dieser Nacht wieder einige unserer Mitgefangenen „abgeholt“ werden würden: zur Erschießung! Mit der Zeit hatten wir entdeckt, daß jede Nacht eine bestimmte Zahl der Inhaftierten abgeholt und erschossen wurde – ohne Ankündigung und ohne Gerichtsurteil.

Kaum war es 21 Uhr geworden, als die gitterartige Tür des Raumes mit viel Krach aufgerissen wurde. Jemand betrat den Raum; alle erkannten Nuruddin, den Vizekommandanten. Er hielt eine schußbereite Kalaschnikow in der Hand und schrie, außer sich vor Erregung: „Aufstehen, ihr Verräter, aufstehen!“

Im Nu waren wir alle auf den Beinen. Totenstille herrschte im Raum. In diesem Augenblick entdeckte ich den alten Schreiber; er versuchte, in seiner vertrauten Technik aufzustehen. Da sah ich Nuruddin mit festen Schritten auf ihn zugehen; in dem Moment, in dem der alte Mann seinen Körper mühsam aufrichten wollte, erreichte ihn Nuruddin und gab ihm einen solchen heftigen Fußtritt, daß der Alte etwa einen Meter nach hinten geworfen wurde. Seine Krücken flogen durch die Luft.

Nuruddin machte einen schnellen Rundgang durch den Raum; er schlug auf einige andere brutal ein und kam wieder zum Eingang. Dort drehte er sich um, legte den Finger an den Abzug seiner Maschinenpistole und sagte laut: „Keine Bewegung! Keine unüberlegte Bewegung!“

In diesem Augenblick sah er den alten Schreiber mit dem abgewinkelten Bein, der sich inzwischen mühsam mit Hilfe seiner Krücken wieder erhoben hatte und auf seiner Matratze stand. Die Blicke beider trafen sich. Der eine blickte verachtend, der andere sah beschämt zurück. Ja, der bestialische Mann mit der schußbereiten Waffe schämte sich, als er entdeckte, daß der alte Mann ein Krüppel war. Er drehte sich um und verließ eilig den Raum.

Nur wenige blieben verschont

Wochen und Monate vergingen. Das mit mehr als 4.000 Gefangenen belegte Gefängnis wurde zweimal fast leer und füllte sich wieder. Die abgeholten Menschen liegen irgendwo in der Umgebung vom Pol-e-Tscharkhi-Gefängnis unter der Erde. Nur wenige blieben wie durch ein Wunder von diesen nächtlichen Anschlägen auf das Leben verschont. Der alte Schreiber und ich zählten dazu.

Inzwischen war vieles passiert. Der erste kommunistische Staatspräsident Taraki war von seinem treuen und ergebenen Schüler und Stellvertreter Hafizullah Amin entmachtet und ermordet worden. Man sprach nun viel von „Sicherheit – Gerechtigkeit – Gesetzlichkeit". Die schwarzen Khalqis, die Anhänger des ermordeten Präsidenten, wurden auch entmachtet und landeten im Gefängnis. Nun hatten die roten Khalqis unter der Führung von Amin die Macht übernommen. Wir Gefangenen waren über diese Ereignisse in Kabul sehr genau informiert. Das Gefängnis von Pol-e-Tscharkhi hatte damals schon zwei Spitznamen erhalten: „Das Hirn von Afghanistan" und „Zentrum der Informationen".

Ein neuer Gefangener: Nuruddin!

An dem warmen und sonnigen Nachmittag des 27. September 1979 saßen wir – einige 1.000 Gefangene – im Hof des Lagers und unterhielten uns. Das Recht zu sprechen, war unter Amin wieder eingeführt worden. Was hatte uns neulich der neue Kommandant gesagt? „Wir erlauben euch, wieder miteinander zu sprechen. Dies entspricht unserer Gerechtigkeit!"

Es war gegen 15 Uhr, als das Haupttor des Lagers geöffnet wurde. Fünf Leute betraten den Hof. Alle anwesenden Gefangenen blickten auf sie. Zwei mit Maschinenpistolen bewaffnete Soldaten vorne und zwei hinten brachten einen neuen Gefangenen zum Gefängnisgebäude, dessen Hände auf seinem Rücken gefesselt waren. Seine Haare hingen unordentlich vom Kopf herab; der dicke schwarze Schnurrbart sah nach hinten geweht aus. Daran war der Mann von weitem erkennbar. Irgend jemand unter den Gefangenen schrie: „Nuruddin!"

Niemand schien diesen Schrei überhört zu haben, denn auf einmal standen alle Inhaftierten auf und strömten von rechts und links auf die Neuankömmlinge zu. Die Soldaten bekamen es mit der Angst zu tun.

Automatisch stellten sie sich rechts und links nebeneinander und richteten ihre Kalaschnikows auf die Menge.

Die übrigen wachhabenden Soldaten liefen mit ihren Waffen herbei. Bald bildeten sich Menschentrauben um den neuen Gefangenen. Die Leute wollten an ihn heran. Es sah so aus, als ob er im Nu zerrissen würde. Kaum einen gab es, der nicht von diesem schrecklichen Unmenschen mißhandelt worden war. Und nun stand er da – zwischen uns und wie wir – ein Gefangener!

Es gelang den Soldaten, ihn in den dritten Stock zu bringen und in eine Einzelzelle zu sperren.

Auf dem langen Gang hatten sich die Gefangenen versammelt. Jeder versuchte, an das Gitter, hinter dem Nuruddin auf dem Boden saß, heranzukommen, um ihn wenigstens zu beschimpfen. Er selbst war in Panik geraten. Die Tür seiner Zelle war verschlossen. Mit seinem Blick und seinem willenlosen Gestikulieren ähnelte er einem Affen im Zoo, der von Zuschauern begafft wird. Der Unterschied lag nur darin, daß ein Affe Fröhlichkeit und diese Bestie Ekel verbreitete.

„Schließ die Tür auf!“

Auf einmal erinnerte ich mich an den alten Schreiber aus unserer Zelle. Ich sah mich um. Nirgendwo konnte ich ihn finden. Mit Mühe konnte ich mich aus der Menschenmenge lösen. Ich ging in unseren Gemeinschaftsraum. Dort angekommen, sah ich ihn wie immer reglos auf seinem Bett sitzen und schweigend vor sich hinstarren. Er war ganz allein. Ich ließ mich an seiner Seite nieder und sagte ganz leise: „Man hat ihn auch verhaftet – Nuruddin. Er ist jetzt eingesperrt, am Ende des Ganges, in einer Einzelzelle.“

Er schwieg noch immer. Ich konnte keine Veränderung in seinem ewig geduldigen Gesicht feststellen. Eine Weile blieben wir beide noch wortlos. Plötzlich drehte er sich zu mir und sagte: „Hilf mir, mein Sohn!“

Zum erstenmal erlebte ich es, daß dieser sonderbare Mann jemanden um Hilfe bat. Ich nahm seine Krücken und half ihm beim Aufstehen. Als er stand, sagte er leise: „Laß mich jetzt los, mein Sohn!“ Langsam begann er zur Tür zu gehen. Dap ... dap ... dap ... – im bekannten Rhythmus hörte ich ihn seine Krücke aufsetzen. Ich folgte ihm.

Im Gang wartete noch immer die Menge in der vergeblichen Hoffnung, Nuruddin in die Hände zu bekommen. Als die Menschen dieses gleichförmige Dap ... dap ... dap ... vernahmen, entstand automatisch eine kleine Gasse. Alle schwiegen. Der alte Schreiber ging durch die Menge. Ich folgte ihm noch immer. An der Tür der Zelle, in der Nuruddin ängstlich und verschüchtert kauerte, hielt der alte Mann inne. Ein Soldat mit einer Kalaschnikow in der Hand hielt Wache. Der Schreiber sah ihm direkt in die Augen und befahl mit festem Ton: „Schließ die Tür auf!" Der Soldat gehorchte – völlig vergessend, daß ein einfacher Gefangener vor ihm stand.

Die Tür wurde aufgerissen. Der alte Mann trat ein und stand schweigend vor Nuruddin. Den packte die Angst; er sah verstört auf den alten Mann, auf die Menge und zuletzt auf den Wachsoldaten. Keiner rührte sich. Totenstille herrschte im Raum. Nuruddin senkte seinen Kopf, bedeckte das Gesicht mit den Händen und flüsterte: „Erbarmen! Es war nicht meine Schuld! Es waren diese verräterischen Schwarz-Khalqis! Habt Mitleid mit mir!"

Ein sonderbar verächtliches Lächeln überzog das Gesicht des Greises. Er sah noch immer schweigend auf den feigen Schwarz-Khalqi. Dann machte er noch einen Schritt auf den am Boden liegenden Mann zu. Sein abgewinkeltes Bein berührte den Mann.

Vor allen umstehenden Menschen hob der alte Schreiber seine rechte Krücke und schlug sie auf die Schulter des Mannes. In der völligen Stille hörte man seine durchdringende rauhe Stimme: „Dreckiger Feigling!"

Dann spuckte er ihm ins Gesicht, drehte sich um und verließ wortlos die Zelle. Noch einmal hörten wir alle das rhythmische Dap ... dap ... dap ... Wieder öffnete sich die Menge.

Ein freier Mann

Seit unserer Freilassung im Januar 1980 – nach der sowjetischen Invasion – habe ich den alten Schreiber nie wiedergesehen. Ich wußte nur, daß er das Gefängnis lebend verlassen konnte. Es entstanden Gerüchte. Die einen sagten, daß er kurz darauf gestorben sei; die anderen behaupteten, daß er zu seinem Sohn und den Freiheitskämpfern gelangt sei. Ich hoffe das zweite, weil er immer das sein wollte, was er auch im Gefängnis geblieben war: ein freier Mann!

Auferstanden aus Ruinen

Interview mit Amin Farhang

von Wolfgang Weirauch

Stellen Sie sich vor, Sie müßten Ihre Heimat verlassen, übten über zwei Jahrzehnte in einem fremden Land verschiedene Berufe aus und bekämen plötzlich die Aufgabe aufgetragen, als Minister ins Heimatland zurückzukehren – in ein Land, das Sie nicht wiedererkennen, weil es nahezu vollkommen zerstört ist.

Amin Farhang, Wiederaufbauminister der Interims- und der Nachfolgeregierung, bekam diese Aufgabe. Wo fängt man an? Welche Projekte haben Priorität vor anderen? Wie organisiert man finanzielle Hilfen, auf die man angewiesen ist, wenn nicht alles scheitern soll?

Afghanistan ist mittlerweile das ärmste Land der Welt und wurde durch die Machtinteressen und Zerstörungskämpfe unterschiedlichster politischer Kräfte um Jahrzehnte, wenn nicht gar Jahrhunderte, in seiner Entwicklung zurückgeworfen. Hunderttausende mußten ihr Leben lassen, Millionen sind geflohen – aber nun beginnt ein neuer Anfang.

Amin Farhang schildert in nachstehendem Interview von seiner Inhaftierung während der kommunistischen Periode – siehe dazu auch seinen Essay „Der alte Schreiber" (S.148 ff.) – und von der schwierigen Arbeit, ein Land aus den Trümmern wieder aufzubauen. – Das Interview führte ich in Kabul, die Fragen zur Loya Dschirga wurden schriftlich nachgereicht und beantwortet.

„Nachtblätter"

Wolfgang Weirauch: Sie waren 1974–1978 Dozent an der Universität in Kabul. Welche Fächer haben Sie dort gelehrt?

Amin Farhang: Nach meinem Studium habe ich in der Wirtschaftsfakultät in Kabul mit dem Unterricht begonnen. Gleichzeitig habe ich das Department für Wirtschaftstheorie und Wirtschaftspolitik geleitet. In dieser Zeit habe ich mehrere Fächer gelehrt: Allgemeine Volkswirtschaftslehre, Geldtheorie, Entwicklungstheorie und Politik. Alles in allem war es damals eine sehr gute Zeit.

Amin Farhang

W.W.: 1978 wurden Sie wegen regimegegnerischer Aktivitäten verhaftet. Was hat man Ihnen damals vorgeworfen?

A. Farhang: 1977 war ich drei Monate als Gastprofessor in Deutschland, an der Universität Bochum. Und während dieser drei Monate hatte ich schon eine Ahnung, daß in Afghanistan irgend etwas passieren würde. Diese Situation habe ich mit meinem Freund in Deutschland, Dr. Ernst-Albrecht von Renesse, besprochen. Er riet mir, in Deutschland zu bleiben, aber ich habe ihm geantwortet, daß ich nach Kabul zurück müsse, weil ich mein Land in dieser schwierigen Situation nicht allein lassen könne. Ich fuhr also zurück nach Kabul. Und zwei Monate später wurde das Land vom Staatsstreich der Kommunisten überrascht.

W.W.: Durch die Machtübernahme Tarakis?

A. Farhang: Ja, als Taraki an die Macht kam. Zwei Wochen danach habe ich mit Kollegen von der Wirtschaftsfakultät und der Medizinischen Fakultät eine erste Untergrundorganisation unter dem Namen Wahdat-e-Milli, was „Nationale Einheit" bedeutet, an der Universität Kabul gegründet. Vor allen Dingen haben wir Aufklärungsarbeit betrieben und eine Art Zeitung verteilt, die wir „Nachtblätter" nannten. Diese Blätter richteten sich vor allem an die Intellektuellen und die junge Generation, denn sie waren vor allem die Leidtragenden des kommunistischen Umsturzes und der späteren Besetzung durch die UdSSR. Wir ahnten bereits damals, daß es zu einem Einmarsch der Sowjets kommen könne. Nach zweieinhalb Monaten sind wir dann alle verhaftet und ins Gefängnis gebracht worden.

„Einer hat uns verraten"

W.W.: Wie war die Situation in dem Gefängnis?

A. Farhang: Zunächst wurden meine Kollegen und ich ins Innenministerium gebracht. Dort wurden wir vernommen, und diese Vernehmungen waren mit Folterungen verbunden, also mit Schlägen, Elektroschocks und anderen furchtbaren Behandlungen. Bereits vor unserer Verhaftung hatten wir genau vereinbart, was wir sagen würden – und so sagten wir alle dasselbe. Aber einer von uns hat uns verraten und ist geflüchtet. Dieser Mann lebt jetzt in den USA und hat in den letzten Jahren auch mit den Taliban zusammengearbeitet. Für mich ist er bis heute ein Verräter geblieben.

Die Vernehmungen und Folterungen dauerten drei Wochen, immer zwischen Mitternacht und vier Uhr morgens. Anschließend wurden wir in das Gefängnis Pol-e-Tscharkhi gebracht, wo ich die ersten acht Monate in einer Einzelzelle einsaß. Später wurde ich in eine Gemeinschaftszelle verlegt, die eigentlich nur für 50 Menschen gedacht war, aber wir waren 150. Wir lagen alle nebeneinander auf dem Boden.

W.W.: Unter diesen Gefangenen war auch der Schwerbehinderte, über den Sie eine Kurzgeschichte verfaßt haben?

A. Farhang: Ja, das war eine Episode meiner Gefangenschaft. Wir hatten einmal am Tag Ausgang – wenn die Gefängniswärter gnädig waren, zweimal –, und dann durften wir nach draußen, um unsere Füße zu vertreten. Den Rest des Tages saßen wir auf unseren Matratzen. Wir hatten nicht einmal die Erlaubnis, miteinander zu sprechen, und konnten uns nur flüsternd verständigen.

W.W.: Wie hält man eine solche Situation aus?

A. Farhang: Der Mensch ist sehr anpassungsfähig. Natürlich war die erste Zeit im Gefängnis sehr sehr schwer, aber nach und nach habe ich mich ein wenig an die äußerlich schwierigen Umstände gewöhnt.

Das Erschießungskommando kam um Mitternacht

W.W.: Sie haben geschrieben, daß das Gefängnis mehrmals mit über 4.000 Gefangenen gefüllt wurde und daß die meisten nach und nach abgeholt und erschossen wurden.

A. Farhang: Ja, das Lager wurde mehrmals voll und wieder leer. Die meisten wurden erschossen. Ich gehörte zu den wenigen, die übriggeblieben sind. Vielleicht lag es daran, daß wir die ersten waren, die verhaftet wurden. Dann überschlugen sich die politischen Ereignisse im Land, das Gefängnis wurde voller und voller, und unter der Masse der Gefangenen wurden wir vergessen. Die Zustände im Land wurden so schlimm, daß immer mehr Menschen verhaftet wurden und viele von ihnen gar nicht mehr ins Gefängnis kamen, weil sie gleich liquidiert wurden.

Als meine Kollegen und ich ins Gefängnis eingeliefert wurden, war mit Ausnahme eines Flügels das gesamte Gefängnis leer. Lediglich einige Mitglieder der Familie Daoud und einige ehemalige Regierungsbeamte waren inhaftiert. Und wir waren die ersten, die nach Aktionen gegen das Regime als Regimegegner verhaftet wurden. In den nächsten Monaten füllte sich das Gefängnis, und wir wurden mindestens 4.000.

W.W.: Während Ihrer Gefangenschaft wurden ständig Inhaftierte abgeholt und erschossen, und Sie konnten nicht ahnen, daß Sie überleben würden. Haben Sie mit Ihrem Tod gerechnet?

A. Farhang: Auch ich wurde einmal abgeholt. Ich kann mich an diese Nacht noch ganz genau erinnern. Die Wärter kamen immer um Mitternacht. Wir hörten die Türen schlagen, wir hörten ihre Schritte – und dann wußten wir, daß wieder Leute abgeholt werden würden. Das war fast jede Nacht so. Und in dieser besagten Nacht kamen sie in unseren Flügel.

Damals lag ich noch in einer Einzelzelle und hörte die Schritte auf dem Gang. Zwar hatte ich mich zugedeckt, schaute aber ein wenig unter der Decke hervor. Die Tür zu meiner Zelle ging auf, und ich sah die Stiefel und Uniform eines Militärs. Und dann hörte ich seine Stimme: „Raus, raus!" Man packte mich, stülpte mir einen Sack über den Kopf, fesselte meine Hände nach hinten und brachte mich von der dritten Etage runter auf den Hof.

Es war im September, draußen war es etwas kühl. Ich hatte nur die afghanische Kleidung an, also ein Hemd und eine Hose. Ich wurde zusammen mit anderen in einen Wagen gequetscht. Nach etwa 20 oder 30 Minuten Wartezeit hörte ich jemanden meinen Namen rufen, und ich antwortete. Dann wurde ich wieder aus dem Wagen geholt und zurück in meine Zelle gebracht, wo ich weiter zu warten hatte und in Ungewißheit gelassen wurde, was mit mir geschehen würde. Erst einen Tag später habe ich erfahren, daß man mich verwechselt hatte, und nur weil mich einer kannte, bin ich am Leben geblieben.

Rahman Nadjafi: Welches Gefühl hatten Sie, als Sie den Sack über dem Kopf hatten und damit rechneten, erschossen zu werden?

A. Farhang: Ich hatte vollkommen abgeschaltet, aber ich hörte, wie mein Herz ganz laut klopfte. Ansonsten war ich bewußtseinsmäßig fast weggetreten und bekam kaum mit, was um mich herum und mit mir geschah. Es war mir klar, daß es mein Ende ist. Aber seelisch war ich paralysiert.

Sadistische Folterungen

W.W.: Sie hatten einen besonders brutalen Gefängnisaufseher. Was war das für ein Mensch?

A. Farhang: Zum einen gab es den Leiter dieses Gefängnislagers. Er hieß Abdullah und war ein Militär von niederem Dienstrang, der aber mit der Leitung dieses Gefängnislagers einen hohen Posten bekleidete. Er war ein Sadist. Manchmal hatte ich den Eindruck, daß er sich durch die Folterungen befriedigte, vielleicht sogar sexuell. Meist kam er mitten in der Nacht und war volltrunken. Er kam jeden Tag ins Gefängnis und mißhandelte die Gefangenen. Und eines Tages wurde er von einem Mitgefangenen erstochen.

W.W.: Und was hatte es mit seinem Stellvertreter auf sich, der dann letztlich selbst Gefangener wurde?

A. Farhang: Wenn der Leiter des Gefängnisses nicht kam, dann kam sein Stellvertreter Nuruddin und mißhandelte ebenfalls die Gefangenen. Ihn habe ich in meiner Kurzgeschichte beschrieben.

W.W.: Sind Sie auch gefoltert worden?

A. Farhang: Ja, vor allem mit Elektroschocks. Sowohl mit Elektrostökken als auch mit Geräten mit Kabeln, die man mir aufgesetzt hat. Das war fürchterlich.

W.W.: Was geschah, als der stellvertretende Gefängnisleiter Nuruddin nach der Ermordung von Staatschef Taraki selbst ins Gefängnis kam?

A. Farhang: Er wurde natürlich sofort erkannt, und alle Gefangenen wollten ihn in Stücke reißen. Deswegen wurde er sehr schnell in eine

Einzelzelle gebracht, die verschlossen wurde. Dort wurde er fortwährend beschimpft, und das nahm so dramatische Züge an, daß man ihm in einem Zelt auf dem Hof eine Extrazelle aufstellen mußte.

W.W.: Wie kamen Sie aus dem Gefängnis frei?

A. Farhang: Am 27. Dezember 1979 fand die sowjetische Invasion in Afghanistan statt. Am 28. Dezember 1979 kamen die Parchamis wieder zum Zuge. Die kommunistische afghanische Partei bestand aus zwei Flügeln, den Khalqis und den Parchamis. Taraki und Amin gehörten den Khalqis an, Karmal den Parchamis. 1978 wurde Karmal verbannt, und Taraki kam an die Macht. Dieser wurde etwa ein Jahr später von seinem Stellvertreter Amin ermordet, und am 28. Dezember 1979 kamen – wie gesagt – die Parchamis und Karmal wieder. Taraki und Amin hatten die Anhänger Karmals in das Gefängnis gesteckt, in dem ich mich befand. Und an diesem besagten 28. Dezember 1979 kamen alle Anhänger Karmals frei. Meine Kommilitonen und ich mußten allerdings im Gefängnis bleiben, wenn auch nur noch zwei Wochen. Am 11. Januar 1980 wurde eine Generalamnestie erlassen, und wir kamen frei.

Schmerzliche Freiheit

W.W.: Was war es für ein Gefühl, zum ersten Mal wieder in Freiheit zu sein?

A. Farhang: Es ist schon ein schönes Gefühl, nach so langer Gefängniszeit wieder in die Freiheit zu kommen. Zum einen war ich überglücklich, zum anderen war es aber auch ein sehr schmerzliches Gefühl, weil ich überall russische Soldaten sah. Ich erkannte, daß meine persönliche Freiheit einen sehr hohen gesellschaftlichen Preis hatte. Das war natürlich sehr deprimierend. Selbstverständlich war ich überaus glücklich, meine Familie wiederzusehen. Denn als ich ins Gefängnis kam, war meine jüngste Tochter sieben Monate, und als ich rauskam, war sie zweieinhalb Jahre alt. Sie erkannte mich nicht und brauchte einige Zeit, um sich an mich zu gewöhnen. – Kaum daß ich in Freiheit war, wurde ich unter Druck gesetzt, wieder zu arbeiten, aber ich habe mich geweigert und passiven Widerstand geleistet.

W.W.: Was haben Sie vom Zeitpunkt Ihrer Freilassung bis zum letzten Jahr beruflich gemacht?

A. Farhang: Zuerst blieb ich zu Hause, weil ich sehr krank war: vor allem Magengeschwüre und Schmerzen in den Beinen. Ich habe dann versucht, für meine Frau und meine beiden Kinder eine Lösung zu finden und sie aus Afghanistan herauszubringen. Nach einigem Bemühen habe ich aus Deutschland eine Bescheinigung bekommen, die ich dann von meinem Freund, Herrn Ernst-Albrecht von Renesse, erhielt und die besagte, daß meine Frau gesundheitlich nur in Deutschland behandelt werden könne. Diese Bescheinigung hat meine Frau im Gesundheitsministerium bei einer aus russischen Ärzten bestehenden Kommission in Kabul vorgelegt. Sie durfte dann ausreisen, allerdings nur mit der Einschränkung, lediglich unsere jüngste Tochter mitzunehmen. Später mußte ich eine ähnliche Prozedur durchführen, sehr viel Schmiergelder bezahlen, bis ich mit meiner älteren, damals fünfjährigen Tochter, ebenfalls ausreisen konnte. Meine Familie konnte das Land mit dem Flugzeug in Richtung Frankfurt verlassen. Ich persönlich gelangte aber erst später über die grüne Grenze nach Pakistan und bekam in der Deutschen Botschaft ein Visum und ein Flugticket für Deutschland.

Ich ging nach Bochum und habe an der Ruhr-Universität am Institut für Entwicklungsforschung und Entwicklungspolitik einige Forschungsaufträge durchgeführt, um finanziell abgesichert zu sein. Einige Jahre habe ich dort als wissenschaftlicher Mitarbeiter gearbeitet. Später habe ich mich mit einem Kollegen selbständig gemacht. Wir haben eine Consulting-Firma und ein Übersetzungsbüro gegründet. Beides lief sehr gut, so daß ich dort bis zum vergangenen Jahr arbeiten konnte.

Schwierige Verhandlungen auf dem Petersberg

W.W.: Wie kamen Sie zu Ihrem Ministerposten?

A. Farhang: In den gut 20 Jahren zwischen meiner Freilassung und meinem jetzigen Ministeramt war ich politisch immer aktiv. Beispielsweise habe ich mit dem ersten bürgerlichen Ministerpräsidenten Afghanistans, Dr. Mohammed Yussuf, zusammengearbeitet. Er war derjenige, der Afghanistan 1963 von einer Diktatur zur Demokratie gebracht hat. Die entsprechende demokratische Verfassung wurde 1964 verabschiedet. Mein Vater war einer der Väter dieser Verfassung. Deshalb kannten wir uns.

Mitte der 80er Jahre wurde mir klar, daß die Mudschaheddin vielleicht erfolgreichen Widerstand gegen die Sowjets leisten könnten, aber genauso deutlich wurde mir, daß sie nicht in der Lage sein würden, das Land aufzubauen und zu regieren. Bereits in den 80er Jahren haben wir nach einer Alternative gesucht, da es deutlich wurde, daß die ethnischen Konflikte und Gegensätze immer stärker wurden. Deshalb habe ich auch mit dem ehemaligen König Sahir Schah Kontakt aufgenommen.

Im Auftrag des Königs bin ich durch viele Nachbarstaaten Afghanistans gereist, durch Pakistan, den Iran, Turkmenistan, Usbekistan und Tadschikistan, und habe mit den jeweiligen Regierungsvertretern gesprochen; ebenso mit verschiedenen europäischen. Aber es kam keine Lösung für Afghanistan zustande. Und seit 1982 zeichnete sich ab, daß die einzige Lösung der Probleme Afghanistans die Heranziehung des Königs auf die afghanische politische Szene und vor allem eine Loya Dschirga ist. Aber mit diesem Vorschlag stießen wir eigentlich nirgendwo auf großes Interesse.

Aber nach den Ereignissen vom 11. September 2001 war Afghanistan plötzlich Mittelpunkt der Welt. Dann kam es zu den Gesprächen auf dem Petersberg, und ich wurde von dem König in seine Delegation aufgenommen. Wir waren acht Leute.

W.W.: Wie haben Sie die Verhandlungen auf dem Petersberg erlebt?

A. Farhang: Die Verhandlungen waren äußerst zäh und schwierig. Meist haben wir bis 4 Uhr morgens diskutiert. Aber letztlich ist daraus die Interimsregierung entstanden, in der ich meinen Ministerposten bekommen habe.

R. Nadjafi: Ist eigentlich auch jemand von der Cypern-Gruppe, zu der auch Homayoon Djarir, der Schwiegersohn Hekmatyars, gehört, in Ihrer Regierung?

A. Farhang: Nein.

R. Nadjafi: Stimmt es, daß Hekmatyar mit dieser Gruppe zu tun hat und sie finanziert?

A. Farhang: Natürlich. Immer wenn wir in Rom eine Versammlung einberufen haben, haben sie an einem anderen Ort eine Parallelveranstaltung durchgeführt. In dieser Cypern-Gruppe waren auch einige gute Bekannte von mir, z.B. Dr. Shams. Ich habe ihnen allen gesagt, daß sie einen großen Fehler begehen, sich dieser Gruppe anzuschließen, da die Zugehörigkeit zu dieser Gruppe für sie politischer Selbstmord sei. Aber sie haben nicht auf mich gehört, und nun sind sie nicht in der Regierung.

Mir selbst hat man noch auf dem Petersberg den Posten des Ministers für Wiederaufbau angeboten. Das war für mich eine sehr schwierige Entscheidung. Gleich anschließend habe ich meine Frau angerufen, genauso meine Kinder, und alle haben mich unterstützt. Wenn ich ablehnen würde, so sagte meine Frau zu mir, hätte ich die letzten 20 Jahre umsonst gearbeitet und gekämpft und mich selbst sowie alle anderen betrogen. Und dann habe ich mich bereiterklärt, zurück nach Afghanistan zu gehen. In zwei Tagen habe ich mein gesamtes Büro aufgelöst. Eine Woche später bin ich nach Rom geflogen, wo auch Karsai und andere eintrafen, und am 19. Dezember kamen wir gemeinsam in Kabul an. Am 22. Dezember 2001 erfolgte die Machtübertragung.

R. Nadjafi: Kannten Sie Karsai vorher schon?

A. Farhang: Ja, er hat mit mir zusammen einige der Reisen im Auftrag des Königs unternommen. Unsere Väter waren auch gute Bekannte und zählten zu den Mitgliedern der Loya Dschirga.

„Ich hatte sehr oft Tränen in den Augen"

W.W.: Was war Ihr erster Eindruck von der Stadt, als Sie zurück nach Kabul kamen?

A. Farhang: Ich hatte lange Zeit in Deutschland gearbeitet, in einem Land, das mich eigentlich nicht brauchte. Denn auch in Deutschland gibt es viele ausgebildete arbeitslose Akademiker. Und ich wußte, daß mein Land mich dringend braucht, und so überkam mich bei der Ankunft in Kabul ein Gefühl großen Glücks. Auf der anderen Seite hat mich die zerstörte Stadt natürlich sehr sehr traurig gemacht. Als ich die vielen Bettler und hungernden Menschen auf der Straße traf und mit ihnen gesprochen habe, habe ich sehr oft Tränen in den Augen gehabt. Und ich bin immer zu den Menschen gegangen, und mache es auch jetzt noch. Ich rede mit ihnen, setze mich mit ihnen zusammen und esse auch manchmal mit ihnen. Ich treffe mich auch mit Kindern und rede oft, bis ich heiser bin. Denn der Wiederaufbau des Landes ist nicht nur materiell zu sehen, sondern auch emotional und geistig. Die Angst der Menschen sitzt noch sehr tief. Aber allmählich sieht man, daß sich das Bild der Stadt ändert. Und die Menschen schöpfen neue Hoffnung.

R. Nadjafi: Wie steht es mit den Mitteln der Geberländer? Sind sie bereits eingetroffen?

A. Farhang: Es gab einige Konferenzen mit den Geberländern in Kabul, in Tokio und in Genf. Bei diesen Treffen der Geldgeber wurden große Geldsummen versprochen, aber bisher ist sehr wenig geflossen. Vorige Woche (am 08.05.2002), beim Besuch von Bundeskanzler Schröder in Kabul, habe ich dieses Problem zur Sprache gebracht, und ich habe ihm auseinandergesetzt, daß es ein Fehler ist, wenn die Weltgemeinschaft mit der Zahlung ihrer versprochenen Geldmittel auf den Ausgang der Loya

Dschirga im Juni wartet. Hätten wir nämlich jetzt schon die zugesagten Geldmittel, könnten wir einiges unternehmen, damit die Loya Dschirga auch richtig durchgeführt wird. Schröder hat das verstanden und auch meinen Plan unterstützt.

R. Nadjafi: Ich habe schon von ganz vielen Lehrern und Beamten gehört, daß sie in diesem Jahr erst höchstens zwei Monatsgehälter bekommen haben und daß sie deswegen sehr unzufrieden sind. Wie sollen sie ihre Familien damit ernähren?

A. Farhang: Gerade heute haben wir auf einer Sitzung mit Karsai über dieses Problem gesprochen. Aber wir werden allmählich Lösungen dafür finden. Ein anderes Beispiel: Bisher gab es keine Verwaltung, und die Zolleinnahmen wurden lokal kassiert. Jetzt werden wir alles zentralisieren, so daß wir von diesen Einnahmen vielleicht die Beamten bezahlen können.

Die Menschen müssen sehen, daß etwas geschieht

W.W.: Schildern Sie doch bitte einmal die Aufgaben Ihres Ministeriums.

A. Farhang: Mein Ministerium hat die Aufgabe, sämtliche Wiederaufbauprojekte aller Ministerien zu sammeln, zu kategorisieren und nach der Dringlichkeit einzustufen. Anhand dieser Prioritätenskala versuchen wir, so viele Projekte wie möglich durchzuführen.

Dann gibt es ein Komitee zur Koordinierung internationaler Hilfe. Die Mitglieder dieses Komitees sind der Minister für Finanzen, der Außenminister, der Planungsminister, der Minister für Wiederaufbau, der Präsident der Zentralbank, und Präsident Karsai führt den Vorsitz. Diese Kommission tagt dreimal wöchentlich. Dort diskutieren wir die Projekte und versuchen, die finanzielle Seite zu klären. Wenn ein Projekt reif ist, verwirklicht zu werden, entwerfen wir einen Durchführungsplan und geben diesen an das zuständige Ministerium weiter. Die Projekte werden ausgeschrieben. Dann werden Verträge mit entsprechenden Firmen gemacht, und die jeweiligen Projekte werden umgesetzt. Damit alle Arbeiten transparent bleiben, versuchen wir seitens unseres Ministeriums alle Projekte von der Anfangs- bis zur Endphase zu überwachen.

Nebenbei gibt es kleinere Projekte, die sofort durchgeführt werden. Denn durch diese kleineren Projekte sehen die Menschen vor Ort, daß sofort etwas unternommen wird. Und das ist in der jetzigen Phase unseres Landes höchst wichtig. Diese kleineren Projekte liegen allein in meinem Kompetenzbereich. Heute haben wir mit der GTZ (Gesellschaft für Technische Zusammenarbeit) fünf kleinere Verträge gemacht, für Frauenprojekte, ein Projekt für Wasserversorgung usw. Diese Projekte brauche ich nicht mit Herrn Karsai und den anderen Mitgliedern des Komitees zu besprechen, da ich die Kompetenz bekommen habe, über solche kleineren Projekte selbst zu entscheiden und die entsprechenden Maßnahmen durchzuführen.

W.W.: Wie entscheiden Sie bei der Vielzahl der möglichen Projekte? Bei dem derzeitigen Zustand Afghanistans gibt es sicherlich so viele Projekte, daß man nur einen Bruchteil davon durchführen kann. Welche Prioritäten setzen Sie hier, und wie gehen Sie damit um, daß Sie sicherlich ständig Menschen enttäuschen müssen?

A. Farhang: Wir verhandeln mit den Vertretern der Geberländer, im Falle von Deutschland z.B. mit der GTZ. Dann kommen wir zu einer Vereinbarung, daß auf diesem oder jenem Gebiet sofort etwas unternommen werden muß. Und dann planen wir das jeweilige Projekt. Genauso habe ich es mit Frankreich gehalten. Die Franzosen kamen zu mir und schlugen vor, zwei große Mädchenschulen wiederzueröffnen. Ohne jemanden zu fragen, habe ich sofort einen Vertrag mit den entsprechenden Menschen gemacht, die diese Schulen restaurierten, und schon bald waren beide Schulen fertig. Ähnlich habe ich es auch mit der Amani-Schule gemacht.

Natürlich gibt es auch große Projekte, wie z.B. den Straßenbau zwischen Kabul und Kandahar. So ein Projekt wird wiederum von dem schon angesprochenen Komitee entschieden. Es treten viele ausländische Firmen an uns heran, und wenn wir mit ihnen Verträge machen, dann drängen wir darauf, daß sie afghanische Fachkräfte einstellen bzw. für die jeweiligen Projekte vorübergehend beschäftigen. Wenn möglich, sind wir auch bemüht, daß afghanische Firmen in einer Art Joint-venture mitbeteiligt werden. Meistens sind dies dann Firmen, die in den letzten 23 Jahren sehr gelitten haben.

W.W.: Ihre Regierung hat gerade ein Investitionsförderungsgesetz verabschiedet. Können Sie das kurz erläutern?

A. Farhang: Das ist ein Gesetz für private Investitionen, und es bildet die bestmögliche Grundlage für solche Investitionen. Es ist ein sehr liberales Gesetz, das auch den in Afghanistan investitionswilligen Ausländern erlaubt, unbewegliche Güter, z.B. Ländereien für ihre Firmen, Verwaltungsgebäude usw., je nach Art der Investitionen zwischen zehn bis 30 Jahren kostenlos zur Verfügung zu haben. Wir sind entschlossen, unser bisheriges Wirtschaftssystem, das es zu nichts gebracht hat, in die freie Marktwirtschaft zu überführen. Diese Transformation ist natürlich schwierig, wie Sie sich sicherlich vorstellen können. Die Korruption im Lande ist weit verbreitet.

Aber wir müssen es schaffen, um mit der freien Welt zusammenleben und wirtschaften zu können. Dann können wir auch von den Vorteilen der Globalisierung profitieren. Deswegen versuchen wir, dafür feste gesetzliche Grundlagen zu schaffen. Und wir sind auf gutem Wege. In den vergangenen sechs Monaten haben wir viel geschafft und die Verwaltung wieder einigermaßen funktionstüchtig gemacht, haben einige gesetzliche Grundlagen geschaffen, haben die Zivilgesellschaft wieder einigermaßen aufgebaut – aber alles braucht sehr sehr viel Zeit. Wir führen auch viele Projekte durch, die die Menschen nicht sofort sehen können.

Überall gehen die Lichter an

W.W.: Welches sind die zuverlässigsten Geberländer?

A. Farhang: Deutschland und Japan. Sie haben uns am meisten geholfen. Sie haben am schnellsten ihre Zusagen verwirklicht. Und die Menschen sehen es, wenn die Straßen repariert werden, wenn es wieder Straßenbeleuchtung gibt und wenn die von Deutschland gestifteten Polizeiwagen durch die Stadt fahren. Als ich im Dezember nach Kabul kam, sah man hier nur ganz wenige Lichter. Jetzt ist die Stadt abends fast ganz erleuchtet. Auch das Straßenbild hat sich verändert. Die Menschen fangen wieder an, westliche Anzüge zu tragen. Die Bärte werden kürzer. Immer mehr unverschleierte Frauen gehen durch die Straßen, auch wenn es noch nicht viele sind. Alles ist ein langsamer Prozeß.

W.W.: Kann man die Kosten für den Wiederaufbau beziffern, oder ist das vollkommen unmöglich?

A. Farhang: Das haben wir versucht. Der Wiederaufbau Afghanistans kostet etwa 13 bis 15 Mrd. Dollar, wenn wir auf den Stand Afghanistans im Jahre 1978 kommen wollen. Ich habe vor einem Monat auf der Konferenz zur Finanzierung der Entwicklungsarbeit in Mexiko gesagt, daß, ehe anderen Ländern weitergeholfen wird, Afghanistan den Stand erreichen muß, den es vor 25 Jahren hatte. Auch wir haben ein Anrecht auf Entwicklung. Und deshalb habe ich den Vorschlag gemacht, daß die genannte Summe für Afghanistan gesammelt wird, denn ansonsten stehen wir mit leeren Händen da.

Die Taliban hinterließen verbrannte Erde

W.W.: Wie sind die Prioritäten bei der Verteilung der vorhandenen Gelder?

A. Farhang: Die erste Priorität ist der Straßenbau. Afghanistan ist ein Binnenland und hat keinen Zugang zum Meer, und deswegen muß unser Handel über die Straße laufen. Eine weitere Priorität sind die Bewässerungsanlagen und die Landwirtschaft überhaupt. Genauso wichtig sind Bildung und Telekommunikation und der Wiederaufbau von zehn bis zwölf Regionen, die besonders im Krieg gelitten haben. Dann müssen wir an die Flüchtlinge denken, die jetzt aus dem Iran und Pakistan zurückkommen. Es kann nicht sein, daß sie in ihre Dörfer zurückkehren, dort nichts vorfinden und keine Möglichkeit haben, dort zu leben. Denn sonst kommen sie in die Städte, vor allem nach Kabul, und dann entstehen Slums. Und wenn diese Slums erst einmal entstanden sind, ist es sehr schwer, sie wieder aufzulösen. Das wollen wir vermeiden, und deshalb müssen wir Wohnungen bauen und die Felder wieder bestellen.

Sie sollten einmal nördlich von Kabul die ehemals fruchtbare Ebene anschauen. Früher wurde dort Obst und Gemüse angebaut, jetzt sieht man nur noch verbrannte Erde. Die Taliban haben diese Gegend vollkommen zerstört. Genauso ist es in Bamyan, Herat, Kandahar, Dschalalabad und anderen Regionen. Diese Regionen müssen so schnell wie möglich wieder aufgebaut werden. Aber die Weltgemeinschaft hat dafür noch keine Gelder bereitgestellt. In diesem Jahr ist es für die Bebauung der landwirtschaftlichen Flächen bereits zu spät.

Vor einigen Tagen habe ich in Kabul etwa 100 Menschen getroffen, die als ehemalige Flüchtlinge aus Pakistan zurückgekehrt waren. Sie hatten keine Wohnungen, und ich habe einige Lkws organisiert, die sie in ihre Heimat brachten. Aber das war nur ein Tropfen auf den heißen Stein, denn es kommen jeden Tag so viele oder noch mehr Menschen hier an. Die Afghanen leben in Pakistan und im Iran unter den schwierigsten Bedingungen, und sie alle wollen nach Hause. Die UNO will die Rückkehr der Flüchtlinge nach einem von ihr entwickelten Plan durchführen. Aber das funktioniert nicht, denn man kann gegen den Willen der Bevölkerung nichts unternehmen. Sie alle werden viel früher zurückkehren, als es der UNO recht ist. Die Menschen wollen nicht mehr in den Wüstenregionen der Nachbarländer leben, wo es viele Skorpione, aber kein Wasser gibt.

Amin Farhang, Wolfgang Weirauch, Rahman Nadjafi

Ole Ohlenbostel: Üben die Nachbarländer Iran und Pakistan Druck auf die afghanischen Flüchtlinge aus, daß sie schnell zurückkehren?

A. Farhang: Nein, vor allem Pakistan hat durch die Flüchtlinge enorme Vorteile gehabt, denn sie haben Milliarden an internationaler Hilfe für die Flüchtlinge bekommen, aber nur einen kleinen Teil davon zur Versorgung der Flüchtlinge weitergereicht. 1981 war ich z.B. zum ersten Mal in der pakistanischen Stadt Peschawar. Damals war dies eine ganz normale, ziemlich unbedeutende, den pakistanischen Verhältnissen entsprechende Stadt. Heute ist Peschawar zu einer Metropole geworden, und diese Metropole ist aus den Mitteln für die afghanischen Flüchtlinge erbaut worden. Und die Afghanen ihrerseits haben auch eine sehr alte und noble Kultur nach Peschawar gebracht.

Jenseits des Menschlichen

W.W.: Mich interessiert das Böse im Menschen. Es gibt viele Beispiele von Unmenschlichkeit und Exzessen in der Weltgeschichte, beispielsweise den Holocaust. Wenn ich mir nun die Taliban vergegenwärtige, wie sie mit ihren Frauen umgegangen sind, dann stehe ich vor einem Rätsel. Können Sie mir erklären, aus welchen Kräften, aus welchen menschlichen Abgründen diese Unmenschlichkeiten kommen? Was lag bei den Taliban innerlich vor, daß sie zu solchen Teufeleien in der Lage waren?

A. Farhang: Dazu habe ich eine eigene Theorie. Die Bewegung der Taliban ist nicht plötzlich aufgetaucht. Nach meiner Meinung ist Pakistan im Rahmen seiner langfristigen Afghanistan-Politik zweigleisig vorgegangen. Zuerst haben sie die Islamisten im Namen des afghanischen Widerstands unterstützt, besonders diejenigen, die sehr hart vorgegangen sind, wie z.B. Hekmatyar und Sayaf. Hekmatyar hat von den Pakistanis und den USA die meisten Gelder bekommen. Auch die Amerikaner haben den fundamentalistischen Islam als die stärkste Waffe gegen den Kommunismus gesehen. In den Jahren nach dem Abzug der russischen Truppen aus Afghanistan und dem Sturz des kommunistischen Regimes in der UdSSR haben die Pakistanis gesehen, daß besonders die fundamentalistischen Mudschaheddin um Hekmatyar versagt haben. Mit Hekmatyar konnte Pakistan seinen Plan nicht durchsetzen.

W.W.: An welchen Plan denken Sie jetzt?

A. Farhang: Afghanistan zu erobern bzw. in Afghanistan eine pakistanabhängige Regierung einzusetzen. Derjenige, der diesen Plan zum Scheitern gebracht hat, war Massoud. Er war der einzige, der gegen die von Pakistan unterstützten Mudschaheddin und später gegen die Taliban Widerstand geleistet hat. Als militärischer Führer hat er Großes geleistet, als Politiker hat er aber leider, wie jeder Politiker in der Welt, einige Fehler gemacht. Aber es gelang ihm, sowohl gegen die Russen als auch gegen die Taliban hervorragenden Widerstand zu leisten.

Die Pakistanis hatten vorausgesehen, daß die Mudschaheddin scheitern könnten, und haben deswegen parallel eine zweite Generation von Afghanen in den pakistanischen Madrassas, den Koranschulen, ausgebildet. Und nach dem Scheitern Hekmatyars haben sie die Taliban als Gruppe in Afghanistan eingesetzt und mit Geld und Waffen unterstützt.

W.W.: Wie weit hatten die Amerikaner ihre Finger dabei im Spiel?

A. Farhang: Sie haben diesen Plan zusammen mit Pakistan vorangetrieben, haben ebenfalls die Mudschaheddin sowie später die Taliban unterstützt und dafür gesorgt, daß arabische Freiwillige, wie z.B. Osama bin Laden, in diesen Kampf mit einstiegen. Daß Osama bin Laden Afghanistan als Basis für seinen internationalen Terrorismus ausgebaut hat, lag natürlich nicht in den Interessen der USA. Diese Zusammenhänge habe ich in eigenen Gesprächen erlebt, als ich vor den Ereignissen in New York und Washington im Auftrag des Königs im Juli 2000 als Mitglied einer Delegation in Pakistan war. Dort hat mir der pakistanische Außenminister erklärt, daß wir zurück nach Afghanistan kommen könnten, wenn wir uns mit den Taliban verbünden würden.

W.W.: Das waren jetzt die weltpolitischen Zusammenhänge. Mich interessiert aber genauso der Blick in das Innere des Menschen. Was sind das für Kräfte in den Menschen, die z.B. die Taliban veranlaßt haben, ihr menschenverachtendes Regime aufzubauen?

A. Farhang: Ihr einseitiges Denken ist durch die Erziehung in den Madrassas entstanden, und sie lebten in dem Glauben, ein gesamtes Volk unter ihre Kontrolle bringen zu müssen. Aber diese Typen wie Mullah Omar oder der Taliban-Außenminister Mutawakkil haben sich durch ihre Taten und Äußerungen jenseits des Menschlichen begeben. Man braucht nur an die Interviewaussage von Mutawakkil zu denken, daß die EU dem Taliban-Regime Geld für eine Hinrichtungsstätte geben solle, damit man die Menschen nicht mehr im Stadion hinrichten müsse und dort wieder Fußball spielen könne.

„Afghanen können schnell vergeben“

W.W.: In Afghanistan befehden sich nun seit ungefähr 20 Jahren verschiedene Ethnien und Cliquen, und auch die Taliban sind nicht alle verschwunden. Wie kann der Haß aufeinander in produktive Zusammenarbeit umgewandelt werden, wie kann es gelingen, daß nicht wieder alte Wunden und Verletzungen aufgerissen werden? Wie kann man lernen, wieder aufeinander zuzugehen und Vertrauen zueinander aufzubauen?

A. Farhang: Die Afghanen können auch schnell vergeben. Wenn man den Menschen jetzt eine neue Alternative bietet, dann kann man die Kalaschnikow-Mentalität vieler in positive Zusammenarbeit umwandeln. Durch die vielen Gespräche mit meinen Landsleuten habe ich auch den Eindruck gewonnen, daß sie alle kriegsmüde sind. Sie wollen Ruhe, sie wollen Frieden, vor allem wollen sie wieder ein geregeltes Leben führen.

W.W.: Wird Afghanistan in Zukunft ein säkularer Staat werden, oder wird die Religion weiterhin auf Teile des Staates, z.B. die Gerichtsbarkeit, einwirken?

A. Farhang: Das ist eine sehr delikate Frage. Nach den Petersberger Beschlüssen ist die Verfassung von 1964 angenommen worden. Sie bildet die Grundlage des heutigen Staates. Lediglich das Kapitel des Königshauses wurde ausgenommen. In dieser Verfassung steht ein Artikel, der das besondere säkulare System Afghanistans beschreibt. Und dieses System gilt jetzt auch. Wie es nach der Loya Dschirga und ca. zwei Jahre später nach der Wahl einer neuen Regierung aussehen wird, vermag ich jetzt noch nicht zu sagen.

W.W.: Gestern wurde bei einem Gespräch mit Karsai von Exil-Afghaninnen vorgetragen, daß ein 13jähriges Mädchen in Kabul im Gefängnis säße und daß es immer noch vorkomme, daß neunjährige Mädchen an 50jährige Männer verheiratet werden. Die Frage war, ob man solche Auswüchse seitens der Regierung nicht beenden könne. Wie stehen Sie dazu?

A. Farhang: Durch die Bonner Vereinbarung wurden sowohl die Verfassung von 1964 (außer dem Kapitel über das Königshaus) als auch eine neue Regierung, die Interimsregierung, eingesetzt. Und es gibt große Hoffnungen auf eine bessere Zukunft. Andererseits sind aber auch die Hände der Akteure teilweise noch gebunden, man kann nicht von heute auf morgen einen Staat vollkommen umkrempeln. Aber ich bin sicher, daß wir nach der Loya Dschirga viel mehr Spielräume und Handlungsfreiheiten haben werden. Und wenn alles gut läuft, werden wir auch viel ändern können.

W.W.: Afghanistan gehört zu den Ländern mit den meisten Minen. Wie geht man mit dem Minenproblem in diesem Land um?

A. Farhang: Ja, das Minenräumungsprogramm läuft gut. Mit Bundeskanzler Schröder haben wir auch eine Stadtrundfahrt gemacht und ihm eine Minenräumungsaktion demonstriert. Aber das wird ein sehr langwieriges Problem für Afghanistan sein, und hier sind wir sehr stark auf internationale Hilfe angewiesen. Man kann solche Hilfe auch durch Benefiz-Veranstaltungen in westlichen Ländern unterstützen und auch dadurch, daß große Persönlichkeiten zum Engagement für Afghanistan aufrufen. Je schneller das Minenproblem gelöst wird, desto weniger Menschen – vor allem Kinder – und auch Tiere werden durch die Minen umkommen oder verletzt werden.

Nach der Loya Dschirga

W.W.: Als ich Mitte Mai in Kabul war, wurde in Regierungskreisen als eine mögliche Option noch die Einsetzung einer zeitbedingten Monarchie bis zum Lebensende von Sahir Schah diskutiert. Jetzt hat Sahir Schah zu

Beginn der Loya Dschirga verzichtet, um die Präsidentschaft von Karsai nicht zu gefährden. Geschah dies auf Druck der Vertreter der Nordallianz oder auf Druck des Westens?

A. Farhang: Der Verzicht des Königs auf die Wiederherstellung der Monarchie ist weder auf den Druck der Nordallianz noch auf den der Amerikaner zurückzuführen. Abgesehen davon, daß der König in den gesamten letzten 23 Jahren immer wieder gesagt hat, daß er kein Interesse an dem afghanischen Thron hat, basiert seine Entscheidung auf einer klaren und genau durchdachten politischen Philosophie, die ich nach meinen zahlreichen Gesprächen mit ihm wie folgt zusammenfassen kann:

Der König ist der Meinung, daß das Schicksal des afghanischen Volkes in der langen turbulenten Geschichte des Landes immer abhängig war von einer Person oder von einer Familie. Diese Tatsache habe dazu geführt, daß der Prozeß der Staats- und der Nationswerdung in Afghanistan sich enorm verzögerte. Jedesmal, wenn der regierende Herrscher oder die Familie durch ein Ereignis beseitigt wurde, sei es stets zu Katastrophen gekommen. Er möchte aber diesmal vermeiden, daß dieser Prozeß wiederholt wird.

Durch die Petersberger Vereinbarungen ist ein neues System der Staatswerdung in Afghanistan in Gang gesetzt worden. Dabei habe er feststellen können, daß Hamid Karsai bewiesen hat, daß er dafür geeignet ist, dieses System zugunsten der Stabilität und der nationalen Einheit Afghanistans zu vollenden. Er selbst sei nun 86 Jahre alt und entschlossen, seine ihm noch übriggebliebene Zeit dafür zu verwenden, als eine Integrationsfigur das durch den Krieg zerrissene afghanische Volk zusammenzubringen und den Prozeß der Staats- und Nationsbildung zu beschleunigen, damit das begonnene politische System auf eigenen Beinen steht, und wenn er eines Tages nicht mehr da ist, das System weiter funktioniert und das Land und das Volk zusammenhält.

Aus der obenerwähnten Philosophie kann geschlußfolgert werden, daß es alleine auf den eminenten Patriotismus dieses großen afghanischen Staatsmannes zurückzuführen ist, daß er mit dieser außergewöhnlichen Entscheidung seinen Beitrag für das Wohl des afghanischen Volkes leisten will. Daher hat das Ganze mit keinem Druck von irgendeiner Seite zu tun und muß als eine freiwillige Entscheidung eines großen Afghanen betrachtet und respektiert werden.

W.W.: Wie stark hat der Westen auf die Entscheidungen der Loya Dschirga im vorhinein eingewirkt?

Kein Druck des Westens

A. Farhang: Diese Frage ist zum Teil jetzt schon beantwortet. Dazu kann hinzugefügt werden, daß während der Loya Dschirga zweimal geheime, direkte und allgemeine Wahlen durchgeführt wurden: einmal, um den Vorsitzenden der Loya Dschirga zu wählen, und beim zweiten Mal das Staatsoberhaupt. Beide Wahlverfahren wurden unter den Augen der internationalen Beobachter durchgeführt, und sie konnten sich davon überzeugen, daß es keine Wahlmanipulationen gegeben hat. Auch die in Kabul akkreditierten Diplomaten waren anwesend und konnten sich von der Richtigkeit der Wahlvorgänge überzeugen.

Ich persönlich habe von keiner Einflußnahme seitens irgendeines westlichen Landes etwas gespürt oder gesehen. Es gab aber im Gegenteil viele Bemühungen seitens der afghanischen Mudschaheddin-Gruppen, durch enorme Geldverteilungen, die Wahlen zu manipulieren, mit dem Endergebnis, daß die Menschen die Gelder kassiert, aber ihre Stimmen richtig abgegeben haben. Der Verzicht einiger der augenscheinlich mächtigen Kandidaten im letzten Moment zugunsten von Karsai zeigt, daß diese keine Chance für sich sahen.

Die Dschirga war ein großer Erfolg

W.W.: Wie haben Sie die Tage der Loya Dschirga erlebt, und was waren die größten Probleme dieser Versammlung?

A. Farhang: Ich war bei allen Sitzungen der Loya Dschirga anwesend und habe alle Diskussionen und Debatten genau verfolgt. Natürlich kann und möchte ich nicht behaupten, daß alles vorbildlich lief. Es gab viele Pannen und Unzulänglichkeiten, die zum größten Teil organisatorischer Natur waren, wodurch auch substantielle Probleme entstanden. Aber im ganzen gesehen, war die Dschirga nach 23 Jahren Krieg ein großer Erfolg.

Die negativen Stimmen vieler Medienvertreter sind meistens darauf zurückzuführen, daß sie die Hintergründe dieses Ereignisses, ja sogar die Reihenfolge der Ereignisse der letzten 23 Jahre nicht kannten und meistens mit europäischen bzw. amerikanischen Mentalitäten, Denkweisen und Maßstäben die afghanischen Verhältnisse beurteilt und ihre Konsequenzen gezogen haben. Leider ist es des öfteren so, daß viele Fremde aus sich selbst sehr schnell sogenannte „Afghanistan-Experten" machen, um ihre verfehlten Schlußfolgerungen gut zu vermarkten, während sie kein Wort der einheimischen Sprachen kennen und sich nicht mit den Menschen verständigen können.

W.W.: Ist durch die Loya Dschirga eine wirkliche Meinungsbildung des Volkes zustande gekommen?

A. Farhang: In keinem Land der Welt kann eine Volksversammlung 100%ig die Meinung des Volkes widerspiegeln. So auch die Loya Dschirga nicht. Aber allein die Tatsache, daß entgegen der Prognosen die Mehrheit der Delegierten die Sitzung nicht verlassen und sich bis zum Ende an Debatten und Wahlvorgängen beteiligt hat, bezeugt, daß die Loya Dschirga doch die Meinung der Mehrheit des Volkes wiedergegeben hat.

W.W.: Sind in der neuen Regierung alle Kräfte des Volkes vertreten?

A. Farhang: Es ist versucht worden, daß bei der Regierungsbildung die soziale Struktur des Landes weitgehend berücksichtigt wird. Manchmal ist man aber auch gezwungen, bei der Wahl der Kandidaten für bestimmte Ressorts die ethnischen oder parteipolitischen Zugehörigkeiten zugunsten der Qualifikation zu opfern. Das ist zwar in einem Land wie Afghanistan schwer und kann zu Ungleichgewichten führen, aber die langfristigen positiven Ergebnisse für das Land sind viel nützlicher als die kurzfristigen schlechteren Konsequenzen.

„Keine Einführung der Scharia“

W.W.: In der Presse konnte man wiederholt lesen, daß die Scharia in Afghanistan eingeführt wurde. Was bedeutet das?

A. Farhang: Hier sieht man sofort, wie falsch manches von den Außenseitern dargestellt und falsche Konsequenzen gezogen werden. In Afghanistan ist überhaupt nicht die Scharia eingeführt worden. Tatsache ist vielmehr, daß bei der Loya Dschirga von einem bestimmten Delegierten der Vorschlag gemacht wurde, unser Land als „Provisorischer Islamischer Staat von Afghanistan“ zu bezeichnen. Der Redner hat entgegen der Prozedur der Loya Dschirga diesen Vorschlag selbst zur Wahl gestellt und damit gegen die Bestimmungen der Loya Dschirga verstoßen. Es war die Aufgabe des Loya Dschirga-Vorsitzenden, dies zu verhindern und den Vorschlag zur geheimen, direkten und allgemeinen Wahl zu stellen.

Abgesehen davon gilt in Afghanistan nach den Petersberger Vereinbarungen noch immer die Verfassung von 1964, die eindeutig eine demokratische Verfassung westlicher Prägung ist. Darüber hinaus gelten in Afghanistan die modernen Straf- und Zivilgesetzbücher, die das soziale Leben Afghanistans zeitgemäß geregelt haben.

Es muß auch betont werden, daß die Berücksichtigung der Scharia-Bestimmungen in Afghanistan überhaupt nichts mit der Auslegung des Scharia-Rechts zu tun haben, die woanders z.B. durch Abhacken der Hand eines Diebes oder durch die Steinigung einer ehebrechenden Frau praktiziert werden. Solche Taten sind durch die Verfassung von 1964 schon längst verboten und, mit Ausnahme der Taliban-Zeit, auch nie angewendet worden.

Ich verstehe nicht, warum einige deutsche Politiker und Reporter die Bezeichnung „Islamisch" mit der „Scharia" gleichsetzen und daraus übereilte Konsequenzen ziehen und sogar die Hilfe für den Wiederaufbau Afghanistans in Frage stellen. Schließlich heißt Pakistan auch die „Islamische Republik Pakistan", und obwohl dieses Land doch der Erfinder der Taliban war, wird dort alles gelassen geduldet und nichts dagegen unternommen. Hier sieht man klar die Doppelmoral mancher Medien und Politiker.

Die Wunde in Bamyan

Interview mit Amanullah Haiderzad

von Wolfgang Weirauch

Zu Tisch mit Amanullah Haiderzad (Bildmitte)

Prof. Amanullah Haiderzad, *geb. 1940 in Kabul, Afghanistan. Schulbesuch in der Habibia-Schule in Kabul, Studium an der Hochschule für Schöne Künste in Perugia, Italien, und an der Scuola Dell'Arte Della Medaglia, Rom; Akademie für Schöne Künste, Rom; Institut für Schöne Künste, Carrara; MA, New York University. Verschiedene Stipendien aus Italien, Afghanistan und den USA. Teilnahme an verschiedenen Ausstellungen in Asien, Europa und den USA. Derzeit wohnhaft in New York.*

Im März 2001 sprengten die Taliban die beiden Buddha-Statuen in Bamyan. Es waren nicht nur die größten, sondern auch die frühesten figürlichen Darstellungen Buddhas auf der Erde. Seit dem 3. bzw. 5. Jahrhundert standen die beiden 38 m und 55 m hohen Statuen geschützt in

Felsnischen im Tal von Bamyan, 230 km nordwestlich von Kabul. Sie überlebten alles, nur die Barbarei der Taliban nicht.

Unbekannte Bildhauer hatten diese Statuen in Sandstein geschlagen, in einer Zeit, als Afghanistan eines der Zentren des Buddhismus war. Die Statuen schauten mit ihren nur vage angedeuteten Gesichtszügen gen Süden. Für den faltenreichen Umhang der Buddhas haben die Künstler damals Holzpflöcke in den Steinkörper gehauen und an sie mit Mörtel ummantelte Taue gehängt und anschließend verputzt.

Chinesische Reisende aus dem 7. Jahrhundert berichteten, daß die Körper der Buddhas golden leuchteten und der große Buddha eine mit Gold und Kupfer beschlagene Holzmaske getragen habe. Auf Treppen stiegen die Mönche hoch bis zum Kopf, kletterten hinter die Masken und ließen ihre Gesänge durch die Nasenlöcher der Masken in das Tal schallen.

Professor Amanullah Haiderzad, ein in New York lebender afghanischer Bildhauer, ist nach Afghanistan zurückgekehrt und hat zusammen mit Karsai das Tal von Bamyan besucht. Er möchte die große Statue wieder aufbauen. Wir trafen uns im Speisesaal des Interconti-Hotels unter einem von Haiderzad plastizierten Buddha-Relief, das die Taliban ebenfalls zerstört haben.

Wolfgang Weirauch: Erzählen Sie mir bitte über Ihre Beziehung zu den beiden Buddha-Statuen von Bamyan in vergangenen Zeiten.

Amanullah Haiderzad: Bereits in früher Kindheit waren die Buddhas von Bamyan die Wegbereiter meiner späteren künstlerischen Laufbahn. Ich bewunderte und verehrte diese Statuen, allerdings nicht als religiöse Objekte, sondern als große Kunstwerke. Ich bewunderte ihre Größe und ihre Schönheit, in der sie erschaffen worden waren.

Die barbarische Zerstörung

W.W.: Was dachten Sie, als Sie von dem Plan der Taliban hörten, die Buddha-Statuen zu zerstören?

A. Haiderzad: Ich war wie elektrisiert und gleichzeitig todunglücklich. Ich sprach alle mir bekannten Bildhauer und ihre Organisationen in den USA an und bat sie, möglichst viele Kongreßabgeordnete aufzufordern, über die pakistanische Regierung Druck auf die Taliban auszuüben, ihr Zerstörungswerk nicht umzusetzen. Ich versuchte, Ihnen allen klarzumachen, daß die Buddha-Statuen ein Kunstwerk sind, das allen Menschen gehört und das nichts mit Religion zu tun hat. Seit dem 3. bzw. 5. Jahrhundert stehen diese Statuen in Bamyan und erfreuen die Menschen, und bisher kam noch niemand auf die Idee, diese Kunstwerke zu zerstören. Zu allen Zeiten wurden die Statuen als Kunstwerke verehrt, und diese Kunstwerke gehören niemandem bzw. der gesamten Menschheit. Ich habe auch eine Demonstration vor dem State Department organisiert und darauf hingewiesen, daß die Taliban dabei sind, dieses Kunstwerk der Menschheit zu zerstören.

W.W.: Was haben Sie empfunden, als die Taliban dann die Buddha-Statuen endgültig sprengten?

A. Haiderzad: Ich habe geweint. Und ich war sehr zornig, als ich sah, wie die Taliban die Buddha-Statuen mit Dynamit in die Luft jagten. Warum haben sie das getan? Es waren Kunstwerke der Menschheit, und sie haben niemandem geschadet. Fast 2.000 Jahre haben sich die Menschen an ihnen erfreut, und nun haben die Taliban diese schreckliche Tat begangen. Ich konnte es nicht verstehen. Aber die Taliban haben diese Statuen mit Unterstützung der Al-Qaida und vieler Pakistanis zerstört, damit niemand mehr nach Afghanistan kommen soll, um diese Kunstwerke zu bestaunen.

Die Pakistanis wollten Afghanistan zu einer Kolonie Pakistans machen, und Al-Qaida wollte mit dem Attentat auf das World Trade Center den Verlauf der Geschichte verändern. Nach der kommunistischen Invasion und den 1,5 Millionen Toten in Afghanistan ließen uns die USA allein, und Afghanistan war schwer verwundet. Afghanistan hat gegen die Supermacht UdSSR gekämpft, und nachdem die Mudschaheddin Afghanistan weiter zerstört haben, kam die Chance der Feinde Afghanistans – die Chance Al-Qaidas –, um in Afghanistan ihre terroristische Basis aufzuschlagen. Aber was die Taliban in Afghanistan angerichtet haben – die schreckliche Behandlung der Frauen, keine Musik, kein Fernsehen usw. –, hat mit dem Islam nichts zu tun. Überall in der Welt habe ich immer wieder ausgesprochen, daß das Leben unter den Taliban kein Leben ist und daß die Afghanen dieses Leben nicht wollen, denn die Afghanen sind freie Menschen.

W.W.: Was ist Ihre Erklärung dafür, daß eine Gruppe von Menschen – also die Taliban – die Frauen auf diese grauenvolle Weise behandelt hat?

A. Haiderzad: Ich habe vor längerer Zeit einmal folgendes aufgeschrieben: Wenn die Taliban ihre eigene Kultur zerstören können, dann sind sie auch in der Lage, jede andere Kultur zu zerstören. Das erinnert mich ein wenig an die Nazis in Deutschland während der Zeit des Nationalsozialismus. Ähnlich wie die Nazis die Juden gebrandmarkt haben, haben es die Taliban mit den Hindus in Afghanistan gemacht, denn sie mußten gelbe Bänder tragen. Und sie mußten ihr Haus mit einer gelben Flagge kennzeichnen. Aber diese Handlungsweise der Taliban interessierte niemanden auf der Welt. Erst nach dem 11. September 2001 horchte die Welt auf.

Nun aber sind die Taliban und die internationalen Terroristen von den Amerikanern und Europäern bekämpft worden, und wir hoffen jetzt, daß uns die Weltgemeinschaft nicht wieder allein läßt. Denn Afghanistan ist vollkommen zerstört, und alles – von der Landwirtschaft bis zur Universität – muß neu aufgebaut werden. Wir brauchen jede Hilfe, auch von unseren Nachbarländern, denn ganz besonders diese haben uns allein gelassen.

Die Rekonstruktion

W.W.: Wie wollen Sie die große Buddha-Statue wieder rekonstruieren?

A. Haiderzad: Als ich von der Zerstörung der Statuen hörte, brach ich in Tränen aus, beschloß aber andererseits sofort, die Statuen wieder aufzubauen. Und so bin ich besonders glücklich, daß Präsident Karsai mich nach meiner Rückkehr nach Afghanistan mit seinem Helikopter mit nach Bamyan nahm und dort am 9. April 2002 vor den Statuen versprach, diese alten Kunstwerke so bald wie möglich wieder aufzubauen.

Als ich in Bamyan war, habe ich mit den Menschen dort gesprochen, und sie haben mir erzählt, wie die Taliban die Statuen zerstört haben. Zuerst gelang es ihnen nicht, und sie mußten eine Woche auf pakistanische, arabische und Al-Qaida-Fachkräfte warten, die dann Löcher für Dynamitstäbe in die Statuen bohrten, um sie sprengen zu können. – Sie können hier an meinen Fotos und Zeichnungen für die Rekonstruktion erkennen, daß durch die Sprengung das gesamte Material der Statuen heruntergebrochen ist. Wir haben dort jetzt eine Höhlung im Felsen.

Ich werde die Statue in verschiedenen Schritten wieder aufbauen. Zuerst muß alles gesäubert werden; und ich werde ein sehr festes Fundament legen, das an beiden Seiten mit dem Felsen verbunden wird. Genauso werde ich auch im Inneren der Höhlung, an der Rückseite der Statue, vorgehen. Dann werden wir vor dem rückseitigen Fundament in voller Höhe der Statue ein Stahlnetz anbringen. Dieses dient als Träger. In einem weiteren Schritt werden wir dieses Stahlnetz mit Zement auskleiden. Und dann wird die Statue mit Backsteinen aufgebaut. Hunderte von Arbeitern werden die Backsteine herstellen, um dann die Buddha-Statue langsam aber sicher vom Grund aus aufzubauen. Und die Backsteine ihrerseits werden durch Zementeinlagen gefestigt. Wenn die Rohform der Statue mit den Backsteinen errichtet ist, werden wir die Außenform der Statue auskleiden. Und dann werden wir die Außenform, die aus Ton besteht, entsprechend der alten Buddha-Statue modellieren. Dem Ton werden einige andere Substanzen beigemischt. Ich hoffe, daß durch diese Rekonstruktion die Buddha-Statue noch stabiler als zuvor wird.

„Wir lieben die Kunst“

Viele Menschen haben mich gefragt, warum ich diese Statue wieder aufbauen möchte.

W.W.: Und was haben Sie ihnen geantwortet?

A. Haiderzad: Ich habe gesagt: Warum nicht? Sie glaubten mir nicht, daß ich diese riesige Statue wieder aufbauen könne, aber ich habe ihnen geantwortet, daß dies jetzt mein Lebensziel ist.

W.W.: Warum bauen Sie nur die eine wieder auf?

A. Haiderzad: Die kleine Statue werden wir in zerstörtem Zustand belassen, um den Menschen zu zeigen, zu welch barbarischer Tat die Taliban fähig waren. Und die große Statue werden wir wieder aufbauen, um den Menschen zu zeigen, daß wir die Kunst lieben. Die Wiedererrichtung der Statue wird auch die Wirtschaft der Region Bamyan ankurbeln. Es werden Arbeitsplätze geschaffen, es werden Touristen kommen, und für die Touristen werden Restaurants und Hotels gebaut. Und vielleicht wird diese Region nach einigen Jahren zu den blühendsten in ganz Afghanistan gehören.

Seit der Islamisierung Afghanistans im 7. Jahrhundert bis vor einigen Jahrzehnten gab es in ganz Afghanistan keinen einzigen Bildhauer. Meine Familie versuchte, in Afghanistan Bildhauerlehrer für meine Ausbildung zu finden, aber sie konnte niemanden aufspüren. Es gab keinen. Ich studierte schließlich Bildhauerei in Italien über einen Zeitraum von sechs Jahren und gründete dann die Fakultät für Schöne Künste an der Kabuler Universität, die bis zum Einmarsch der Sowjets Ende 1979 Bestand hatte.

W.W.: Welche Kosten veranschlagen Sie für den Wiederaufbau der großen Buddha-Statue?

A. Haiderzad: Es werden nicht mehr als 7 Mio. Dollar.

W.W.: Und wer wird diese Kosten tragen?

A. Haiderzad: Das wird sich noch zeigen. Wie Sie wissen, hat die afghanische Bevölkerung derzeit kein Geld. Also müssen wir andere Wege finden. Vielleicht können wir Michael Jackson gewinnen.

W.W.: Der soll auch kein Geld mehr haben.

A. Haiderzad: Nein, ich denke da eher an ein Konzert, das er in Bamyan gibt. Auf jeden Fall werde ich ihn fragen. Vielleicht werden auch andere Musiker Konzerte geben, oder wir werden noch ganz andere Wege finden, um unser Projekt durchzuführen. Ich denke weniger an die Regierungen verschiedener Länder, sondern an alle die Menschen, die die Kunst lieben.

W.W.: Wie lange wird der Aufbau der Buddha-Statue dauern?

A. Haiderzad: Etwa fünf Jahre.

W.W.: Ich hörte, daß da noch ein dritter Buddha gewesen sein soll.

A. Haiderzad: Ja, es gab noch einen liegenden Buddha aus dem 8. Jahrhundert. Er lag zwischen den beiden Statuen. In einigen Wochen werden einige Archäologen nach Bamyan kommen, um die ganze Gegend näher zu untersuchen. Wenn wir noch weitere Spuren finden, kann es sein, daß Bamyan zur zentralen Kulturstätte Afghanistans wird.

Darüber hinaus möchte ich in Bamyan eine Kunsthochschule begründen. In den fünf Jahren des Wiederaufbaus werde ich dort Kunst lehren. Ferner werde ich dafür Sorge tragen, daß ein Museum errichtet wird, in dem man dann auch sehen wird, wie der Buddha einst ausgesehen hat.

W.W.: Wie viele Mitarbeiter brauchen Sie für die Rekonstruktion?

A. Haiderzad: Hunderte. Denken Sie allein an diejenigen, die die Steine herstellen müssen.

W.W.: Und Sie haben die Genehmigung, diese Buddha-Statuen wieder zu rekonstruieren?

A. Haiderzad: Karsai hat ja gesagt. Aber in diesem Punkt muß man noch sehr vorsichtig sein, denn in den Kreisen der Islamisten gibt es viele Gegner eines solchen Projekts. Nach der Loya Dschirga wird eine neue Regierung eine ganz andere Machtbefugnis haben, und dann hoffe ich, daß wir dieses Projekt in konkretere Bahnen leiten können.

W.W.: Wann haben Sie Afghanistan verlassen?

A. Haiderzad: Nach dem Einmarsch der Russen. Zuerst ging ich über Pakistan für sieben Monate nach Deutschland. Dort wurde ich mit meiner Frau und meinen drei Kindern sehr gut aufgenommen, aber dann zog ich in die USA. Und nach nun 23 Jahren bin ich nach Afghanistan zurückgekehrt.

W.W.: Was arbeiteten Sie in den USA?

A. Haiderzad: Ich arbeite für eine große Gesellschaft, die Hotels und Kasinos einrichtet. Und ich entwerfe für sie das Design, mache Modelle, und nebenbei entwerfe ich meine eigenen Skulpturen. Ich hatte bereits mit meinen Skulpturen viele internationale Ausstellungen. Wenn ich hier in Afghanistan tätig werden sollte, möchte ich meine internationalen Aktivitäten beibehalten.

W.W.: Und das Relief, unter dem wir hier im Hotel sitzen, ist auch von Ihnen?

A. Haiderzad: Ja, es stellte die Buddhas von Bamyan in klein dar, aber die Taliban haben es vor etwa fünf Jahren zerstört.

Youth against Terror

Jugend in Zeiten der Globalisierung

Johannes M. Wagner*

In den Wirren der heutigen Zeit sollte sich einem am jetzigen und auch künftigen Weltgeschehen interessierten Menschen die Frage aufdrängen, inwiefern sich die Jugend, und damit die kommende Generation, mit den wichtigen aktuellen Themen der Gegenwart auseinandersetzt. Wie steht sie zur Globalisierung, zum „War against Terror", zum vermeintlichen „Kampf der Kulturen"?

Ist die Jugend durchgängig bestrebt, Frieden in der Welt zu schaffen? Ist sie pazifistisch, oder hält sie Kriege, wie z.B. die gegenwärtigen Feldzüge der USA und ihrer Verbündeten, für moralisch gerechtfertigt?

Hat die neue Generation einer nicht nur in Ansätzen dekadenten Gesellschaft letztlich überhaupt noch ein Interesse daran, die Globalisierung in gemäßigtem Tempo und vernünftigen Bahnen voranzutreiben?

Sieht die Jugend eigentlich, wie sie zum Objekt und Werkzeug der Wirtschaftsmultis wird, wie man am Beispiel „Marken" zweifelsfrei erkennen kann?

Diese Fragen beschäftigten mich sehr, und ich wollte, wenn es schon nicht möglich sein konnte, ein wirklich repräsentatives Meinungsbild aus der Jugend selbst einzuholen, so doch jedenfalls einige Schüler verschiedener Schulen zu Wort kommen lassen und hören, wie sie darüber denken. Also beschloß ich, einige Schüler zu interviewen.

Die Interviewfragen

Die Interviewfragen schließlich drehten sich ziemlich genau um folgende Themen, in auch etwa dieser Reihenfolge:

Aus welchen Quellen beziehen die Schüler ihre Informationen? Glauben sie, daß diese Quellen wahrheitsgemäß berichten?

Im zweiten Fragenkomplex ging es um das Thema „War against Terror", was sie über Osama bin Laden wüßten und was über George W. Bush.

---

* **Johannes M. Wagner,** geb. 1985, ist Schüler an der Freien Waldorfschule Rendsburg.

Darauffolgend befragte ich die Schüler über den Nahost-Konflikt, ob sie eigentlich wüßten, wie er entstanden sei.

Anschließend war die Frage zu beantworten, ob das Thema „Terror" schon vor dem 11. September 2001 ein aktuelles für die Befragten gewesen sei, ob sie eine persönliche oder auch eine allgemeine Angst angesichts der aktuellen Krisen empfänden.

Die nächste Gruppe von Fragen drehte sich um die Globalisierung, was die Interviewpartner eigentlich darunter verstünden und wie sie zu den einzelnen Gebieten der Globalisierung ständen. Woraufhin dann die unvermeidliche Frage zur Markenbekleidung folgte, was sie darüber wüßten und warum sie sie trügen. Zum Abschluß des Fragenblocks die Frage, ob und in welcher Weise die Globalisierung vorangetrieben werden sollte.

Es folgten noch die Fragen, was nun gegen die angesprochenen Probleme getan werden solle, und ganz am Ende, inwiefern sich die befragten Schüler selbst für die Lösung dieser angesprochenen Probleme engagieren wollten. –

Nachdem einige Versuche, ein vernünftiges Interview mit Schülern zu führen, am kontinuierlichen indirekten Widerstand in Form permanenten Gelächters, andauernder Ablenkungen sowie nicht sehr geistreicher Witze als Antworten gescheitert waren, gelang es mir doch, einige ernsthaft interessierte Interviewpartner zu gewinnen. Drei Auszüge aus den Antworten seien hier exemplarisch wiedergegeben.

„Ich hoffe, daß ich von der Globalisierung profitieren werde"

Der erste war ein Abiturient des Kronwerk-Gymnasiums in Rendsburg, welcher zur Zeit als Zivildienstleistender arbeitet und später einen Beruf als Wirtschaftsmanager ergreifen will. Seine Antworten auf die obengenannten Fragen lauteten wie folgt:

»Meine Informationen beziehe ich aus verschiedenen Tageszeitungen oder auch aus Fernsehnachrichten und anderen Medien. Ich bin durchaus davon überzeugt, daß diese wahrheitsgemäß berichten.

Zum Thema „War against Terror" fällt mir spontan eins ein: überzogen!

Es ist für mich sehr wahrscheinlich, daß Osama bin Laden hinter den Anschlägen vom 11. September steckt. Soweit ich weiß, hat er sich ja auch dazu bekannt. Es steht schließlich auch fest, daß er bei anderen bereits erfolgten Angriffen auf Einrichtungen der USA der Drahtzieher war. Er kommt aus Saudi-Arabien und wurde von seiner Familie verstoßen, weil er zu radikal war.

George W. Bush ist für mich ein Cowboy! Er vertritt im großen und ganzen die Politik seines Vaters und zieht wieder die halsstarrige Linie in der Außenpolitik der USA durch, wie man am Beispiel Klimaschutz-Abkommen leider deutlich erkennen kann.

Über den Nahost-Konflikt bin ich nicht so informiert. Was da im Moment geschieht, ist schwer nachzuvollziehen, weil wir immer nur die einzelnen Aktionen mitbekommen, ohne alles im Zusammenhang zu sehen. Darüber, wie der Konflikt überhaupt entstanden ist, weiß ich nicht viel. Die Palästinenser lebten dort seit Jahrhunderten, dann wurde für die Israelis ein Staat eingerichtet, und sie wurden dort angesiedelt. Die Israelis werden schon lange von den USA unterstützt. Mittlerweile habe ich das Gefühl, daß beide Parteien den Krieg wollen; als Scharon auf den Tempelberg gestiegen ist, hat er dies bereits gezeigt. Arafat ist wirklich in einer Klemme, er hat den Schwarzen Peter zugeschoben bekommen. Wie er an die Macht kam, vermag ich nicht zu sagen. Ob er gewählt ist, weiß ich nicht.

Eine persönliche Angst habe ich nicht. Aber wenn die Gewalt im Nahen Osten weiter eskalieren sollte, könnte es sehr gefährlich werden.

Ich hoffe, daß ich von der Globalisierung profitieren werde. Die Zeit der Kolonisierung ist vorbei, nun müssen wir schauen, wie wir die Globalisierung für alle nutzen können. Das hängt davon ab, wie sich die großen Staaten verhalten. Die Definition von Globalisierung ist für mich: weltweite Öffnung der Wirtschaft und, im Zusammenhang damit, die Überwindung der kulturellen und nationalen Grenzen. Ich stehe der Globalisierung auf jeden Fall aufgeschlossen gegenüber.

Was das Besondere an Markenkleidung ist? Also, sie hebt sich vor allem durch den Preis ab, gelegentlich auch mal durch die Qualität. Aber in Anbetracht der Fertigung dieser Kleidung in der sogenannten Dritten Welt wundere ich mich dann doch, woher der hohe Preis kommt. Ich denke, daß Markenklamotten grundsätzlich keine höhere Qualität als günstigere Ware haben. Ich weiß eigentlich auch nicht, warum ich überhaupt Markenkleidung trage. Vielleicht, weil sie auch ein gewisses Statussymbol darstellt?

Negativ am Internet als Symbol der Globalisierung ist, daß es, im Gegensatz zu anderen Medien wie z.B. dem Fernsehen, einfach nicht kontrollierbar ist. Massenmanipulation wird durch die Globalisierung in extremerem Maße ermöglicht. Allerdings ist die Manipulation, wie sie aktuell stattfindet, von uns sicherlich auch irgendwie gewollt.

Wenn ich egoistisch wäre, würde ich sagen, daß die Globalisierung so weiter vorangetrieben werden sollte, wie das im Augenblick der Fall ist, weil wir davon nur Vorteile haben. Allerdings sollte man doch lieber mehr aufpassen, weil ansonsten durchaus auch negative Aspekte entstehen können. Es ist natürlich klar, daß die Armut der Menschen, die von uns mit einem Hungerlohn abgespeist werden, zu einem Nährboden für Gewalt werden kann. Für diese Armut mache ich die Nationen verantwortlich, die versuchen, sich ihre Vormachtstellung zu bewahren, und dazu eben diese ärmeren Länder ausbeuten.

Man sollte sich weiter ernsthaft mit diesen Themen beschäftigen, z.B. auch mal den Koran lesen. Das wäre wohl das mindeste, was zu tun wäre, um zu beginnen, diese Konflikte zu verstehen. Im Nahen Osten müssen auf jeden Fall weiterhin Gespräche geführt werden. Die Globalisierung sollte gesteuerter vorangetrieben werden. Die ärmeren Staaten sollte man nicht mehr ausbeuten, sondern versuchen, sie an unseren Reichtum heranzuführen.

Ich will mich zunächst darum kümmern, meine Karriere aufzubauen. Ich will Wirtschaftsmanager werden. Vielleicht sollte ich darauf achten, keine Firmen zu unterstützen, die in der Dritten Welt Ausbeutung betreiben. Es ist allerdings auch recht schwierig herauszufinden, wer da was macht. Aber ich denke, damit kann eigentlich jeder sein Quentchen dazu beitragen, diese Probleme abzubauen.«

„Ich trage das, was mir gefällt"

Der nächste Interviewpartner war ein aus Polen stammender Waldorfschüler aus der 11. Klasse meiner Schule:

»Meine Informationen beziehe ich hauptsächlich über meine Kumpels. Im Fernsehen sehe ich am liebsten Shows, in denen es um wissenschaftliche Themen geht. Lesen tue ich eigentlich gar nicht, wenn schon, dann mal die *Schleswig-Holsteinische Landeszeitung*. Ich bin schon davon überzeugt, daß wahrheitsgemäß berichtet wird, bis vielleicht auf gewisse Klatschblätter. An Propaganda glaube ich nicht.

„War against Terror"? – Einfach abartig!

Zu Osama bin Laden fallen mir zuerst Witze ein, dann natürlich auch der Terror. Ich weiß, daß er für den WTC-Anschlag verantwortlich ist. Er hat Geld, und außerdem bin ich mir ziemlich sicher, daß seine Leute überall verteilt sind. – George W. Bush ist für mich nur ein Idiot, für den ich mich nicht interessiere.

Über den Nahost-Konflikt weiß ich eigentlich nichts. Keine Ahnung, wie der eigentlich angefangen hat. Man sollte den Konflikt auf jeden Fall auf friedliche Weise lösen.

Terror war für mich eigentlich nicht so richtig Thema, ich unterhalte mich nicht so viel darüber. Eine persönliche Angst empfinde ich nicht bei den aktuellen Krisen.

Globalisierung ist ein scheußliches Thema. Das Internet finde ich aber gut.

Markenklamotten sind mir egal. Ich trage das, was mir gefällt. Ich glaube zwar, daß die günstigere Ware genausogut ist, aber ich trage das, was mir gefällt! (Anm.: Er trägt Markenbekleidung.)

Ich glaube, daß Armut durchaus ein Nährboden für Gewalt sein kann. Gegen die Armut könnte man bestimmt was tun, wenn man mehr spenden würde. Ich glaube, daß das schon helfen würde. Aber was man gegen diese ganzen Probleme grundsätzlich tun könnte, weiß ich nicht ...«

„Eine Cola-Dose paßt nicht in ein afrikanisches Naturpanorama"

Der nächste Gesprächspartner geht ebenfalls auf die Waldorfschule. Er ist 16 Jahre alt und geht in die 10. Klasse:

»Meine Informationen beziehe ich über Nachrichten und Zeitung. Ich sehe wenig fern, hin und wieder Reportagen in den sogenannten Dritten Programmen. Ich denke schon, daß diese Sender wahrheitsgetreu berichten. Allerdings müssen die Kommentatoren den Text auch immer selbständig erarbeiten, so ganz sicher kann man sich da nie sein. Ich lese verschiedene Zeitschriften, z.B. unsere Tageszeitung *(Schleswig-Holsteinische Landeszeitung)*. Im großen und ganzen stehen da ja nur Fakten von der *dpa (Deutsche Presseagentur)* drin. Denen kann man schon trauen, auch wenn diese Zeitung generell ein wenig politisch parteiisch erscheint.

Über Osama bin Laden weiß ich eigentlich nicht sehr viel. Er ist Islamist und ein Charismatiker, der die Menschen sehr stark beeinflussen kann. Ich glaube, daß er eine Kindheit hatte, die sehr stark vom Reichtum seiner Eltern geprägt war, wobei sein Sozialverständnis wohl ein wenig auf der

Strecke geblieben ist. Er ist deshalb immer auf der Suche nach Fehlern von anderen.

George W. Bush finde ich sehr unsympathisch. Er ist in Texas geboren. Er ist wohl ein wenig rachsüchtig, aufbrausend, auf seine Weise ein charismatischer Politiker. Ein typischer amerikanischer Politiker. Er versteht sein Handwerk auf seine Art. Ich denke, daß er als Präsident der Vereinigten Staaten schon meistens selbst die Entscheidungen trifft und nicht nur von seinen Beratern gesteuert ist.

Den Nahost-Konflikt gibt es schon seit Jahrzehnten. Dort kämpfen Palästinenser gegen Israelis, und beide proklamieren mit Hilfe ihrer Heiligen Schriften ihren althergebrachten Besitzanspruch auf das Land. Die beiden Völker verstehen nicht, daß beide eine Geschichte haben, die sich auf diesem Boden abgespielt hat. In ihren Religionen ist zwar einerseits das Prinzip von „Auge um Auge, Zahn um Zahn“ verankert, aber andererseits ist auch klar festgelegt, daß Menschen friedlich miteinander zusammenleben sollen. Aber beide Seiten scheinen es nicht zu verstehen. Durch die Propaganda und den überlieferten Haß ist es besonders schwierig, diesen Leuten zu vermitteln, wie sie wieder friedlich zusammenleben sollen.

Terror war für mich zwar auch immer schon ein Thema, aber nach den Anschlägen vom 11. September natürlich vermehrt. Ich unterhalte mich mit meinen Freunden über vieles, mal über wesentliche und manchmal über unwesentliche Dinge. In meinem Freundeskreis ist die Meinung eigentlich recht weit verbreitet, daß es nicht in Ordnung ist, wenn die Amerikaner diese Angriffe als Vorwand nehmen, überall in der Welt Krieg zu führen.

Angst um mein Leben habe ich eigentlich nicht, aber es läßt mich schon nachdenklich werden, wie es nun weitergehen soll. Aber uns, der Jugend, gehört schließlich die Zukunft! Mal sehen, was wir machen können.

Bei der Globalisierung muß ich als erstes an Amerika denken. Allgemein verstehe ich unter Globalisierung, daß politische, wirtschaftliche und soziale Prinzipien in Länder der Dritten Welt exportiert werden, wobei allerdings nicht darüber nachgedacht wird, daß dies ganz andere Kulturkreise sind. Es geht den großen Staaten hauptsächlich darum, Einfluß zu gewinnen.

Ich trage definitiv keine Markenkleidung. Markenbekleidung hat eigentlich keine höhere Qualität als billigere, der Status entsteht nur durch die massive Werbung und die daraus resultierenden hohen Preise. Die immensen Werbegelder können nur aufgebracht werden, indem an anderen Stellen Gelder gespart werden, z.B. bei der Produktion, sprich: Kinderarbeit und unmenschliche Arbeitsbedingungen sind die Folge.

Wenn z.B. ein Regal bei einem Discounter zu einem Dumping-Preis angeboten wird, heißt das, daß dafür die Arbeiter, die dieses Regal hergestellt haben, praktisch einen Hungerlohn erhalten haben müssen, denn allein das Material ist schon fast soviel wert wie der Preis des fertigen Regals. Ich glaube, daß die jungen Menschen von heute nur soviel Geld für Markenbekleidung ausgeben, damit sie mit der Masse, im Mainstream, schwimmen können. Nur weil es alle tragen, ist es irgendwie cool, auch wenn es eigentlich total beschissen aussieht.

Ich halte die Globalisierung im aktuellen Maße für vollkommen übertrieben. Man sollte den ärmeren Ländern die Chance geben, sich aus eigener Kraft unserem Lebensstandard anzunähern, sie dabei unterstützen und sie nicht auch noch ausbeuten. Eine leere Cola-Dose paßt einfach nicht in ein afrikanisches Naturpanorama. Die gehört eher in eine amerikanische oder europäische Großstadt, und da sollte man sie auch belassen!

Das Internet finde ich eigentlich gut, wenn man weiß, was man will, aber es birgt auch seine Tücken. Als Benutzer sollte man aufpassen, weil das Internet eine gewaltige Plattform für Manipulation bietet. Diese Massenmanipulation ist ein relevantes Risiko, da viele Menschen sich darauf einlassen und nicht so sehr darauf achten, was eigentlich mit ihnen gemacht wird.

Ich glaube schon, daß Armut und Elend ein hohes Gewaltpotential bergen. Für arme Menschengruppen ist Gewalt oder Terror vielleicht eine Möglichkeit, wie sie ihre aufgestauten Aggressionen ablassen und auf ihren Zustand, auf ihre Not aufmerksam machen können. Gegen die Armut zu spenden, wäre allerdings Unsinn, man sollte vielmehr versuchen, die Wurzeln für die Unzufriedenheit und Armut zu finden, und diese bekämpfen. Spenden hilft nicht, die Armut und Unzufriedenheit und damit auch die Gewalt und den Terror zu beseitigen. Eine Ursachenfindung und -bekämpfung sollte betrieben werden.

Ich bin selbst als Mitglied in einigen medialen Institutionen tätig und meine, ein wenig mehr Transparenz könnte einer wahrheitsgetreuen Berichterstattung durchaus nicht schaden. Aber, wie bereits gesagt, die Reporter sind immer selbst für die Zusammenstellung ihrer Beiträge verantwortlich. Die Quellen der Informationen sollten unabhängiger handeln, die Zensur der Nachrichten durch Staaten und Wirtschaftskonzerne sollte absolut unterbunden werden.

Im Nahost-Konflikt sollte die westliche Welt vermeiden, noch mehr Schaden anzurichten, da sie ja bereits für die Wiederansiedlung der Israelis im Land nach den Weltkriegen und damit die Auslösung des Konflikts verantwortlich war.

In puncto Globalisierung sollte jeder selbst dagegen kämpfen und nicht die Verantwortung den Mächtigen überlassen, da doch gerade diese diejenigen sind, die ein Interesse daran haben, diesen Prozeß in der bekannten Weise fortzuführen. Eine Marke nicht mehr zu kaufen, dürfte sich auch als fruchtlos erweisen, da die anderen Marken, die dann davon profitieren würden, sicherlich dieselbe Ausbeutung betreiben.

Ich selbst werde mich auch weiterhin informieren und gegen diese Probleme vorgehen. Ich werde tun, was ich kann. Ich bin bereits im medialen Bereich tätig und plane, dort auch meinen Karrierewunsch anzusetzen. Auf jeden Fall werde ich mich dafür einsetzen, das „Art against Terror" anstatt „War against Terror" betrieben wird, denn in letzterem sehe ich keinen Unterschied. Also: *(skandierend)* „Kunst gegen Terror!"«

Eine dekadente Gesellschaft?

Wenn man unsere heutige Zivilisation mit der der alten Römer in deren Endstadium vergleichen würde, könnte man auf erstaunliche Parallelen kommen. Im alten Rom war es so, daß das Volk durch Ablenkung pseudozufrieden und beschäftigt und damit in einer Art Passiv-Bürgertum gehalten wurde; somit übte der Staat alle politische und sonstige Macht aus.

Damals gab es hauptsächlich zwei Klassen, die Patrizier und die Plebejer. Auch wenn man diese Klassen noch weiter unterteilen könnte, so kann man doch sagen, daß die Patrizier die Familien mit Geld und damit auch Einfluß waren, welche auch den Senat bildeten. Dieser bestand ursprünglich aus allen Männern, welche imstande waren, eine Rüstung und ein Pferd für den Kriegsfall ständig bereitzuhalten, was damals gar nicht so billig war. Die ärmeren Menschen, die Angehörigen der Plebs, hatten zuerst gar nichts zu bestimmen, bis dann der sogenannte Volkstribun eingeführte wurde, welcher ein Vetorecht im Senat hatte, d.h. er konnte Entscheidungen des Senats blockieren. Die Einführung des Volkstribuns geschah allerdings schon ziemlich früh, nachdem die Patrizier gemerkt hatten, daß sie sich etwas einfallen lassen müßten, um das arme Volk ruhig zu halten.

Später entwickelten sich aus den traditionellen Totenfeiern der Ureinwohner Italiens, *munera*, die pompösen *ludi*, große Spiele mit dem einzigen Sinn, das inzwischen immer wieder unzufriedene Volk bei Laune zu halten. Während dieser Spiele schlachteten sich Hunderte von Gladiatoren in der Arena gegenseitig ab. Dabei wurde dann des öfteren auch noch Brot in die Menge geworfen, weil man auf diese Weise bis zu 50.000 Menschen auf einmal zufriedenstellen konnte. Dieses Prinzip charakterisierte der römische Philosoph und Schriftsteller Juvenal mit den Worten „panem et circenses" (Brot und Spiele), welche sich Cäsar auch ganz dreist und offen über seiner Ehrenloge im *flavium amphitheatrum*, dem im Mittelalter „Kolosseum" genannten Kunstwerk der Architektur, anbringen ließ.

Heutzutage findet man dasselbe Prinzip, wenn auch nicht so blutig, so doch viel umfangreicher geplant, in unseren Wohnzimmern wieder. Indem wir praktisch jeden Tag „in die Röhre gucken", machen wir uns immer abhängiger von den multimedialen Ablenkungsgeräten. Unsere Gesellschaft besteht zum großen Teil nur noch aus Menschen, die tagsüber arbeiten, um sich des Abends in den Sessel vor dem Fernseher schmeißen und dem hemmungslosen Konsum hingeben zu können, in welchem sie dann den wohlverdienten Lohn ihrer Arbeit sehen. Ob die Menschheit als solche sich dabei noch im positiven Sinne weiterentwickelt, sich noch irgendwelchen philosophischen Gedanken hingibt oder sich weiterbildet, ist da offenbar schon mehr als fraglich.

Nun könnte man den Sprung machen und unsere Gesellschaft von heute mit der damaligen im antiken Rom vergleichen. Aber wäre das wirklich zulässig? Ich meine, ja! Als Mensch hätte man durchaus die Pflicht, sich um diese Zustände Sorgen zu machen und zu versuchen, sie zu bekämpfen. Sonst sind wir auch bald soweit, daß eine dekadente Gesellschaft weiterexistiert, ohne sich dabei weiterzubilden, und dabei kontrolliert und gelenkt wird von einigen wenigen Menschen mit politischer bzw. wirtschaftlicher Macht. Oder ist das bei uns längst Tatsache geworden, bloß die meisten von uns merken es noch nicht?

Werbeschlachten um das Unterbewußtsein

Wie der zuerst interviewte Abiturient bereits ausdrückte, meinen viele Menschen, wir würden nur soweit manipuliert, wie wir es wohl eigentlich auch wollten. Doch können wir unbewußt wirkende Werbung überhaupt wollen, wenn wir sie gar nicht wahrnehmen?

Die Werbespezialisten lassen sich immer gerissenere Tricks einfallen, um die Menschen zu bewegen, die beworbenen Produkte zu kaufen. So ist es inzwischen gang und gäbe, daß bei jedem Werbespot irgendein Lebensstil unterbewußt vermittelt wird, um zu bewirken, daß wir diesen Lebensstil mit dem angepriesenen Produkt bzw. dessen Marke assoziieren. So wird z.B. in einer Autowerbung das beworbene Auto in einem Regal voller Turnschuhe einer anderen Marke plaziert; darunter wird auch noch schriftlich auf die Sportlichkeit des Autos aufmerksam gemacht. Bei diesem Prinzip werden nicht nur unterbewußt die Marke und das Auto mit der Eigenschaft der Sportlichkeit assoziiert, sondern es wird auch noch ein wechselwirkender Effekt zwischen der Sportmarke und der Automarke hervorgerufen, welcher die Verkaufszahlen beider Konzerne steigert. Und das ist noch der Standard, der in praktisch jedem Spot praktiziert wird; auf die genaueren Werbetricks will ich hier gar nicht eingehen.

Beschäftigte man sich nur ein wenig eingehender mit der Werbepsychologie, so würde man sehr bald feststellen, daß sich diese viel tiefgründiger um unsere innersten Bedürfnisse kümmert, als wir eigentlich glauben. Ich wage jetzt einfach mal zu behaupten, daß dies nicht von uns allen so gewollt sein kann.

Wenn z.B. Kinder, denen in unserer schnellebigen Zeit nicht mehr genug Zuwendung und Liebe von ihren Eltern entgegengebracht wird, durch massivste Werbung dazu gebracht werden zu glauben, daß mit einer nagelneuen PlayStation ihre Probleme weitestgehend gelöst wären, so will ich den Menschen sehen, der dies immer noch als von uns gewollt abtun will. Führen wir uns doch einmal vor Augen, was passiert, wenn die Eltern ihrem Kind diese Spielekonsole kaufen und auch noch glauben, ihrer Fürsorgepflicht auf moralischer Ebene wieder einmal Genüge getan zu haben. Nun wird das Kind doch nicht etwa mit seiner PlayStation zufrieden und glücklich sein, denn jedes Kind spürt natürlich, wann es wirkliche Liebe oder nur materielle Werte empfängt, nein, es wird im Gegenteil weiter diesen Mangel empfinden, noch mehr Fernsehen gucken und sich Dinge wünschen, die ihm dort angepriesen werden, z.B. eine PowerRangers-Figur.

Die Taktik der PowerRangers-Vermarkter legt am besten das Prinzip des Merchandising dar: Es werden ganze Serien, welche offensichtlich außer schlechter Story und miserabler Umsetzung nichts zu bieten haben, nur zu dem Zweck gedreht, Geld mit der Vermarktung der Merchandising-Artikel, wie z.B. der PowerRangers-Figuren, zu machen. Ein weiteres herausragendes Beispiel ist Walt Disney mit den riesigen Disneylands. Die Firma hat sogar eine ganze Stadt in Nordamerika gebaut, um den von ihr propagierten Lebensstil Wirklichkeit werden zu lassen.

Es gibt natürlich noch Dutzende anderer Wege, wie die großen Multikonzerne uns dazu bringen, ihre Produkte zu kaufen. Viele dieser Firmen haben z.B. riesige Anlagen gebaut, in denen mit allerlei Sensationen, überdimensionierten Videoschirmen, Spielabteilungen für die Kinder etc. dafür gesorgt ist, daß sie als Aufenthaltsorte für ganze Tage dienen können. Dabei geht es primär nur darum, die eigene Marke zu stilisieren und den Besuchern einzuhämmern. Mit dem Markenlogo soll unauslöschlich ein bestimmter Lebensstil assoziiert werden.

Vom ursprünglichen Sinn keine Spur

Wenn Werbung objektiv über Nutzbarkeit, Qualität, Preis, Produktionsumstände und ökologische Verträglichkeit informiert, ist an ihr nichts zu beanstanden. Im Gegenteil, sie trägt zu einer sozialen und volkswirtschaftlichen Markttransparenz bei.

Der absolute Großteil der Werbung wird jedoch von dem zentralen Anliegen des Werbenden bestimmt, die potentiellen Konsumenten so zu beeinflussen, daß sie ihre Kaufentscheidung zugunsten des entsprechenden Produkts ausfallen lassen. Es wird keine objektive Information geliefert, da diese oft gerade nicht zum Kauf führen würde. Den großen Firmen scheint jedes Mittel recht, mehr Kunden zu werben, nur der Erfolg zählt, nicht etwa der Sinn und der Weg. Im Vordergrund steht nur der Profit und nicht die Frage, für wen die Waren sinnvollerweise produziert werden. Und manche Wirtschaftsbosse scheinen da gar keine Skrupel mehr zu kennen.

Als krasses Beispiel mag hier die Tatsache dienen, daß Nestlé in der sogenannten Dritten Welt Müttern das Nestlé-Baby-Milchpulver so massiv anpreist, daß sehr viele es verwenden. Nach einer gewissen Zeit werden die Mütter von dem Pulver abhängig, da ihre Körper keine natürliche Muttermilch mehr produzieren. Hinzu kommt, daß das Pulver in Wasser gelöst werden muß, das in den armen Ländern normalerweise aber stark verschmutzt ist. Und durch die Knappheit wird die Babynahrung auch noch extrem verdünnt, so daß viele Babys sogar an den Folgen dieser ungesunden Ernährung sterben. Welchen ursprünglichen Sinn kann man denn darin noch entdecken?

Marken machen Leute! – Wirklich?

Heutzutage gilt es unter Jugendlichen als cool, eine Mode zu tragen, wie sie u.a. die Markenfirma Tommy Hilfiger von den Schwarzen in US-amerikanischen Ghettos abgeguckt hat. Es spielt keine Rolle, daß diese in den Kniekehlen hängenden Hosen in Wirklichkeit absolut lächerlich aussehen. Hauptsache, man schwimmt mit dem Mainstream. Es geht nur darum, von den anderen akzeptiert zu werden, indem man sich ihnen anpaßt. Individualität ist immer weniger gefragt. Heutzutage gilt es nur noch, eine Mode zu tragen, wie sie von allen anderen getragen wird, vielleicht bloß noch eine Stufe krasser. Wenn dann Jungs mit Hosen fast auf den Unterschenkeln, vierfachen Ketten, die bereits auf dem Boden schleifen, und ähnlichen tollen modischen Aufmachungen durch die Gegend stolzieren, muß ich eigentlich nur noch lachen. Aber das Lachen vergeht mir, wenn ich daran denke, wie diese Hose wohl hergestellt worden ist.

Dank der Globalisierung, sprich: der Öffnung der internationalen Märkte und der Einrichtung von Freihandelszonen, kommen wir heutzutage in den höchst zweifelhaften Genuß, unter unmenschlichen Bedingungen in China, Thailand oder den sogenannten Dritte-Welt-Ländern gefertigte Jeans, Schuhe, Mützen etc. mit Firmenlogos zu horrenden Preisen erstehen zu dürfen.

In diesen Ländern sind weltweit inzwischen ca. 850 sogenannte Exportproduktionszonen (EPZ) entstanden, in denen für die Multis, die Global player, gearbeitet wird. Regelrechte Arbeitslager wurden z.B. in den EPZs Chinas eingerichtet, wo allein 18 Millionen Beschäftigte schuften. In diesen EPZs stellen hauptsächlich Frauen die genannten Bekleidungsprodukte her. Diese Näherinnen müssen 16 Stunden am Tag arbeiten, urinieren teilweise in Plastikbehälter unter ihren Nähmaschinen, da die Toiletten nur in der Viertelstundenpause aufgeschlossen werden. Sie dürfen sich nicht mit anderen Beschäftigten unterhalten, da sie ansonsten Streiks oder ähnliches planen könnten. Wenn sie krank werden, bekommen sie nicht einmal frei, um zum Arzt gehen zu können. Es gibt monatliche Schwangerschaftsüberprüfungen, sollte eine Schwangerschaft festgestellt werden, droht sofortige Zwangsabtreibung. Größtenteils wird den Arbeiterinnen die Pille zwangsverabreicht, die Frauen müssen blutige Binden vorweisen und auf dem Weg zur Arbeit sollen sie bereits Unkraut jäten. Es gibt auch immer wieder Todesfälle wegen Überarbeitung.

Einige der Global player, wie z.B. Adidas, haben Firmenstatuten und Auflagen eingeführt, zu deren Einhaltung sie die zuarbeitenden Betriebe angeblich anhalten. Aber wie sollten die Firmen vor Ort überhaupt weiterexistieren, wenn sie die Mindestlöhne und sonstigen Vorgaben einhalten würden?

Durch den Wettbewerb zwischen den verschiedenen Dritte-Welt-Ländern, welche allesamt versuchen, die Global player als langfristige Steuerzahler und Arbeitsplätze schaffende Betriebe an Land zu ziehen, werden die Preise immer wieder gedrückt. Und durch die Tatsache, daß die Produktionsstätten nicht den Global player gehören, sondern lediglich Firmen, welche diesen zuarbeiten, haben sie ein gewaltiges Druckmittel in der Hand: Sie können einfach weiterziehen, wenn die Bedingungen sich mal verschlechtern sollten. Sie suchen sich eine andere Fabrik, die billiger produziert, oder ziehen in ein anderes Land, welches ihnen auf einige Jahre Steuerfreiheit und günstigere Bedingungen zusichert. Die verlassenen Fabriken, die in totaler Abhängigkeit zu den Multis stehen, müßten dann alle Arbeiter entlassen und hätten das radikale Nachsehen. So sind die Global player nicht nur unabhängig, sondern sie können auch nicht mehr für eventuelle Vorfälle in den Fabriken verantwortlich gemacht werden, da es ja nicht ihre sind ...

Kämpfe aufgrund wirtschaftlicher Interessen

Vor diesem Hintergrund kann man vielleicht auch nachvollziehen, daß viele Muslime die Art von Zivilisation, wie sie sie in den USA und Europa praktiziert sehen, ablehnen, denn sie ist dabei, unsere Erde und die Menschen, die auf ihr leben und leben wollen, zu zerstören.

Einige Länder der arabischen Welt bezeichnen die USA als den großen Satan. Könnte dies auch daran liegen, daß die USA in ihrer skrupellosen Art, andere Länder und Regionen für eigene wirtschaftliche Interessen auszubeuten, einige Male zu weit gegangen sind?

Die westlichen Länder – und nicht nur diese – haben selten davor zurückgeschreckt, auch militärische Macht einzusetzen, um ihre wirtschaftlichen Interessen durchzusetzen. Die Stellvertreterkriege und das Elend in Afrika sind dafür ein besonders trauriges Beispiel.

Haben Sie schon einmal darüber nachgedacht, warum die USA Osama bin Laden und die afghanischen Widerstandskämpfer gegen die russischen Truppen mit Geld und Waffen unterstützt haben könnten? Der plötzliche

Rückzug aus dieser Unterstützung gab Afghanistan an Revolten und Bürgerkriege preis und rief schließlich die Taliban auf den Plan. Sie waren inzwischen mit Hilfe der CIA aufgepäppelt worden, in der Hoffnung, daß sie für Stabilität sorgen würden. Der Rest der Geschichte ist bekannt: Sie errichteten ihr Terrorregime und machten es möglich, daß Osama bin Laden und die Al-Qaida Afghanistan als Operationsbasis nutzen konnten.

Hielten Sie es für möglich, daß die USA dies alles nur unternahmen, um an das Erdöl und die Gasvorräte, welche am Aralsee und dem Kaspischen Meer zu fördern sind, heranzukommen, um eine Pipeline durch Afghanistan zu bauen?

Den Ring der Macht zerstören? So einfach ist das nicht ...

Fast unserer gesamten Gesellschaft sind die hier skizzierten Entwicklungen so ziemlich egal. Sie versauert vor dem Fernseher und dem Computer und kümmert sich nicht um die Geschäfte der großen Leute. Mir kommt dieses Verhalten vor wie das der Hobbits in „Der Herr der Ringe". Das gemütliche Volk der Hobbits sitzt lieber zu Hause vor dem Kamin, raucht gemütlich Pfeife und hat seine fünf warmen Mahlzeiten am Tag. Doch bereits Tolkien bemerkte, daß diese Teufelskreise der Macht nicht von selbst zerstört würden, und so mußte eine Gemeinschaft von Hobbits, unterstützt von einigen weisen und erfahrenen Wesen, die schon länger mit diesen Begebenheiten vertraut waren, ausziehen, um den Ring zu vernichten. Im Roman gelang dies – aber in Wirklichkeit? Da liegt dieses Abenteuer wohl noch vor uns!

Ebenso schaffen es die Jedi-Ritter in George Lucas' Star Wars-Saga letzten Endes doch, das Gute siegen zu lassen – mit Hilfe des Rechts und der „lichten Seite der Macht". Jetzt werden Sie einwenden, dies wäre in der realen Welt ja wohl ein wenig anders. Und damit haben Sie auch recht! Es ist nämlich viel ernster! Es geht nicht so einfach, auszuziehen und den Ring zu zerstören bzw. mit Ehrlichkeit, Offenheit, Tapferkeit und der Kraft der wahren Macht, die uns alle durchströmt, das Böse zu entlarven und zu zerstören.

Es ist an der Zeit, unserer dekadenten Gesellschaft den Deckmantel herunterzureißen und sie zu enttarnen. Wir sollten nicht untätig abwarten, bis die vermoderte Gesellschaftsstruktur zusammenbricht, was sie wohl über kurz oder lang tun wird, sondern in der Zwischenzeit versuchen, eine Alternative aufzubauen.

Da könnte man jetzt wieder Parallelen zur antiken Welt ziehen und darauf hinweisen, wie lange das römische Reich sich aufrechterhalten konnte, obwohl es schon längst von innen zerfressen war. Erst durch die Folgen der Völkerwanderung geriet es endgültig ins Wanken. Ist es bei uns nicht auch so, daß eine Gesellschaftsform aufrechterhalten wird, welche eigentlich zum Verfall verurteilt ist? Doch ich suche vergebens die alternative Kultur, die fähig wäre, die Variante zu bieten, wie es damals bei den Kulturen des Mittelalters (und des Ostens) der Fall war.

Deshalb müssen wir eine Alternative innerhalb unserer jetzigen Strukturen aufbauen. Doch wenn man bedenkt, daß diese Aufgabe schließlich von den heutigen Jugendlichen zu bewältigen sein wird, drängen sich in mir als Angehörigem dieser Generation doch langsam Zweifel auf, ob diese Aufgabe zu schaffen ist. Aber wenn nicht von dieser oder der unmittelbar darauffolgenden Generation, von wem dann?

Lassen Sie uns also heute dafür kämpfen, daß sich diese Zustände bessern! Und nicht nur, indem wir ab und zu mal daran denken, sondern indem wir uns aktiv darum bemühen! Und wie ich finde, ist eines sehr wichtig: die Jugend in die Konflikte einzubinden, damit diese daraus lernen kann! Ich wünsche uns allen viel Erfolg dabei. Helfen wir uns allen: „Youth against Terror!“

Johannes Rogalla von Bieberstein
Die These von der Verschwörung 1776–1945
Philosophen, Freimaurer, Juden, Liberale und Sozialisten als Verschwörer gegen die Sozialordnung
216 S., kt. EUR 17,– / ISBN 3-926841-36-2

Jimmy Carter
Frieden schaffen im Gespräch
Ein Impuls für die nächste Generation
206 S., kt. EUR 17,– / ISBN 3-926841-71-0

Carola Cutomo
Medialität, Besessenheit, Wahnsinn
188 S., kt. EUR 11,– / ISBN 3-926841-19-2

Klaus Engels
Destruktive Kulte im Spannungsfeld von Kirche und Gesellschaft
212 S., kt. EUR 15,– / ISBN 3-926841-46-X

Hans-Diedrich Fuhlendorf
Rückkehr zum Paradies oder Erbauen des Neuen Jerusalem?
Geschichtsbetrachtungen in apokalyptischer Zeit
352 S., kt. EUR 20,– / ISBN 3-926841-37-0

Wolfgang Gädeke
Anthroposophie und die Fortbildung der Religion
448 S.
Leinen, EUR 25,– / ISBN 3-926841-23-0
kt. EUR 19,– / ISBN 3-926841-24-9

Ludger Helming-Jacoby
Zeugnissprüche
und Sprüche aus dem Hauptunterricht einer Waldorfschule
188 S., kt. EUR 15,– / ISBN 3-926841-95-8

Dieter Hornemann
Geheimnisvolles Afrika
Anthroposophische Arbeit im Urwald
102 S., 32 farb. Abb., kt. EUR 14,–
ISBN 3-926841-60-5

Johannes Kiersch
Fragen an die Waldorfschule
Neuauflage Herbst 2002, ca. 160 S., kt. ca. EUR 15,– / ISBN 3-926841-33-8

Peter Krause
Das Judasproblem
Von den spirituellen Hintergründen der Gewalt
128 S., kt. EUR 11,– / ISBN 3-926841-38-9

Peter Krause
Feuer in Tschernobyl
Die Ukraine nach dem SuperGAU
168 S., 37 farb. Abb., kt. EUR 15,–
ISBN 3-926841-58-3

Peter Krause, Faustus Falkenhahn (Hg.)
Einsam – gemeinsam
Jugend im Gespräch
192 S., kt. EUR 12,– / ISBN 3-926841-43-5

Ernst-Martin Krauss
Holzwege, Steinwege ...
Erlebnisse mit Elementarwesen
92 S., Großformat, 13 farb. Abb., gebunden, EUR 29,– / ISBN 3-926841-35-4

Henning Kullak-Ublick (Hg.)
Erziehung zur Freiheit – in Freiheit
Aktion Mündige Schule
160 S., 15 farb. Abb., kt. EUR 10,–
ISBN 3-926841-94-X

Andreas Meyer (Hg.)
Seele und Geist
Ansätze zu einer spirituellen Seelentherapie
160 S., kt. EUR 14,– / ISBN 3-926841-47-8

Hans Philippsen
Götter, Hexen und Naturgeister
Sagen und Sagenhaftes der Insel Föhr
144 S., 16 farb. Abb., kt. EUR 13,–
ISBN 3-926841-84-2

Sidney Saylor Farr
Tom Sawyers Nah-Todeserfahrung und die Wandlung seines Lebens
204 S., kt. EUR 17,– / ISBN 3-926841-82-6

Heinz Schimmel (Hg.)
Tanz der Seelen
Der Tod als Verwandler der Seele. Die Totentanzdichtung von Joachim Fernau und ihre eurythmische Darstellung
108 S., 14 farb. Abb., kt. EUR 13,–
ISBN 3-926841-53-2

Wolfgang Weirauch
Im Spiegel der Finsternis
Roman für Jugendliche und Erwachsene. Ab 13 Jahren.
252 S., geb. EUR 17,– / ISBN 3-926841-86-9

FH 11
Über Tod und Sterben
4. Aufl., 232 S., kt. EUR 15,–
ISBN 3-926841-11-7

FH 13
Hexen, New Age, Okkultismus
3. Aufl., 196 S., kt. EUR 13,–
ISBN 3-926841-08-7

FH 14
Erneuerung der Religion
Die Christengemeinschaft, Sakramente, Kirche und Kultus
4. Aufl., 184 S., kt. EUR 12,–
ISBN 3-926841-07-9

FH 15
Waldorfschule und Anthroposophie
3. Aufl., 132 S., kt. EUR 8,–
ISBN 3-926841-00-1

FH 16
Kulturvergiftung: Rauschgift, Sucht und Therapie
2. Aufl., 228 S., kt. EUR 12,–
ISBN 3-926841-21-4

FH 17
Kulturvergiftung: Alkohol
2. Aufl., 160 S., kt. EUR 12,–
ISBN 3-926841-34-6

FH 18
Biologisch-dynamische Landwirtschaft, Ökologie, Ernährung
2. Aufl., 184 S., kt. EUR 13,–
ISBN 3-926841-03-6

FH 19
Musik
2. Aufl., 184 S., kt. EUR 12,–
ISBN 3-926841-06-0

FH 20
Sexualität, Aids, Prostitution
2. Aufl., 170 S., kt. EUR 12,–
ISBN 3-926841-09-5

FH 21
Aids
164 S., kt. EUR 12,– / ISBN 3-926841-10-9

FH 22
Erkenntnis und Religion
Zum Verhältnis von Anthroposophischer Gesellschaft und Christengemeinschaft
132 S., kt. EUR 12,– / ISBN 3-926841-13-3

FH 23
Engel
3. Aufl., 196 S., 9 farb. Abb., kt. EUR 15,–
ISBN 3-926841-15-X

FH 24
Direkte Demokratie / 1789–1989
240 S., kt. EUR 12,– / ISBN 3-926841-16-8

FH 25
Rechtsleben und soziale Zukunftsimpulse
Von der Dreigliederungsidee Rudolf Steiners zur Volksgesetzgebung
244 S., kt. EUR 12,– / ISBN 3-926841-17-6

FH 26
Michael
Januskopf Bundesrepublik
184 S., 8 farb. Abb., kt. EUR 12,–
ISBN 3-926841-22-2

FH 27
Strafprozeß, Strafvollzug, Resozialisierung
224 S., kt. EUR 12,– / ISBN 3-926841-20-6

FH 28
Naturwissenschaft und Ethik
204 S., kt. EUR 12,– / ISBN 3-926841-25-7

FH 29
Freie Schule
248 S., kt. EUR 13,– / ISBN 3-926841-28-1

FH 30
Märchen
Neuauflage in Vorbereitung
ca. 220 S., kt. ca. EUR 15,–
ISBN 3-926841-29-X

FH 31
Biographiearbeit
4. Aufl., 192 S., 7 farb. Abb., kt. EUR 14,–
ISBN 3-926841-31-1

FH 32
Anthroposophen und Nationalsozialismus
168 S., kt. EUR 12,– / ISBN 3-926841-32-X

FH 33
Destruktive Kulte, schwarze Magie, Sexualmagie
232 S., kt. EUR 14,– / ISBN 3-926841-40-0

FH 34
Alte und neue Seelenfähigkeiten
192 S., kt. EUR 13,– / ISBN 3-926841-41-9

FH 35
Die Christengemeinschaft heute
Anspruch und Wirklichkeit
212 S., kt. EUR 13,– / ISBN 3-926841-42-7

Siehe auch die folgende Seite.

FH 36
Schwangerschaftsabbruch
212 S., kt. EUR 14,– / ISBN 3-926841-44-3

FH 37
Indianer
212 S., 6 farb. Abb., kt. EUR 14,–
ISBN 3-926841-45-1

FH 38
Konfliktbewältigung
2. Aufl., 220 S., 10 farb. Abb., kt. EUR 14,–
ISBN 3-926841-50-8

FH 39
Christus
184 S., 16 farb. Abb., kt. EUR 14,–
ISBN 3-926841-51-6

FH 40
Ausländerhaß, Nationalismus, Rassismus
188 S., 13 farb. Abb., kt. EUR 14,–
ISBN 3-926841-52-4

FH 41
Anthroposophie und Rassismus
212 S., kt. EUR 14,– / ISBN 3-926841-54-0

FH 42
Sind wir noch zu retten?
Zerstörung oder Verwandlung der Erde?
224 S., 26 farb. Abb., kt. EUR 14,–
ISBN 3-926841-56-7

FH 43
Gebet heute
168 S., kt. EUR 14,– / ISBN 3-926841-57-5

FH 44
Scheidung – warum?
Partnerschaftsprobleme und ihre Bewältigung
2. Aufl., 228 S., 11 farb. Abb., kt. EUR 15,–
ISBN 3-926841-59-1

FH 45
Hüter der Schwelle
Der Mensch am Abgrund
172 S., kt. EUR 14,– / ISBN 3-926841-61-3

FH 46
Jugendideale
208 S., kt. EUR 14,– / ISBN 3-926841-62-1

FH 47
Übungen zur Selbsterziehung
2. Aufl., 216 S., 16 farb. Abb., kt. EUR 15,–
ISBN 3-926841-65-6

FH 48
Angst
188 S., 16 farb. Abb., kt. EUR 14,–
ISBN 3-926841-66-4

FH 49
Depression
200 S., 8 farb. Abb., kt. EUR 14,–
ISBN 3-926841-67-2

FH 50
Erziehung
188 S., 8 farb. Abb., kt. EUR 14,–
ISBN 3-926841-68-0

FH 51
Nah-Todeserfahrungen
Rückkehr zum Leben
2. Aufl., 180 S., kt. EUR 15,–
ISBN 3-926841-72-9

FH 52
Auferstehung
Von der Gegenwart Christi
168 S., 8 farb. Abb., kt. EUR 15,–
ISBN 3-926841-73-7

FH 53
Gedächtnis und Erinnerung
184 S., kt. EUR 15,– / ISBN 3-926841-74-5

FH 54
Ernährungsfragen
176 S., kt. EUR 15,– / ISBN 3-926841-75-3

FH 55
Naturgeister
Vom Wirken der Elementarwesen
2. Aufl., 192 S., 16 farb. Abb., kt. EUR 15,–
ISBN 3-926841-76-1

FH 56
Über Reinkarnation und Karma
Erfahrungen früherer Erdenleben
188 S., kt. EUR 15,– / ISBN 3-926841-78-8

FH 57
Die Welt im Umbruch
Globalisierung und Kampf aller gegen alle
196 S., 29 farb. Abb., kt. EUR 15,–
ISBN 3-926841-79-6

FH 58
Wirkungen der Musik
204 S., kt. EUR 15,– / ISBN 3-926841-80-X

FH 59
Umgang mit dem Sterben
204 S., 8 farb. Abb., kt. EUR 15,–
ISBN 3-926841-81-8

FH 60
Die Impulse des Bösen am Jahrtausendende
196 S., kt. EUR 15,– / ISBN 3-926841-83-4

FH 61
Die Hintergründe von 666
196 S., 8 farb. Abb., kt. EUR 15,–
ISBN 3-926841-85-0

FH 62
Arbeitslosigkeit
Weg ins Ungewisse
184 S., kt. EUR 15,– / ISBN 3-926841-87-7

FH 63
Feldzug gegen Rudolf Steiner
Über O.T.O.-, Rassismusvorwürfe und Angriffe auf die Waldorfschulen
240 S., kt. EUR 15,– / ISBN 3-926841-88-5

FH 64
Liebe – Die Sonne der Welt
200 S., 8 farb. Abb., kt. EUR 15,–
ISBN 3-926841-90-7

FH 65
Doppelgänger
Der Mensch und sein Schatten
228 S., 8 farb. Abb., kt. EUR 15,–
ISBN 3-926841-91-5

FH 66
Hellsehen
Der Blick über die Schwelle
192 S., kt. EUR 15,– / ISBN 3-926841-92-3

FH 67
Esko Jalkanen – der Heiler aus dem Norden
Vom Zauber finnischer und baltischer Kultur
184 S., 19 farb. Abb., kt. EUR 15,–
ISBN 3-926841-89-3

FH 68
Liebe Leben
Homosexualität und die Vielfalt der Lebensformen in Zeiten der Individualisierung
192 S., kt. EUR 15,– / ISBN 3-926841-93-1

FH 69
Islamische Impressionen
Brücken zwischen Orient und Okzident
228 S., 12 farb. Abb., kt. EUR 15,–
ISBN 3-926841-96-6

FH 70
Träume
Was wollen sie uns sagen?
192 S., kt. EUR 15,– / ISBN 3-926841-97-4

Flensburger Hefte = **FH** (ISSN 0932-5859)
FH-Sonderhefte = **So** (ISSN 0943-5549)
Anschrift, Abo- und Bezugsbedingungen siehe Impressum, 2. Umschlagseite. Alle Titel auch im Buchhandel erhältlich.
Preisänderungen vorbehalten.
Siehe auch die vorangehenden Seiten.

FH 71
Einblicke in die Anthroposophie
200 S., kt. EUR 15,– / ISBN 3-926841-99-0

FH 72
Es ist an der Zeit
Aspekte der Anthroposophie
216 S., kt. EUR 15,– / ISBN 3-935679-00-9

FH 73
Eurythmie
Aufbruch oder Ende einer jungen Kunst?
204 S., 12 farb. Abb., kt. EUR 15,–
ISBN 3-935679-01-7

FH 74
Abgründe und Chancen in Zeiten des Egoismus
192 S., kt. EUR 15,– / ISBN 3-935679-02-5

FH 75
Einsamkeit
Wege des Ich
216 S., 20 farb. Abb., kt. EUR 15,–
ISBN 3-935679-04-1

FH 76
Kampf der Kulturen?
Eine andere Welt ist möglich
204 S., kt. EUR 15,– / ISBN 3-935679-06-8

FH 77
Gegen das Elend der Welt
Eine Reise nach Afghanistan
200 S., 16 farb. Abb., kt. EUR 15,–
ISBN 3-935679-07-6

So 1
Partnerschaft und Ehe
5. Aufl., 212 S., kt. EUR 15,–
ISBN 3-926841-04-4

So 2
Das Geheimnis der EAP
212 S., kt. EUR 9,– / ISBN 3-926841-05-2

So 4
Partnerschaft und Ehe II – Briefe
2. Aufl., 72 S., kt. EUR 8,–
ISBN 3-926841-14-1

So 5
Volkssouveränität und Volksgesetzgebung
Die Kernpunkte der Demokratiefrage
338 S., kt. EUR 14,– / ISBN 3-926841-18-4

So 7
Kunst
368 S., 25 farb. Abb., kt. EUR 16,–
ISBN 3-926841-26-5

So 8
Anthroposophen in der Zeit des deutschen Faschismus
Zur Verschwörungsthese
164 S., kt. EUR 12,– / ISBN 3-926841-27-3

So 9
Zehn Jahre real-existierendes freies Geistesleben
Zur Geschichte der Gädeke-Studie [„Anthroposophie und die Fortbildung der Religion"]. Hintergründe, Fakten
92 S., kt. EUR 12,– / ISBN 3-926841-39-7

So 10
Biographiearbeit II
Grundlagen, Praxis, Ausbildungen
2. Aufl., 184 S., 8 farb. Abb., kt. EUR 15,–
ISBN 3-926841-48-6

So 12
Schwarze und weiße Magie
Von Satan zu Christus
2. Aufl., 184 S., kt. EUR 14,–
ISBN 3-926841-55-9

So 13
Waldorfschulen in Not
244 S., kt. EUR 14,– / ISBN 3-926841-63-X

So 14
Mensch und Computer
156 S., kt. EUR 14,– / ISBN 3-926841-64-8

So 16
Die Schande Europas
Der Krieg auf dem Balkan
200 S., kt. EUR 15,– / ISBN 3-926841-70-2

So 17
Ita Wegman und die Anthroposophie
Ein Gespräch mit Emanuel Zeylmans
216 S., kt. EUR 16,– / ISBN 3-926841-77-X

So 18
Erfahrungen im Umgang mit Tod und Sterben
Beiträge von Leserinnen und Lesern
180 S., kt. EUR 15,– / ISBN 3-926841-98-2

So 19
Die Welt am Abgrund
Jeder Mensch eine Bombe?
200 S., kt. EUR 15,– / ISBN 3-935679-03-3

So 20
Wortgetreu und unverfälscht?
Haben wir in der Gesamtausgabe Texte Rudolf Steiners?
76 S., kt. EUR 8,– / ISBN 3-935679-05-X

www.flensburgerhefte.de